经商必读手册

SHIJIESHANG
ZUIWEIDADESHANGREN

世界上
最伟大的商人

犹太商人的十大聪明赚钱术

汪 力 主编

时事出版社

图书在版编目(CIP)数据

世界上最伟大的商人——犹太商人的十大聪明赚钱术 / 汪力主编 —北京:时事出版社,2007.1

ISBN 978-7-80232-106-9

Ⅰ. 世… Ⅱ. 汪… Ⅲ. 犹太人-商业经营-经验 Ⅳ. F715

中国版本图书馆 CIP 数据核字(2006)第 158434 号

出版发行:时事出版社
地　　址:北京市海淀区万寿寺甲 2 号
邮　　编:100081
发行热线:(010)88547590　88547591
读者服务部:(010)88547595
传　　真:(010)68418647
电子邮箱:shishichubanshe@sina.com
网　　址:www.shishishe.com
印　　刷:北京市兆成印刷有限责任公司

开本:787×1092　1/16　印张:18　字数:290 千字
2007 年 1 月第 1 版　2007 年 1 月第 1 次印刷
定价:25.00 元

前言

犹太人为什么这么优秀

有人说:"不了解犹太人,就不了解世界。"

也有人说:"三个犹太人坐在一起,就可以决定世界命运。"

犹太民族在人类文明史上占有极其重要的地位。虽然犹太民族有自己国家的历史并不长,犹太民族的人口从来不曾超过2000万。但是,犹太人却为人类文明作出了巨大贡献。

古代犹太人对人类文明的贡献仅次于古埃及人,近现代的犹太人更是给世界带来了诸如商业的繁荣、资本主义的兴起、马克思主义、古典政治经济学、相对论、现代物理学、精神分析学、现象学、科学哲学、现代画派与犹太文学等宝贵财富。

犹太民族造就了一大批空前绝后的伟人与名人,他们属于各领域最出类拔萃的人物。例如:诺贝尔奖获得者约30%是犹太人。

犹太人在商业上作出的贡献更是无与伦比。美国400个最富有的家族当中,约23%是犹太家族。

在2000多年的流浪历史中,犹太人没有自己的土地,没有自己的国家,他们只能在异国他乡寄居生存。他们边际性地活动在各个集团、各个行业,甚至各个国家之间。他们唯一能掌握的便是通过商业经营而赚来的钱。而金钱在这个世界上无疑成了万能的上帝，它不但给人们生存的机会，而且能为人们争得权力和地位。

一大批我们耳熟能详的名字，如爱因斯坦、马克思、毕加索、塞缪尔、门德尔松、弗洛伊德、本雅明、胡塞尔、卡夫卡、海涅、普鲁斯特、罗斯柴尔德、摩根、洛克菲勒、格林斯潘、索罗斯、哈默、金斯堡、奥本海默、路透、普利策、迪斯尼、华纳兄弟、梅纽因、斯皮尔伯格……等等，他们都是犹太人。

一个民族一旦掌握了金钱，它便掌握了自己生存和发展的权利，也就同样掌握了对付源自外来民族的敌意和压迫的力量。犹太人历经2000多年的流浪，历经迫害、压迫、放逐乃至杀戮，却始终未被同化，且最终建立了自己的主权国家——以色列，这或许是人类历史上仅有的奇迹。

人们会问，犹太人的生命为什么会如此顽强，历尽劫难而不灭，答案或许就是一个字：钱！

犹太民族是世界上最富有的民族，是"世界的金穴"。正如有人所说："世界的钱在美国人的口袋里，而美国人的钱却在犹太人的口袋里。"

犹太人在世界上所占的比例仅为0.3%，却掌握着世界经济的命脉。在富饶的美国，犹太人占人口的比例仅为3%，但是根据《财富》杂志所评选出来的超级富翁中，犹太裔企业家却占20%~25%，在全世界最有钱的企业家中，犹太人竟然占到一半！

犹太人，这个一直受到歧视的民族，虽然四处流散，倍受蹂躏，饱经磨难，却一次又一次地以"豪商巨贾"的形象出现。历史上，这个惶惶不可终日地穿行在驱逐令和火刑柱中的民族，就像是上帝投下来的一架造币机器，永不休止地为自己、为社会创造着价值。历代统治者排斥他、欺侮他，但在经济困境中，又不得不依赖他。

为什么这个没有土地、没有国家的边缘民族，在世界上却能成为一股不可小觑、不可忽视的经济力量？

因为，犹太人是世界上最聪明的民族，他们的生存之道，无不让人佩服。

犹太人经商有它的法则。

本书详细介绍了犹太商人的十大赚钱术，内容涵盖了看钱术、挣钱术、算钱术、谋钱术、生钱术、讨钱术、谈钱术、管钱术、用钱术和投钱术。把犹太商人的商业财富思想汇聚到一起，为每一位想致富的人提供一种财富思维。

在这里还值得一提的是犹太人的生活宝典——《塔木德》。

《塔木德》是一部由2000名犹太人、历时上千年才写就的2000余万字的奇书，几千年来，它一直指导着犹太人的生活与社会实践。我们在编写这本书的时候，在每一章的前头都摘引了一句或几句《塔木德》上的话，是为告诉中国的读者，犹太人是如何认识钱的。

目　录

第一章　看钱术:狂热的爱上金钱

《塔木德》箴言:“生而贫穷并无过错,死而贫穷才是遗憾。尤其是终其一生,无力消除贫穷创造财富,更是无可宽恕的。”

第二章　挣钱术:把每一个机会变成财富

《塔木德》箴言:“我见日光之下,快跑的未必能赢,力战的未必得胜,智慧的未必得粮食,明哲的未必得资财,灵巧的未必得喜悦,所临到众人的,是在乎当时的机会。”犹太人信奉金钱,在他们看来,只要能挣钱,利润再少的买卖他们也不会放弃。

第三章　算钱术：心中要有财富账

《塔木德》箴言："穷人的穷不在于他们没有钱，而在于缺少一个挣钱的头脑。" 犹太人认为，要想赚钱，先要学会算钱。人爱钱并不能成为富翁，必须钱爱人才能成为富翁。

第四章　谋钱术：财富需要深谋远虑

《塔木德》箴言："聪明的人不会特意到大路上去拾金子。"善于动脑的犹太人知道，想要赚钱是需要动些脑筋的，只有目光敏锐，深谋远虑，才能见人之所未见，把握更多的机会，赚取更多的金钱。

第五章 生钱术：用钱生钱办法多

《塔木德》箴言："最昂贵的钻石总是埋藏在不易被发现的地方的。"有钱是好事，但知道如何使用则更好。没有钱很糟糕，但没有赚钱的手段更糟糕。对于赚钱来讲，一个很重要的方法就是要把无钱变有钱、把小钱变大钱，甚至把别人的钱变成自己的钱。

第六章 讨钱术：办法总比困难多

《塔木德》箴言："办法总比困难多，凡事都有解决的窍门。"经商中，欠款是一件很常见的事情。但是，聪明的犹太人认为，收账要因人而异，因事而异，要见什么人唱什么歌。不管对怎样的债务人，犹太人自有自己的高招。

第七章 谈钱术：口才决定钱财

《塔木德》箴言："遵守契约，尊重契约，你获得的将不只是尊重。给对方以仁慈让步，就是对自己的残忍！"会赚钱的，不如会谈判的。这是犹太人的观点，他们善于谈判，也乐于谈判，他们会为了 1 分钱的利益，谈得满嘴白沫，甚至激烈争吵……

第八章 管钱术：牢牢看紧自己的财富

《塔木德》箴言："金钱容易引发意外，任何人对待金钱都要谨慎，否则就要损失金钱。先要学会看管少数金钱，然后才可以管理更多金钱，这是最聪明的提防金钱损失的办法。"在犹太人眼里，仅仅知道不停地干活显然是不够的，一定要学会管钱，会管钱是一种比会赚钱更加高明的手段。

第九章 用钱术:最大限度地发挥金钱的功效

《塔木德》箴言:“花一块钱,就要发挥一块钱的 100%的功效。”当用则用、当省则省,金钱可以满足人的需求,也可以满足人的欲望。只有界定好“需要”和“想要”的界线,把钱用在最需要用的地方,最大限度地发挥金钱的功效,金钱才会围在你的周围。

第十章 投钱术:财富需要不断投资

《塔木德》箴言:“放在自家钱柜里的金钱的闪光,只能吸引它的所有者毫无价值的注意力,正如萤火虫的光辉只能把自己暴露给它的捕捉者。”财富需要不断投资,才能像滚雪球一样,越来越大。

第一章 看钱术：狂热的爱上金钱

钱是以色列人的妒嫉之神；在他面前，一切神都要退位。……犹太人空想的民族是商人的民族，财迷的民族。犹太人的神成了世俗的神，世界的神。期票是犹太人的真正的神。犹太人的神只是幻想的期票。

——马克思：《论犹太人问题》

1.金钱是上帝的礼物

《塔木德》箴言："上帝给予光明，金钱散发温暖。"

金钱是什么？

在实际生活中，在很大程度上，金钱是获得感官快乐和社会地位的手段。许多人因为金钱而做出了许多违背道德、良心的事情。因此，在许多人眼里，金钱是万恶之源。

事实上，人性中的一些最优秀的品质是与正确使用金钱密切相关的，例如：慷慨、诚实、公平和自我牺牲精神，以及节俭的美德。另一方面，是它们的对立面，如：贪婪、欺诈、不公平和自私，就像一个爱财如命的人所表现出来的一样。那是因为一部分人滥用和误用了金钱这种手段，产生了浪费、铺张、挥霍、奢侈等罪恶。

在犹太人眼里，金钱只是一种货币，是一个人拥有的物质财富的多少的标志，它本身不存在贵贱问题。而且，金钱是财富的象征。因此，犹太人对待金钱就像对待上帝那样虔诚。

早在2000多年前，犹太人对金钱就有了哲学意义上的认识。犹太人认为，金钱会给予我们向神购买礼物的机会。

《塔木德》中有一则有趣的故事，充分刻画出犹太人对金钱的重视：

有一位非常富有的犹太人在快死的时候，把妻子叫到床前，他嘱咐妻子："我快死了，在我一息尚存之前，你赶紧把我的全部财产变卖成现钞，抽出一部分钱买一条世界上最好的毛毯和一张床给我，剩下的现钞全部放在我的枕头边,待我死时一块儿同我装进棺材里,我要拥抱着现金到极乐世界去!”

于是,妻子变卖了全部财产,然后为丈夫购买了毯子和床。

最后,富翁躺在豪华无比的床上,裹着柔软的毛毯,凝视着枕边一大堆花花绿绿的钞票,带着满足的笑容咽下了最后一口气。

妻子遵照遗言,把巨额的钞票和丈夫的遗体一同装入棺木。

在送葬的途中,富翁的一位好朋友得知有巨额的现钞陪葬,便立刻打开棺盖,捧出钞票,点清数目后,他从衣袋中抽出支票簿,开了一张与现钞同额的支票,放进棺木里。

最后,他还顺手拍拍老友的肩膀说道:“喂!老兄!换一张同额的支票给你,想您在九泉之下该会感到同样的满足吧!”

在被犹太人称为第二圣经的经商法典《塔木德》中有这样一段话:“钱不是罪恶,也不是诅咒,钱会祝福人。”

马克思在《论犹太人问题》中对犹太人做出了这样的分析:

“现在,让我们来观察一下现实的世俗的犹太人……犹太人的世俗基础是什么呢?实际需要,自私自利。犹太人的世俗偶像是什么呢?做生意。他们的世俗上帝是什么呢?金钱。”

“钱是以色列人的妒嫉之神;在他面前,一切神都要退位。……犹太人空想的民族是商人的民族,财迷的民族。犹太人的神成了世俗的神,世界的神。期票是犹太人的真正的神。犹太人的神只是幻想的期票。”

这些都充分体现了犹太人的金钱观。

在犹太人的观念中,由于他们的背景和所处的职业地位,形成对金钱有如下的看法:

“赚钱不难,用钱不易。”

“金钱可能是不慈悲的主人,同时也是能干的庸人。”

“金钱虽非尽善尽美,但也不至使事物腐败。”

“并不一定贫穷人什么都对,富有人什么都不对。”

“金钱对人所做的和衣服对人所做的相同。”

“赞美富裕的人，并不是赞美人，是赞美钱。”

……

这些犹太格言，反映出犹太人对金钱的观念。说到底，犹太人把金钱视为工具。因此，他们不管别人怎么评论与误解，两耳不闻是非事，一心埋头把钱赚。

犹太人这些金钱观念是很有哲理的，这是犹太人经营致富的一个奥秘。确实，对钱财必须具有爱惜之情，它才会聚集到你身边，你越尊重它，珍惜它，它越心甘情愿地跑进你的口袋。

在犹太人看来，金钱可以购买到做人的尊严，可以买到社会的地位。有钱人在苦闷的时候总可以想方设法去寻欢作乐，而贫穷人的脸上则写满了沧桑和苦难。

在犹太人看来，金钱是人生的工具，应该拥有。他们把钱和上帝都联系到了一起，没有钱竟然连上帝的礼物都没有。

在犹太人看来，金钱是成功的标志、是实现人生价值的工具。金钱更是人们社会地位的象征，是人们心灵宁静的重要保证。

犹太人认为，一个人怎样使用钱——包括赚钱、存钱和花钱——或许是检测他才智高低的最好的方法之一。虽然金钱决不能作为一个人生活的主要目的，但是它也不是无关痛痒的东西，不能从观念上加以蔑视。

因此，犹太人的经商思想非常自由的，在他们看来什么生意都可以做、什么钱都可以赚。犹太人认为，我关心的是如何赚钱，而不是钱的性质；把钱和道德混在一起谈论，是件无聊透顶的事。如果说是金钱犯罪，但犯罪的并不是金钱，而是人。当然，犹太人从来不做违法的生意。

《塔木德》关于金钱的教导更加直接而明确：不要隐瞒对财富的崇拜，不要放弃对财富的追求。在犹太人的意识中，决没有“铜臭”这个词的概念和位置。所以，犹太人才成为了世界上最富有的民族。

2.财富是成功的表现

《塔木德》箴言:“生而贫穷并无过错,死而贫穷才是遗憾。尤其是终其一生,无力消除贫穷创造财富,更是无可宽恕的。”

在犹太人中流传着这样一个故事:

有这样两个人:一个是体弱的富翁,另一个是健康的穷汉。

这两人相互羡慕着对方。富翁总是羡慕穷汉拥有健康的身体,而穷汉则羡慕富翁拥有的财富。在富翁看来,财富只是成功的一种表现,一个人只要有能力、有信心,再加上不断的努力,财富必然会到来的。但穷汉并不这样认为,在穷汉看来,财富是上帝的恩赐,自己尽管拥有健康的身体,却没有巨额的财富,就是非常不幸运的。

两人碰到一起后,富翁表示愿意用自己的财富来换得健康,而穷汉则振振有辞地说愿意用自己的健康来获得财富。

后来,一位医术高超的外科医生掌握了人脑的交换方法。于是,富翁与穷汉决定互换脑袋。

结果,富翁用全部的财富换得了健康的身体,而穷汉得到了富翁的财富,却也得到了富翁所有的疾病。

不久,成了穷汉的富翁由于有了强健的体魄,又有着成功的意识,通过不断的努力,慢慢地又获得了财富。而那位成了富翁的穷汉虽然拥有了巨额的财富,但是因为他缺乏经营的头脑,不断地把钱挥霍掉,最终又变成了穷汉。

《塔木德》说:“生而贫穷并无过错,死而贫穷才是遗憾。尤其是终其一生，无力消除贫穷创造财富，更是无可宽恕的。”

在犹太人看来，财富虽然是人人都期望得到的，但是财富也是需要通过自己的不断努力去获得的。等待与期望获得施舍是永远无法拥有财富的，真正的财富是脑袋富有加上不断努力而带来的钱袋富有。

纽约州最富的犹太商人柯特·卡尔森，他靠白手起家。大萧条时期，他主要推销贴水印花。大萧条过后，他建立了年销售额超过 40 亿美元的全球性的大型联合公司。

柯特既不需要股东，也不需要合伙人。他对自己充满信心，认为他的判断比别人都更为准确，他不想让他们来打搅他的工作。

卡特执政期间，美国遭遇了一段严重的经济衰退期。在这个时候，柯特说了一番让所有美国商人感到震惊的话。他说：“无论是今年和明年或者更长的时间，社会经济状况如何，对我的公司不会产生任何影响。无论有什么情况发生，只要进入到 1989 年，我公司的销售额一定能从原来的 10 亿多美元增加到 40 亿美元。”

最终，柯特提前 12 个月就实现了自己的诺言，1987 年的销售额就达到了 40 亿美元，90 年代初他的销售额猛增到 90 亿美元。他还说过：

“人的整个一生都在赛马，很大程度上是和他自己竞争，因为他前面没有竞争对手。”用这句话来形容柯特是再恰当不过了。

信心、目标、专心，使柯特成为最后的赢家。

事实上，许多犹太人都是和柯特一样白手起家的。犹太人早年没有自己的家园，他们过着四处流浪的生活。但是，这种恶劣的生存条件都没有吓倒犹太人，他们追求成功、追求财富的愿望一刻也没有停止过。正是在这种强烈的成就感的驱使下，犹太人通过自己不断的努力获得财富，获得了成功，也获得了全世界人们的尊重。

犹太商人中有那么多出类拔萃的人物，很关键的一个原因，是他们形成了一种积极进取的民族精神，自幼接受了“我一定要有所作为”的积极观念。

由于他们培养了成功的信心，所以能够努力学习，不用扬鞭自奋蹄，应用本身所具有的潜力,使自己提升壮大。这种精神是他们前进道路上的“马达”,加快了他们的速度,增强了他们面对现实和排除困难的信心。这是犹太人的谋钱本领。

由此可见,人们只要像他一样,那么就肯定会成功。没有不被打破的世界纪录,客户永远不会总光顾一家公司,商界总是在生死之中变化和循环,它只为那些有信心、有目标和专心干事业的人们提供新的机会。

3.热爱金钱但不贪婪

《塔木德》箴言:“伤害人们的东西有三样:烦恼、争吵、空钱包,其中空钱包害人最甚。”

犹太人流传着一个关于欺骗的故事:

一个人来到智者面前向他诉苦,说有人骗了他。

智者问他:“那么他做了什么呢?”

这个人说:“他说他能够把任何一种金属变成金子。他做给我看了,我亲眼看见了事情的发生。然后他说,我应该把我所有的金子带来,他将使它变成10倍的金子。所以我集中了我所有的金银首饰,而他拿着这些逃走了。他骗了我。”

智者告诉这个人:“是你的贪婪骗了你。不要把责任推到别人身上。你是贪婪的,而贪婪是愚蠢的。你希望你的金银首饰变成10倍多,那个念头骗了你,那个人只不过是利用了这个机会,如此而已。你是真正的问题所在。如果他不骗你,别人也会把你给骗了。”

所以,是谁在骗不是问题,关键是你有没有贪婪的本性,你有没有会上当受骗的劣根性。

如果有人骗你，这显示出你有某种希望受骗的倾向。如果某人能够对你撒谎，这意味着你和谎言有某种亲和力。一个真实的人是不可能受骗的，一个生活在真实中的人是不可能成为说谎者的牺牲品的。只有一个说谎者才会被另一个说谎者欺骗，否则没有可能性。

在商业活动中，贪婪是最要不得的。如果你贪婪，你不仅仅容易上当受骗，更容易失去机会。

有一个故事是这样的：

有位富翁的狗在散步时跑丢了。于是，富翁在电视台登了一则启事，并承诺如有人把狗送还，愿意付酬金 1 万元，并在电视台播放了小狗的照片。

启事发出后，送狗的人络绎不绝，遗憾的是，它们都不是富翁家的狗。

富翁太太说，肯定是真正捡狗的人嫌给的钱少，那可是一只纯正的爱尔兰名犬啊！于是，富翁马上把酬金改为 2 万元。

原来，一位乞丐在公园的躺椅上打盹时捡到了那只狗。但是，乞丐没有及时地看到第一则启事，当他得知送回这只小狗可以拿到 2 万元时，真是兴奋极了，因为他这辈子也没交过这种好运。

第二天一大早，乞丐就抱着那只小狗准备去领那 2 万元的酬金。当他经过一家大百货公司的墙体屏幕时，又看到了那则启事，不过酬金已经从 2 万元变成了 3 万元。

乞丐望着启事，心想：这酬金长得还真快，这只小狗到底能值多少钱呢？于是，他改变了主意，又把小狗抱回了他的破窑洞，把狗重新拴在那儿，等待酬金的上涨。

第四天，酬金果然又涨了。乞丐真是高兴极了！

在接下来的几天时间里，乞丐没有离开过大屏幕，当酬金涨到使全城的市民都感到惊讶时，乞丐返回他的窑洞准备去领酬金。

当乞丐回到自己的破窑洞时，却傻了眼。原来，那只小狗已经死了！因为这只小狗在富翁家吃的是鲜牛奶和烧牛肉，乞丐从垃圾筒里捡来的食物根本不合它的口胃。

贪婪的乞丐最后竟然一分钱也没有得到，正是因为他过于贪婪，使他失去了获得财富的最佳机遇，眼睁睁地看着财富与自己擦肩而过。

金钱是人人都喜欢的东西，但是获得金钱的最恰当的途径只有一条，那就是用自己的劳动和智慧赚取合理的回报。投机往往会失去机会，贪婪往往会一无所有。犹太人深深地明白这个道理。

有个犹太妇女到百货公司去购买东西，回到家里把东西从袋中取出，忽然滚出一枚戒指。她并没有买这样贵重的东西。她把这件事告诉了小儿子，并领着小儿子一起找拉比，请教如何处理这件事。

拉比给她讲了《犹太法典》中一则故事：

犹太拉比西蒙·本·舍塔靠砍柴为生，每天要把砍的柴从山里背到城里去卖。拉比为了节省走路的时间，研究《犹太法典》，决定买一头驴来代替。

拉比向阿拉伯人买了一头驴牵回家来。徒弟们看到拉比买了头驴回来，非常高兴，就把驴牵到河边去洗澡，结果驴脖子上掉下来一颗光彩夺目的钻石，足足有10克拉重！

徒弟们高兴得欢呼雀跃，认为从此可以脱离贫穷的樵夫生活，专心致志地研读《犹太法典》了。

可是，出乎徒弟们意料的是，当他们把钻石的来历告诉拉比后，拉比领他们赶快去街上把钻石还给阿拉伯人，拉比说："我买的只是驴子而没有买钻石，我只能拥有我所买的东西，这才是正当行为。"

阿拉伯人非常惊奇："你买了这头驴，钻石是在驴身上，你实在没有必要拿来还我，我不理解，你为什么要这样做呢？"

拉比回答："这是犹太人的传统，我们只能拿支付过金钱的东西，所以钻石必须归还给你。"

阿拉伯人听后肃然起敬，说："你们的神必定是宇宙最伟大的神。"

妇人听罢这则故事，立即决定回去把戒指还给百货公司，但却不知怎么说好，拉比说："我也不知道戒指是属于百货公司的，还是属于店员的。如果对方问你为何要退还戒指，你只需说一句话就行：'因为我们是犹太人。'请你带儿子同去,让他亲眼见到这件事。他一定会终生记住自己的母亲的正直与伟大。”

从这个故事中,我们可以得到这样的启发:金钱对于灵魂的腐蚀是非常厉害的,而要抵御这种腐蚀又是非常有原则的。那就是不要对不属于自己的财富眼红。

金钱是诱人的,但金钱不是腐蚀人灵魂的祸水,腐蚀人灵魂的不是金钱,而是另一种反道德、反法律的腐朽思想。从某种意义来说,金钱能提升和净化人的思想和灵魂。

4.诚实地对待金钱

《塔木德》箴言:“真正的清白和真正的诚实是可以从一个人对待金钱的态度上看出来的。只有在金钱问题上可靠的人,才可以被看作是清白、诚实的。”

对于犹太人来说,生活在这个世界上,赚钱是最重要的事。然而,唯利是图、不择手段的犹太商人却极少,他们注重合法地赚大钱,符合“君子爱财,取之有道”的道德标准。

著名的犹太石油大王洛克菲勒对此有自己独到的见解。让我们来看看他与儿子西恩的一番对话。

西恩负责推销一批货,对方公司的业务主管要求西恩私下给他一些现金作为回扣,他才会同意与西恩签订合同。

于是,西恩来到父亲的书房,对父亲说:

“爸爸,我为了得到这个顾客,长期以来拼命地干,终于努力做到了这一步。现在,为了最后能签订合同,我想或多或少地给他一些贿赂。”

洛克菲勒摇了摇头,说:“如果你真去干那种事,才真会招惹到不堪设想的麻烦。”

“首先,你就帮了这个人对自己公司进行盗窃。如果供货厂商能提供这种性质的资金,对于他的公司来说,就应该是节省经费。不能让这笔钱作为贿赂落入这个管理人的口袋里。他很明显是在玩忽职守,他欺骗了公司,他利用那种方式,进行诈骗。帮助这样的人,唆使他干坏事,就连你本身也骗了人,撒了谎,也是在进行诈骗了。你想做那样的人吗?对这个人的提议就不要去考虑了,以其他正道赚钱吧。”

“你在商品交易中,这大概不是最后一次吧。一般的经营者都是以正当、直率的手段扶持公司,提高效率。但确实也有不是那么正直的人,有的人认为‘名誉不如财富重要’,他们高举的标语是和我们相反的。然而,世界不会宽阔得能让企业界无节操的人长期藏身,不能受其影响而将自己的信用置于险境。”

“我最近和一个朋友聊天的时候,他忽然问我在商界生存最重要的一点是什么。我毫不犹豫地答道,是诚信。我认为,具有诚实的人格的人,就是有道德且品质高尚的人。也就是说,他在日常生活中总是正直、坦率的。在企业界,具备这种品质能带来长期成功的生命力。我想提醒你,不要把诚实说成是一种白送的礼物或最贵重的优点之一,而要把它看成是生命力。这是带来长期性成功的真正的‘生命气息’。的确,相当多的人不想诚实地进行商品交易,而且这种人看来似乎多数都是每次背叛别人后就逃之夭夭。可是根据我的经验,你很快就会明白,这些人不可能会永远这样混下去。在企业界,没有比欺诈和违反道德伦理的商品交易的消息传得更快了。”

“你从来就是这样教育我们的,但事实上有时候我们也必须与现实妥协。”西恩苦恼地说。

“西恩,诚实和慈悲心同样,不正直多半是由家庭开始的。最初形成孩子性格的是父母,不是别人。很遗憾,如今的父母一般出于对孩子的一片好心,多数采取这样的教育方针，与其说是叫孩子‘学学我’，不如说是让孩子‘按照我所说的去做’。如果可以说百闻不如一见的话，父母的示范榜样对孩子恐怕有十倍的说服力。如果你以各种方式表现出奸诈的行为，如在餐馆结账时，服务员少算了钱对自己有利就高兴，这样怎样教孩子正直也是白搭。有许多父母由于自己本身的行为，不知不觉地以细微的方式教给了幼小的孩子怎样撒谎、骗人。”

“长期以来，我把保持顾客、职员、供货单位以及银行关系户的信用作为个人的信条去严格要求管理人员。我们的公司也是以这个方针为基础建立起来的，我们为了获得这一信誉经过了长期的努力，我个人也为此感到自豪。作为一名管理者，不损害这个信誉也是你的重要责任之一。信用有着不可估量的价值，你也应像我长期以来所感觉的那样，当自己不是欺骗对方，而是设法战胜对方，诚实地去迎接企业的挑战时，一定感到精神焕发吧，这就是守信用。要加强你的公司的信誉，让别人评价说这是一家可靠的公司，就不要忘记你本身和在你手下工作的职员的诚实。”

“希腊的哲学家第欧根尼说过：‘我在寻找正直的人。’爱尔兰哲学家乔治·伯克利也说过：‘诚信是人人都高举的标语，但实践的人是很少的。’诚信也许确实是极少数人所拥有的财富。在企业界，信誉是奸诈的人不管赚多少钱都买不到的，他们无法体验赢得它的乐趣。让我们用自己的方式去赚钱吧。”

西恩信服地说：“我知道该怎么办了！”

“你要对策划那件坏事的管理人员说，不能接受那样的交易。你在这个城市是以最廉价、最大的优惠提供最优质的产品的，作为提供原料的同业者，当然有资格和他们公司进行交易。或许他们会良心发现，并公开竞争，接受你的契约。”洛克菲勒微笑着对儿子说。

诚信意味着平等的交易、公平的竞争，《塔木德》中是这样说的：“你们不可行不义，要用公道——天平、公道——砝码、公道——升斗、公道——秤。”然后，他们把这种交易情况作了细致的规定：不可有一大一小两样的砝码和量器；批发商每个月清洗一次量器，小生产商一年清洗一次；小生产商要经常清洗砝码，以其不发粘为度；店主每周要清洗一次量器，每天清洗一次砝码，每完一样东西都擦拭一次天平。

犹太人对于财富的追求是没有止境的，这一点世人皆知。然而，犹太人追求财富的前提是要靠自己的头脑和双手光明正大地获得。在犹太人看来，不该拿的不义之财决不能贪占，否则就会受到神的惩罚。

犹太人在经商的时候特别讲究诚信，决不用那种欺骗的手段来获取财富。因此，犹太人从来不做那种"一锤子买卖"的事情，更不屑于做"只要每个人上当一次，我就发财了"的梦想。他们厌恶那种流寇式的作战方法和短期策略，即使是在到处被人驱赶、朝不保夕的时候，他们看重的也是长期的合作、注重信誉、拥有良好的商业口碑，而且他们的商品绝少有假冒伪劣的。

犹太人说，诚信经商是商人最大的善，所以犹太人具有良好的职业道德、巨大的声誉是他们无论如何也不可缺少的。

诚信经商是犹太商法的灵魂，是商业活动的最高技巧。在现代商业世界，恪守信用已构成了许多企业的市场竞争手段。是犹太人第一个改善了让全世界的资本家头疼了几个世纪的劳资关系；是犹太人第一个冒着巨大的风险提出了让全世界的商人都胆战心惊的口号：不满意可以退货！

……

在犹太人看来，只有真正的犹太人才是可靠的、值得信赖的，其他任何民族的人都是很难相信的，他们的信誉让人怀疑。改变了犹太教信仰的人也就很难是犹太人，就不值得那样信任，犹太人获得的崇高声誉由此可见一斑。

注重商业的诚信，视信誉为经商的生命，这是犹太人走遍世界各地都受到欢迎、让犹太人获得巨大财富的生命之源。

5.时刻要有赚钱的意识

《塔木德》箴言:“金钱可能是个慈悲的主人,同时也是能干的庸人。”

欧洲流行这样一个笑话:

一个犹太职员在一家保险公司里干得很出色，老板打算提拔他担任一个重要的职务。但是,这个老板是个天主教徒,他希望这个犹太职员能够放弃犹太教而改信天主教。

于是,老板请当地一个最著名的天主教神父去劝说这个犹太青年,劝说被安排在老板的办公室。

这位天主教神父与犹太职员谈了整整3个小时。

当两个人终于走出办公室时,老板赶紧迎了上前去,问道:“尊敬的神父，在您的感召下，我想我们又增加了一名天主教徒，您是怎么说服他的呢？”

谁知,神父尴尬地回答:“很遗憾,我们没有能够得到一位天主教徒,相反,他劝说我买下了5万元的保险。”

尽管这只是一个笑话,但是这却反映了犹太人的赚钱意识。犹太人无时无刻不想到赚钱。

于是,法国的思想家孟德斯鸠干脆这样评价犹太人的赚钱能力:“记住,有钱的地方就有犹太人。”

犹太人对金钱有着本质上的认识。犹太民族是一个世界性的民族,不管世界意识形态之争如何激烈,打得如何难分难解、不可开交,一点也不会影响到他们做生意的激情。

1917 年，苏联刚成立时，世界上的许多资本家都视苏联为洪水猛兽，只有犹太人哈默独辟蹊径、胆大包天地，跑到苏联做铅笔生意，结果在苏联发了大财。

哈默是位有魔力的“商业精灵”，是世界公认的“万能商人”，他曾受到列宁的亲切接见，与赫鲁晓夫、勃列日涅夫建立了友谊；与利比亚国王是莫逆之交；与美国总统罗斯福、艾森豪威尔、肯尼迪、尼克松都有密切的关系，连我国改革的总设计师邓小平也曾亲自邀请他到中国访问。

这就是犹太人对于金钱的认识：金钱没有国界，也没有政治派系的差别，哪里能赚钱，他们就往哪里跑。

有一个犹太富翁菲勒，在他 77 岁的时候，死神降临了。

但是，就是在即将归西的时候，菲勒依然想着怎样挣钱。

临死前，他让秘书在报纸上发布了一个消息，说他即将去天堂，愿意给逝去亲人的人带口信，每人收费 100 美元。

这可真是一则荒唐的消息。但是，正是这则消息竟然引起了无数人的好奇心。结果，菲勒竟然赚了 10 万美元。

菲勒的遗嘱也十分特别。他让秘书再登了一则广告，说他是一位礼貌的绅士，愿意和一位有教养的女士共居一个墓穴。

结果，真有一位贵妇人愿意出资 5 万美元和他一起长眠。

“爱财如命”的犹太人真不愧为经营高手，即使在临死前都能轻轻松松地挣上 15 万美元。因为在犹太人眼里，上帝是万能的神，而金钱则是上帝。崇拜上帝，敬慕上帝是他们生命中不可缺少的，那么金钱就是上帝赐予的礼物。

还有一个例子，说的是犹太商人罗恩斯坦，使用自己的美国国籍作为资本，为自己做成了一笔大生意。

斯瓦罗斯基家族是奥地利的一个世家望族，世代相传从事仿钻石饰品的生产。在第二次世界大战结束时，奥地利被盟军占领，法军当局要没收斯瓦罗斯基公司,理由是在大战中,该公司曾接受纳粹德国的订单,为德军生产了望远镜等军用物资。

这时,有个叫罗恩斯坦的美国籍犹太商人正在奥地利,他得知此事,立即赶到斯瓦罗斯基公司,提出他可以去同法军交涉,设法阻止法军没收斯瓦罗斯基公司。他开出的条件是:如果交涉成功,斯瓦罗斯基公司必须把公司产品的销售权让给他,并且在他有生之年,他有权从销售总额中提取10%作为报酬。

罗恩斯坦提出的条件无疑是非常苛刻的,但是他能提供的帮助却关系着斯瓦罗斯基公司的存亡。斯瓦罗斯基公司没有别的选择,只能接受罗恩斯坦的条件。

罗恩斯坦与斯瓦罗斯基公司签好了协议,马上赶往法国司令部,郑重申述:"我,罗恩斯坦,是美国公民,我刚与斯瓦罗斯基公司达成协议,从即日起,这个公司已经成为我的公司。因而,斯瓦罗斯基公司现在已属于美国的财产,法军无权对它进行处置。"

此时,面对既成事实,法军无可奈何,只好放弃没收的计划。罗恩斯坦马上设立了斯瓦罗斯基公司的销售代理公司。这家代理公司并没有进行实质性的销售活动,就是开开发票而已,以此来确保10%的销售额能成为罗恩斯坦的利润。

由此可见,犹太人对金钱几乎到了顶礼膜拜的程度。在2000多年的流浪历史中,他们没有自己的土地,也没有自己的国家,他们只能在异国他乡寄居生存。他们边际性地活动在各个集团,各个行业,甚至各个国家之间。他们唯一能掌握的便是通过商业经营而赚来的钱。

犹太金融巨子摩根说过:"金钱对我来说并不重要,而赚钱的过程,即不断地接受挑战才是乐趣,看着钱赚钱才觉得意义非凡。"摩根认为,决不能让赚钱变成一种沉重的负担,而是一种新鲜刺激的游戏。在摩根看来,只有以这样的游戏心态去赚钱,才是良好的赚钱心态。

摩根说:"有些人热衷于研究棒球或者足球的时候,我却喜欢研究怎么赚钱。”在谈到投资的时候，摩根总是说：“玩扑克的时候，你应当认真观察每一位玩家，你会看出一位冤大头，如果你看不出，那个冤大头就是你。”摩根从来不乱花钱去做自己不喜欢的事情，他总是琢磨着怎样赚钱。有一次，一位同事对他开玩笑：“你已经是百万富翁了，感觉怎样？”摩根的回答是这样的：“凡是我想要的东西而又可以用钱买到的时候，我都能买到。至于其他人所梦想的东西，比如名车、名画、豪宅我都不为所动，因为我不想得到。”

可见，犹太人的这种赚钱的乐趣正是来自于想要赚钱的、想要挑战自我的一种乐趣。

6.赚钱不用看人眼色

《塔木德》箴言：“金钱平等，因此，人格平等，于是怀有挣大钱的欲望才好。金钱对于任何人来说，都是平等的，它没有高低贵贱的差别。”

犹太人认为，想要有钱，唯一的方法就是去赚。那么，怎样才能赚到钱呢？

这个令人困扰的问题在每个人心里都会重复成千上万遍，而在犹太人心里却变得相对简单一些。

犹太商人认为，要学会用脑子赚钱、用信息赚钱、用人们的心理赚钱；可以赚大钱，也可以赚小钱，只要赚到钱，就比没有赚到钱强！

有一位犹太人在一个公众场合演讲，为了证明人在任何时候都要看得起自己，他拿起了 20 美元，高举过头顶。

“看，这是 20 美元，崭新的 20 美元。有谁想要？”结果，所有的人都举起了手。

然后，他把这张纸币在手里揉了揉，纸币变得皱巴巴的了，他又问观众：

"现在有人想要这 20 美元吗？"所有的人又都举起了手。

接着，他把这张纸币放在地下，用脚狠狠地踩了几下，纸币已经变得又脏又烂了。他拿起钱来，又问："现在还有人想要吗？"结果还是所有的人都举起了手。

最后，他说："朋友们，钱在任何的时候都是钱，它不会因为你揉了它，你把它踩烂，它的价值就会有任何的变化，它依然可以花出去。"

为什么那张钞票被揉皱了，又被踩脏弄破了，还是有人想要它呢？因为钞票就是钞票，钞票是没有高低贵贱的，它不会因为受到了什么"待遇""就有所差别，它的价值还是和以前一样，和其他等面值的钞票的价值是一样的，只要他们的价值一样，钞票都是平等的。

犹太人的金钱观就是如此，所以他们总是不怕生意细微，即使连小的生意也是不会放弃的，因而在他们的经商历史中，他们喜欢把"钞票不问出处"这句话挂在嘴上。实际上，他们是在教人们创造和积累财富必须处心积虑、必须巧捕商机、必须妙用手腕。

犹太人的赚钱观念很简单，那就是只要是运用自己的劳动挣来的钱，那就是高贵的钱，没必要在乎别人的眼光。因此，在许多人看来很低贱的活，诸如拉三轮车、扛麻袋等活，在犹太人看来，一样是获得财富的工作。犹太人认为，"金钱无姓氏，更无履历表"。通过经营赚来的钱，都是干净而高贵的钱。因此，犹太人在面对各种困难的时候，都不顾面子，千方百计地通过自己的双手和经营，来赚取更多的金钱。

伊拉克犹太人哈同于 1872 年来到中国上海谋生。当时，哈同年仅 24 岁，年轻力壮的他除了一身的力气外，几乎一无所有。但是，哈同却立志在中国赚到足够的金钱。

没有资本，没有知识，也没有技术，怎样才能赚到钱呢？哈同首先想到的是自己的身体。不久，身材魁梧的哈同就在一家洋行找到了一份看门的工作。

看门是许多人不愿意干的活，许多人认为那是丢人现眼。但是，哈同却并不这样认为。在他看来，看门赚来的钱是一种报酬，没有丢脸和失身份感觉。另外，哈同认为，“千里之行始于足下”，先在这份工作上找到个立足支点，然后通过自己的努力奋斗积蓄力量，最后总会找到更能赚钱的方法。

抱着这种态度，哈同在当看门工时，非常认真，忠于职守。他利用一切可用时间阅读各种经济和财务的书籍，使自己的知识丰富起来。

后来，老板觉得哈同工作出色，脑子灵光，就把他调到业务部门当办事员。

哈同一如既往努力工作，努力学习，工作业绩一直不错。

后来，哈同又逐步被提升为行务员、大班等。这时，哈同的收入也在不断增加。

但是，哈同并没有满足于此。他认为，自己创业的时机到了。

1901 年，哈同离开了打工岗位，开始独立经营商行。

哈同自办的商行取名为“哈同洋行”。为了赚取更多的钱，哈同先以经营洋货买卖为主。因为，哈同看到洋货在中国市场上的竞争品不那么多，消费者难以“货比三家”。这样，他的经营获得了高额的利润。

没几年，哈同就赚取了巨额的财富。

对金钱的态度也反映了一个人对待人生和事业的态度，只有在任何时候都不好高骛远的人，才能脚踏实地地为成功打下坚实的基础。反之，不但不能得到大财富，小财富也会与之擦肩而过。

让我们来看看石油大王洛克菲勒是怎样对待赚取一美元的态度，你就会明白犹太人为什么能获得财富：

一个晴朗的夏日，洛克菲勒正在一个火车站候车室候车，他衣着随便、满脸疲态，看上去像个贫穷的老人。

一辆火车进站了，洛克菲勒正起身走向检票口。

这时，候车室门口出现了一位衣着华丽的太太，她提着一只很大的箱子，显然也是要赶这班列车。可是，箱子实在太重了，累得她直喘粗气。

这位太太看到了洛克菲勒，就冲他大喊：“喂，老头，快给我提箱子，我待会给你小费！”

洛克菲勒就帮忙这位太太拎箱子。

两人一起上了火车，这位太太递给洛克菲勒一美元小费，庆幸地说：“要不是你，我非误车不可。谢谢你！”

洛克菲勒并不推辞，微笑着伸手接过。

这时，列车长走了过来，对洛克菲勒说：“您好，尊敬的洛克菲勒先生，欢迎您乘坐本次列车，如果有需要帮助的地方，我很乐意为您效劳。”

“谢谢，不用了，我只是刚刚做了一个为期三天的徒步旅行，现在我要回纽约总部。”洛克菲勒客气地回答。

“什么？洛克菲勒！”这位要求洛克菲勒提箱子的太太惊叫起来，“上帝，我竟让石油大王洛克菲勒先生给我提箱子，居然还给了他一美元小费，我这是在干什么啊?”

于是，她忙向洛克菲勒道歉，并诚惶诚恐地请洛克菲勒把那一美元小费退给她。

“太太，你不必道歉，你根本没有做错什么。”洛克菲勒微笑着说道，“这一美元，是我挣的，所以我收下了。”说着，洛克菲勒把那一美元郑重地放在了口袋里。

亿万富豪竟然愿意为他人提箱子，并愿意接受他人付给的一美元小费，这不得不让人肃然起敬。人们的想法也许会有很多，但是，这难道不表示了犹太人对于金钱的态度吗？那就是不管自己是什么身份，不管用什么方式赚取金钱，不管获得的金钱是多少微薄，只要是自己的付出获得的，并没有什么丢人的，根本不用在乎别人怎么想，心安理得享受赚钱的乐趣就好了。

7.想像自己是百万富翁

《塔木德》箴言："要想变得富有，你就必须向富人学习。在富人堆里即使站上一会，也会闻到富人的气息。"

一天，一位犹太拉比在河边遇见了忧郁的年轻人费列姆。费列姆唉声叹气，愁眉苦脸。

"孩子，你为什么如此闷闷不乐呢？"拉比关切地问。

费列姆看了一眼拉比，叹了口气："我是一个名副其实的穷光蛋。我没有房子，没有工作，没有收入，整天饥一顿饱一顿地度日。像我这样一无所有的人，怎么能高兴得起来呢？"

"傻孩子，"拉比笑道，"其实，你应该开怀大笑才对！"

"开怀大笑？为什么？"费列姆不解地问。

"因为，你其实是一个百万富翁呢！"拉比有点诡秘地说。

"百万富翁？您别拿我这穷光蛋寻开心了。"费列姆不高兴了，转身欲走。

"我怎么会拿你寻开心呢？孩子，你能回答我几个问题吗？"

"什么问题？"费列姆有点好奇。

"假如，现在我出20万金币，买走你的健康，你愿意吗？"

"不愿意。"费列姆摇摇头。

"假如，现在我再出20万金币，买走你的青春，让你从此变成一个小老头，你愿意吗？"

"当然不愿意！"费列姆干脆地回答。

"假如，我现在出20万金币，买走你的相貌，让你从此变成一个丑八怪，你愿意吗？”

“不愿意！当然不愿意！”费列姆把头摇得像个拨浪鼓。

“假如，我再出20万金币，买走你的智慧，让你从此浑浑噩噩，度此一生，你可愿意？”

“傻瓜才愿意！”费列姆一扭头，又想走开。

“别着急，请回答完我最后一个问题！假如，现在我再出20万金币，让你去杀人放火，让你从此失去良心，你愿意吗？”

“天哪！干这种缺德事，魔鬼才愿意！”费列姆愤愤地回答道。

“好了，刚才我已经开价100万金币了，但是却买不走你身上的任何东西，你说你不是百万富翁又是什么呢？”拉比微笑着问。

费列姆恍然大悟，从此，费列姆不再叹息，不再忧郁，微笑着寻找他的新生活去了。

很少有人生来就是富翁，财富都是需要依靠自己的打拼才能获得，你想成为百万富翁，你就得有百万富翁的思维和百万富翁的行为。

在体育界一度曾流行这么一句话：“有信心不一定会赢，没有信心一定会输；有行动不一定会成功，没有行动一定会失败。”意思是说，敢想才会敢做，想赢就会拼，敢拼才会赢。

一般来说，缺乏自信的人办事时总是畏畏缩缩。结果，许多很容易完成的事都会中途作废。而信心充足的人，做事情时会让自身的潜能得到超常发挥。结果，时常变许多“看似不能”为“居然成功”。

可见，如果总是唉叹命运的不公而不思考自己的未来，不规划自己的人生，也不愿意付出自己的努力，那么你就永远不可能成为富翁。只有怀着对财富的追求，不断思考获得财富的方法，努力去执行这些方法，财富才有可能降临到你的身上。

信奉犹太教的犹太人以上帝的“特选子民”自居，他们在潜意识里始终认为自己和其他民族的人不同。即使在历史上遭受无数磨难，犹太人的这个信仰从不需要改变，反而因“风雨生信心”而更加坚定。

如此自信的犹太人自然自信十足，这就难怪一般犹太小职员、小商人一脸自信、一脸“舍我其谁”的神态，一点都不比美国总统、世界级巨贾逊色。而且，这些犹太人都会努力与最优秀的人在一起，能够学习他人的长处，并通过自己的方式去获得财富，成为世界第一富商。

保罗·艾伦是一位音乐爱好者和天文学爱好者，只要一有空，他不是沉浸在音乐里，就是对着天空发呆。因此，在他人看来，艾伦是一位不善于交际的人。

但是，艾伦却与一位低他两年级的金发男孩非常要好，这位金发男孩经常到班里来找他。因为艾伦的父亲是图书管理员，金发男孩要通过他借一些最新的电脑书籍。

在借书、还书的过程中，艾伦喜欢上了那位金发男孩。于是，艾伦经常跟他出入于学校的计算机房，与金发男孩一起玩编程游戏。他们从“三连棋”一直玩到“登月”，临毕业时，艾伦也成为一个仅次于金发男孩的计算机高手。

1971 年，艾伦考入华盛顿州立大学学习航天。第二年，那位金发男孩进入哈佛大学学习法律。

两人虽然不在一个学校，但是经常保持联系，金发男孩继续跟他借书，他继续跟他探讨编程问题。

1974 年寒假，艾伦在《流行电子》杂志上看到一篇文章，是介绍世界第一台微型计算机的。他兴奋异常。因为在中学时，那个金发男孩就经常在他面前抱怨：计算机太笨重了！要是小到家里能放下就好了。

于是，艾伦拿着那本杂志去了哈佛，他一见到那位金发男孩，就高兴地对他说：“能放在家里的计算机造出来了！”

金发男孩当时正为“是继续学法律，还是搞计算机”而苦恼。当他看到《流行电子》杂志上的那台所谓的家用电脑后，就地艾伦说：“你不要走了，我们一起干点正经事。”

于是，艾伦在哈佛大学边上住了下来，并且一住就是 8 个星期。在这 8 星期日子里，他和金发男孩没日没夜地工作，用 Basic 语言编了一套程序，这套程序可以装进那台名为 Altair8008 的家用电脑里，并且能像汽车制造厂的大型计算机一样工作。

当他们带着这套程序走进那家微型计算机生产厂家时，厂家竟然愿意付给他们 3000 美元的基价，以后每出一份程序拷贝，再付 30 美元的版税。

3 个月后，一家名为微软的计算机软件开发公司在波士顿注册，总经理是那金发男孩——比尔·盖茨，副总经理是保罗·艾伦。

如今，微软公司已成为世界上的一个巨无霸，比尔·盖茨已成为人所共知的世界首富。尽管艾伦的财富没有比尔·盖茨多，但是在《福布斯》富豪榜上，艾伦名列前五位，个人资产 210 亿美元。

《塔木德》中有一句话："和狼生活在一起，你只能学会嗥叫，和那些优秀的人接触，你就会受到良好的影响。"艾伦正是因为与比尔·盖茨这样有富翁思维和富翁行为的人有一起，不断地受到比尔·盖茨的熏陶和影响，最终也获得了巨大的成功，财富自然也会伴随他的一生。因此，《塔木德》主张，一个人一定要和那些优秀的人接触。

8.知识是最好的赚钱资本

《塔木德》箴言："宁可变卖所有的东西，也要把女儿嫁给学者；为了娶得学者的女儿，就是丧失所有的一切也无所谓。"

如果和犹太商人打交道你会发现，他们虽然在商海闹潮，但看起来却更像学者，个个学识渊博、谈吐不凡，且举止端庄、风度儒雅，浑身透着一股书卷气。然而，他们这种非凡的气质并不是在学府里培养造就出来的，而是几千年来特殊的民族经历形成的特殊文化积淀而成的。

据统计，获世界诺贝尔奖的科学家中有 17%是犹太人，美国获诺贝尔奖的科学家中有27%是犹太人,美国每5个大学教师中有1个是犹太人,每5个大学生中也有1个是犹太人,足见犹太人对科学和知识的重视。

“商人要学识渊博”,这是犹太人提出的谋钱口号,同时也是他们的经商法则。学识渊博不仅可提高商人的判断力,还可以增加他的修养和风度。一个文质彬彬和一个粗俗不堪的人,分别去接洽同一宗生意,成功几率性大的必然是前者。

假如是一个学识渊博的商人,他除了了解自己的商品以外,还要了解自己的商品所针对的顾客心理,尽力满足他们的需要,选取合适的场所,必要时要客气而又不失风度地与顾客周旋,取得顾客的信任和重视。顾客开始注意你的商品,这样生意就成功了一半。

但是,假如是一个见闻狭窄、学识粗浅的商人,他既不懂得怎样应付场面、创造气氛,也不知道怎样招揽顾客,尤其不知道怎样树立自己的形象,衣饰粗俗,满口粗话。这样,顾客也许未进门就被吓跑了,还能赚什么钱?

犹太民族的学习传统和钻研精神, 和数千年没有家园四处漂泊的特殊经历有着密切的联系。他们对知识的认识也不同于其他民族,犹太人把知识看作“资本”和“资产”,比作“抢不掉而又可以随身带走的资产”,这就是犹太人的知识价值观。

有一个故事是这样的:

一次,一艘大船出海航行,船上的客人都是大富翁,只有一个人例外,他就是拉比。

富翁们闲着没事,就互相炫耀自己的财富。当他们都嘲笑拉比一无所有时,拉比却说:“我觉得还是我最富有,只是现在我的财富不能拿给你们看。”

半途中,海盗袭击了这艘船,富翁们的财富被洗劫一空。

最后,这艘船因为没有资金继续航行而停靠于一个港口。

下船后, 拉比因其丰富的学识和高尚的人格, 立刻受到当地人们的器重,他被请到学校里去教导学生。

一段时间后,当这位拉比偶然遇上那些曾经同船旅行的富翁时,却发现他们都已陷入朝不保夕的凄凉境地。

富翁们对拉比说:“你以前讲得一点不错,一个有学问的人,等于什么都拥有。”

从这则故事中,犹太人得出的结论是:由于知识可以不被抢夺且可以随身带走,所以教育是最重要的。

犹太人对知识的敬重超出世界任何一个民族,被犹太人称为生活圣经的《塔木德》中说:“宁可变卖所有的东西,也要把女儿嫁给学者;为了娶得学者的女儿,就是丧失所有的一切也无所谓。”

犹太商人非常相信“知识就是力量”(培根)这句名言,他们认为,没有知识的商人不算真正的商人。绝大部分犹太商人学识渊博、头脑灵敏,他们最看不起没文化的商人。犹太人普遍认为胸怀韬略,才能黄金万两。因此,犹太人很强调具有自己独立获取知识的技能,从而指导自己的工作实践。

犹太人既注重学校的正规教育,又注重自教自学。只要与犹太人呆在一起,你就会发现他们大多都非常健谈,海阔天空、滔滔不绝,其渊博的知识会让人大为惊愕。正因为拥有如此渊博的知识,他们才具有高智商的头脑,从而才会在生意中永立不败之地,成为公认的“世界第一商人”。

学识渊博的犹太商人还遵循着另外一条原则,那就是他们绝对不和孤陋寡闻、心胸狭隘、缺乏教育、品德卑下的商人交往。因为,与粗俗人交往不但不会给自己生意带来效益,反而会影响到自己的名誉。结交一些同样学识渊博的商人做生意朋友,则不但可以互相得益,而且可以提高信誉,使自己的事业立于不败之地。

当今世界正处在经济和科技全球化的发展趋势中,知识型经济成为争夺相对经济优势的主要手段。处在这样一个多变的世界里,任何故步自封、因循守旧、缺乏远见和不求上进的人,都难以避免失败的厄运。犹太人深明大义,不但自己不断学习,更新知识,更着力培养后代,让他们成为文化素质较高的人才。的确,犹太商人的观念是正确的,他们把知识看做赚钱的力量,因此世界上诞生了一流的犹太商人。

9.赚钱一定要机灵

《塔木德》箴言:"致富不能盲目行事,要靠智慧加适当的变通。"

一个犹太富翁病入膏肓,死期将近。但是,儿子却在千里之外,身边只有一个奴仆照顾。为了防止奴仆携带自己的财产逃跑,富翁便口述遗书,让人笔记:

"我将悉数财产留予送达此遗书至你处的忠实奴仆;我儿尤第雅,你可由我之所有物中选择一项。"

犹太富翁不久死去,奴仆得了财产,兴冲冲将遗书拿去给拉比看,然后同拉比一起去见富翁的儿子。拉比对富翁的儿子尤第雅说:"你父亲已将财产送予奴仆,你只能取其中一件东西,你自己选择吧!"

尤第雅毫不犹豫地说:"我选择这个奴仆。"

因此,尤第雅既拥有了奴仆,又拥有了财产。

这就是犹太人的机灵。在行商过程中,机智更是度过难关、反败为胜、绝处逢生的利器。

19世纪中叶,美国加州传来发现金矿的消息。许多人认为这是一个千载难逢的发财机会,于是纷纷奔赴加州。

17岁的小农夫亚默尔也加入了这支庞大的淘金队伍,他同大家一样,历尽千辛万苦,赶到加州。

淘金梦是美丽的,做这种梦的人很多,而且还有越来越多的人蜂拥而至,一时间加州遍地都是淘金者,而金子自然越来越难淘。

不但金子难淘，而且生活也越来越艰苦。当地气候干燥，水源奇缺，许多不幸的淘金者不但没有圆致富梦，反而葬身此处。

小亚默尔经过一段时间的努力，和大多数人一样，不但没有发现黄金，反而被饥渴折磨得半死。

一天，望着水袋中一点点舍不得喝的水，听着周围人对缺水的抱怨，亚默尔忽发奇想：淘金的希望太渺茫了，还不如卖水呢。

于是，亚默尔毅然放弃对金矿的努力，将手中挖金矿的工具变成挖水渠的工具，从远方将河水引入水池，用细沙过滤，成为清凉可口的饮用水。然后，他将水装进桶里，挑到山谷一壶一壶地卖给找金矿的人。

当时，有人嘲笑亚默尔，说他胸无大志："千辛万苦地到加州来，不挖金子发大财，却干起这种蝇头小利的小买卖。这种生意哪儿不能干，何必跑到这里来？"

亚默尔毫不在意，不为所动，继续卖他的水。

结果，淘金者都空手而归，而亚默尔却在很短的时间靠卖水赚到几千美元，这在当时是一笔非常可观的财富了。

机灵源于智慧，是智慧在非常状态下的自然迸发。在行商过程中，钱在商人的腰包里进进出出，但究竟是进的多出的少，还是出的多进的少？这就取决于商人的智慧——在关键时刻、关键问题的处理上是机灵还是愚钝。

君子爱财，取之有道。有高招，才能挣大钱。

高招就是：做新的、做旧的、做别人没有的、做女人的、做小孩的、做健康的、做长寿的、做好吃的、做好玩的、做舒适的、做人人需要的、做富人需要的、做老婆情人需要的、做政府集体需要的等等，你尽可发挥想象力，在社会中寻找适合你的商机。

金钱永远在市场领域里流通，在愚钝人面前晃一下就过去了，在机灵人面前想走都走不掉，这就是机灵与愚钝的差别。

一个高财商者无论在什么情况下，都能发现致富的机遇，他们似乎对财富有一种特殊的感觉；而对那些低财商者，任财富从身边悄然溜走而毫无察觉。

10.对金钱心怀感激

《塔木德》箴言:“聪明的人会随时心怀感恩,感谢上帝赐给自己的一切。”

有一个非常吝啬的富翁,他整天感到自己是不快乐的。于是,他去求教一位拉比。

拉比要求富翁先回答几个问题,富翁答应了。

拉比让富翁站在窗前看窗外,并问他:“你看到了什么?”

富翁说:“一群忙碌的人。”

拉比又让富翁站在镜子前看镜子,并问他:“你又看到了什么?”

富翁说:“我看到了我自己。”

接着,拉比问富翁:“窗户和镜子是什么做的?”

富翁回答:“都是玻璃做的啊。”

拉比再问:“它们有什么不同?”

富翁说:“镜子的玻璃上镀了一层银子,而窗户上没有。”

拉比语重心长地说:“就是你要寻找的答案——单纯的玻璃能让我们看到别人,而镀上银子的玻璃就只能让我们看到自己。你的眼睛全部被金钱所蒙蔽,只见自己而不见别人,又何谈快乐呢?”

正当赚钱,是吃苦耐劳、不懈努力、不受诱惑和得到回报的希望的表现;而合理使用,是精明能干、富有远见和自我克制的体现,而这一些都是刚毅果敢性格的真正基础。虽然金钱可以代表一大堆毫无价值和实际用途的物品,但是也可以代表许多有很大价值的东西;这不仅是食物、衣服和感官的满足,而且可以是个人的自尊和独立。

财富是每个人都追求的，但是，追求财富只是一个过程。拥有财富而被财富所束缚，就会成为可怜又可悲的人。

财富是成功的一种表现，财富需要造福社会才会发挥更大的作用。尽管犹太民族对于金钱的追求达到了顶礼膜拜的程度，但是犹太人对于商德的崇尚也是令人佩服的。在他们看来，处处以自我为中心、眼中只有自己的人，即便是个财气冲天的富翁，他们也会对其敬而远之、嗤之以鼻的。

犹太教教育人们要随时心怀感恩。犹太教徒凡事都要感谢上帝：为了盘中的食物、清晨醒来、休假，甚至见到美丽的彩虹，都有感激上帝的颂词。

《塔木德》中的一则《手》的寓言也说明了类似的道理：

每个人诞生时都是双拳紧握，去世时却是两手松开，这是什么道理呢？因为人在出生时都想要掌握世上所有的东西，一旦撒手人寰就得抛下一切空手而去。

《塔木德》中有这样一段箴言："对于财富运用的观念，我很欣赏现在的'托付观'，它认为人生为过客，你一生中拥有的任何东西都不属于你个人，而是被交托到你手中的。这种观念带来责任感——你必须小心处理所拥有的一切，并正确地运用财富造福众人。"

这就告诉人们，财富是需要靠人去创造的，拥有财富后，更需要人们去做造福社会的事情。像美国著名小说家、诺贝尔奖获得者索尔·贝娄在《洪堡的礼物》一书中所写的："抓住金钱不放很难。这就像一块小冰块一样。你不可能刚刚成功获得它，然后就生活安逸……当你获得金钱时，你将经历一次质变。你不得不与内部的和外部的、可怕的力量竞争。这些力量也许产生不信任、妒忌，甚至对拥有更多的任何人的憎恨及对任何阻碍你发财的人的敌意。"

第二章 挣钱术：把每一个机会变成财富

《塔木德》箴言：『我见日光之下，快跑的未必能赢，力战的未必得胜，智慧的未必得粮食，明哲的未必得资财，灵巧的未必得喜悦，所临到众人的，是在乎当时的机会。』犹太人信奉金钱，在他们看来，只要能挣钱，利润再少的买卖他们也不会放弃。

1.绝不放弃赚钱的机会

《塔木德》箴言:"当机会来临时,不敢冒险的人永远是平庸之辈。"

有两个年轻人一同去寻找工作,其中一个是英国人,另一个是犹太人,他们都怀有成功的愿望,寻找适合自己发展的机会。

有一天,他们走在街上时,同时看到有一枚硬币躺在地上,英国青年看也不看就走了过去,犹太青年却激动地将它捡了起来。

英国青年对犹太青年的举动露出鄙夷之色:连一枚硬币也捡,真没出息!

犹太青年望着远去的英国青年心中感慨:让钱白白地从身边溜走,真没出息!

后来,两个人同时进了一家公司。公司很小,工作很累,工资也低,英国青年不屑一顾地走了,而犹太青年却高兴地留了下来。

两年后,两人又在街上相遇,犹太青年已成了老板,而英国青年还在寻找工作。

英国青年对此无法理解:"这么没出息的人怎么能如此快地发了财呢?"

犹太青年说:"因为我不会像你那样绅士般地从一枚硬币上走过去,我会珍惜每一分钱,而你连送到手上的钱都不要,怎么会发财呢?"

英国青年并非不在乎钱,而是眼睛总盯着大钱而对小钱置之不理。所以,他的钱总在明天,这就是问题的答案。

犹太人之所以这样做,是因为他们惯于采取"避实就虚,化整为零,积少成多”的战略，最后战胜强大的对手。实行积微成多的谋略，必须做到心怀大志，对前程充满自信；如果自惭形秽，胸无大志，那就永难成功。同时，还要具有坚忍不拔的意志和扎扎实实、埋头苦干的精神。

《犹太人的财富之路》一书中有这样一个例子：

在世界屈指可数的建筑业巨子中，首推美国的比达·吉威特，他被称为土木建筑大王，20世纪60年代资产是2亿美元。但是，正是这样一位亿万富翁，却时时坚持“即使是1美元也要赚”的经营方针，所以终获成功。

吉威特公司的经营内容鲜为人知，因为吉威特往往这么回答访问者的问题：“即使公司非常著名，它所承建的工程不见得就能相对地增加。有关本公司的经营内容，无可奉告。”

这位土木建筑大王，现在不仅称霸于建筑业界，同时广泛地涉足于煤矿、畜牧、保险、出版、电视公司甚至新闻界，大展宏图，获取了巨大的利润，这是各界人士共知并予以承认的。

身为事业家的吉威特，其成功的关键就在于他那独特的经营哲学，也就是他常说的：“倘若可以多赚1美元，只要有这种机会，我就绝对不放弃。”

为了不让其他行业“赚”去公司资金借贷及业务往来上的费用，吉威特经营了金融公司，由自己的公司来经办自己所有的子公司的资金周转及业务往来。

为了让每个吉威特辖下的从业人员的健康保险、寿命保险以及各子公司的业务保险等“肥水不流外人田”，吉威特创办了保险公司，不仅经营自己公司所有职员的保险业务，而且也对外营业。

依据吉威特的经营哲学，任何钱都要自己赚，同时使公司的业务蒸蒸日上，他那家建筑公司可获得更大的利润。

《塔木德》上告诫说：“别想一下就造出大海，必须先由小河川开始。”不屑于做小事只想做大事，结果不仅缺乏根基，而且信心屡屡受挫。

对于一个高财商者来说，金钱的积累是从“每一个硬币”开始的，他们知道任何一种成功都是从一点一滴积累起来的，没有这种集腋成裘的行商意识就不可能获到更大的财富。

因此，犹太拉比这样告诫人们："抓住好东西，无论它多么微不足道。伸手把它抓住，不要让它溜掉。"

真正的犹太商人从来不为自己没钱赚而苦恼，在他们看来，只要动脑筋，就一定能赚到钱，也一定能赚到钱。白手起家的犹太人实在太多了。他们凭借自己坚韧的性格和顽强的毅力，克服种种困难，最终实现了聚集财富的目的。

当然，在创富的过程中，要分清机会和运气。我们不排除运气，但是更重要的还是要用自己的财商，挖掘藏在生活中的机会，也只有这样，你才能得到财富。

2.踏踏实实做好本行

《塔木德》箴言："没有哪种行业比另一种更好。"

《塔木德》中有这样一个故事：

有一个农夫，由于庄稼种得好，生活过得很惬意，村里的人因此都夸他聪明。后来，有人断言，既然农夫这么聪明，只要他做生意，就肯定能发大财。

听人家这么说，农夫的心有点痒痒了。于是，他和妻子商量要做生意。妻子是个明白人，知道丈夫虽然庄稼种得好，但不是做生意的料，就劝他打消这个念头。

可是，农夫的主意已定，不管妻子怎么劝他都不听。

最后，妻子无奈地说："做生意总得有本钱吧，你明天就把家中的一只山羊和一头毛驴牵进城去卖了吧。”

妻子说完就回娘家了。在娘家，她找来三个人，叮嘱他们帮她办件事。

第二天，农夫兴冲冲地上路了。但是，他没有想到的是，他妻子找来帮忙的人偷偷地跟在他的身后。

农夫贪睡，他骑在驴背上晃晃悠悠地走着，不一会儿，竟然在驴背上打起了盹。

第一个人趁农夫骑在驴背上打盹之际，把山羊脖子上的铃铛解下来系在驴尾巴上，然后他把山羊牵走了。

不久，农夫被晃醒了，他一回头，发现山羊不见了！

于是，农夫赶紧寻找。这时，第二个人走过来，热心地问他找什么。

农夫说山羊被人偷走了，并询问这个人有没有看见。

第二个人随手向后面一指，说看见一个人牵着一只山羊从林子里走过去了，肯定是那个人偷走了山羊。这个人还催促农夫赶快去追。

农夫急着去追山羊，就把驴子交给这位“好心人”看管。谁知，等农夫两手空空地回来时，驴子和“好心人”都不见了踪影。

农夫伤心极了，一边走一边哭。

当他来到一个水池边时，却发现有个人坐在水池边，哭得比他还伤心。

农夫挺奇怪：还有比我更倒霉的人吗？于是，他热心地问那个人哭什么。

那人告诉农夫，他带着一袋金币去城里买东西，走到水边歇歇脚，洗把脸，一不小心竟然把袋子掉进水里了。

农夫说：“那你赶快下去捞呀。”

那人说自己不会游泳，如果农夫帮他捞上来，他愿意支付20个金币。

农夫一听喜出望外，心想：这下子可好了，虽然羊和驴子丢了，但是自己还能挣到到手20个金币。于是，他连忙脱光衣服跳入水中。

农夫捞了半天，什么也没捞着。当他空着手从水里爬上岸时，却发现衣服和干粮都不见了！那个丢金币的人自然也不见了。

最后，农夫只好灰溜溜地回家了。

当农夫回到家，却惊奇地发现山羊和毛驴竟然都在家中。这时，妻子对他说："没出事时麻痹大意，出现意外后惊慌失措，造成损失后急于弥补。你连这些基本的风险都预料不到，又怎么能在商海里征战呢？你还是老老实实地在家中种地吧！"

洛克菲勒说过："商人，是需要耐心的，一步一个脚印地做好每一件生意，才能创造辉煌。粗心大意，着急大步走，根基不实，建造的大楼是不稳固的。所以要想成大气候，创造辉煌，打实根基是很重要的，这就需要稳步向前行，扎扎实实地走好每一步。"

这就是犹太人的商道。什么样的人做什么样的事，有能力、有实力去做的，就勇敢地去做，但是，对于自己不太熟悉的领域，而且没有足够的能力和实力，还是不要轻易涉足为好。

在加拿大的第二大城市蒙特利尔市有一条很著名的街道叫圣劳伦斯街。

在这条街上，有一家犹太人开的熏肉店。据说，创始人是早年由从波兰或罗马尼亚过来的犹太移民。

圣劳伦斯街是一条很古老的街道，那里的建筑物大多显得很陈旧，这家熏肉店的店面就更不起眼了——仅有一间单开门铺面，设施也很陈旧。

熏肉店可供选择的主食除了面包夹熏肉的三明治食品，还有烤牛排或牛肝，但最出名的当然还要数熏牛肉，大部分客人都会点这道菜。

这些东西的价格很便宜，基本上在4~7个加元左右，在当地也就是一餐汉堡包的价钱。但是，这些东西的特点就在于既是老外们可以接受的主流食品(面包三明治)，又与当今最流行的汉堡包风味迥然不同。因为汉堡包大多加有很多奶酪，这些东西则用熏肉或烤肉代替，汉堡包配餐的饮料大多是可乐，而这里的客人大多点的是一种带甜酸味的樱桃可乐。

店里做的熏肉，都是选上等牛肉为原料，制作过程也相对复杂。

据说是要先将牛肉腌10天以上，然后再熏10个小时，做出来的肉又香又嫩。由于配料用的是祖传秘方，因此更增加了它的神秘色彩。

由于餐饮业竞争激烈,当地其他餐馆的生意并不好做。但是,这家熏肉店在当地很有名气，不仅吸引了当地的顾客，外地的许多客人也会慕名而来,很多旅游杂志甚至把这家熏肉店列为蒙特利尔市的一个重要景点。

如今,这家店已经传了三代,生意一直都很红火。看来找准位子,踏踏实实做好本行,也一样能找到生存发展的良机。

《塔木德》说:"没有哪种行业比另一种更好。"在犹太人看来,想要赚取更多的钱,主要不在于你干什么,而是取决于你怎么去干。如果不顾后果地涉及自己不太熟悉的领域,最后的结果往往是失败。

3.主动出击去赚钱

《塔木德》箴言:"凡是自己所能做的事情,都要自己动手去做,绝不可以求神帮忙。"

犹太商人不怕挣不上钱,只怕缺乏积极主动的挣钱精神,因此他们敢于迎战各种困难,相信只要自己付出,就会换来回报。

正因为犹太人具有积极进取精神,所以每到遇到困难时,他们总能设法把困难的消极因素转变为积极因素,从而克服困难。

犹太民族在2000多年前失去了家园,流散在世界各地,但他们没有因此丧失意志和民族凝聚力,而是坚忍不拔地生存下来,为犹太复国而世代奋斗。经过长期不屈不挠、锲而不舍的斗争,终于在20世纪40年代中期建立起属于自己的国家——以色列。

犹太人对于个人的事业同样充满着积极进取精神，他们具有敢于触碰困难的勇气,敢于向厄运挑战。正是这种精神,使许许多多的犹太人在各个领域中出人头地,业绩卓著。

在商界中，无数犹太人成为行业之王，他们基本上都是凭着积极进取精神，两手空空地创立的。诸如连锁经营先驱卢宾、金融巨头金兹堡集团、报业大亨奥克斯、好莱坞老板高德温、地产大王里治曼、石油大王洛克菲勒等，均是这样创立他们的企业王国的。

约瑟夫·贺希哈是一位犹太人，出身在拉脱维亚的一个贫苦家庭。

1908 年，他随父亲迁到美国纽约市的布鲁克林区汉堡特贫民区。但是，就在一家人还立足未稳时，一场火灾殃及其家，一点可怜的家当连同简陋的房屋一同化为灰烬。约瑟夫·贺希哈从此沦为在垃圾桶中寻找食物的小乞丐。

约瑟夫·贺希哈在流浪街头时，每天捡拾别人废弃的报纸和书，然后坐在街边的石椅上看个不停。晚上，他就借助路边的灯光阅读捡来的书。

就是在这么恶劣的环境下，约瑟夫·贺希哈慢慢地对书报上的经济信息、股市行情产生了兴趣，他决心从股票方面发展自己的事业。

不久，他在爱默生留声机公司找到了一份工作，贺希哈发现爱默生留声机公司发行股票并经营股票，于是他潜心关注、研究公司的经营情况。

经过 3 年的艰辛努力，约瑟夫·贺希哈对股市运作规律早已烂熟于心。而且，靠节衣缩食、勤奋工作，他还积累了 250 美元。就是这 250 美元，使他成为一名独立自主的股票经纪人。

到 1928 年，约瑟夫·贺希哈已经成为每月可以赚 20 万美元的股票大王了。

1929 年是约瑟夫·贺希哈最辉煌的一年，也是美国股市在历史上最热闹的一年，几乎全民都加入了股票买卖的行列。丰富的经验已使贺希哈认定大雨和风暴即将来临。于是，他果断地将 1928 年末至 1929 年初大量买入的各类股票一分不留地抛售，得到了相当于原来投资十多倍的回报，他一下又赚了上亿美元，成为当时赫赫有名的股票大王。

从约瑟夫·贺希哈的发迹史中我们可以看到，一个人要想赚钱，必须首先具有积极进取的精神，并能细心观察，认真学习，不畏困难，这样才会有成功的希望和事业的辉煌。

孟德斯鸠说过:“有钱的地方就有犹太人。”

最早聚居在迦南的犹太人,借地利之优势,或倒买倒卖、或长途贩运。

到所罗门王时期,犹太人就有自己的贸易船队和国家舰队,他们远征印度,从那里运回黄金和象牙、檀香木和宝石、猴子和孔雀。

后来,在各国统治者的驱赶追逐下,犹太人学会了在奔波的生活中去做生意,去赚钱。这让犹太人不仅熟悉了世界各国的市场行情,而且使他们结交了天南地北的贸易伙伴。

再后来,随着伊斯兰教与基督教冲突的产生,欧、亚、非之间的贸易一度中断。但是,失去祖国的犹太人却能够不顾宗教与文化的樊篱,发现一个又一个的商机,赚取一笔又一笔的利润。

美洲新大陆发现后,犹太人就开始移居那里。一个世纪后,犹太人就控制了新大陆殖民地的贸易,绝大部分的进出口都握在他们手中。

尽管犹太人长期没有自己的国家, 但是这却使得他们成为了 “世界公民”。他们到处流浪,到处经商,这种主动出击去赚钱的意识让犹太人成为了世界商人。

4.永远不要等待明天

《塔木德》箴言:“今天就是最后一天,永远不要等待明天,因为没有人知道明天会是什么样子。”

一天, 靠炒卖股票发家的犹太富商列宛在院子里看他 8 岁的儿子捕麻雀。

捕麻雀的工具是一只圆形的网子，用木棍支起一端，木棍上系着一根长长的绳子。儿子在立起的圆网下撒完米粒后，就牵着绳子躲在屋内。

不一会儿，就飞来几只麻雀，孩子数了数，竟有10只之多！麻雀大概是饿久了，很快就有8只麻雀走进了网子底下。

列宛示意孩子可以拉绳子了，但是孩子没有这样做，他悄悄告诉列宛，他要等那两只进去再拉。

等了一会儿，那两只非但没进去，反而走出来4只。

列宛再次示意孩子快拉，但孩子却说，再进去一只就拉绳子。

可是，过了一会儿又有3只雀儿走了出来。

列宛对孩子说，如果现在拉绳子还能套住1只。但是，孩子好像不甘心只套住一只，说要再等等。

最终，孩子一只麻雀也没有套住。孩子很伤心。

列宛抚摸着孩子的头，慈爱地教训道：

"欲望无穷无尽，而机会却稍纵即逝，很多时候，为了得到更多而一味等待，不采取果断的行动，不但不能满足我们的欲望，反而会让我们把原先拥有的东西也失去。"

犹太商人在做生意时素来以心狠手快著称，他们的精明家喻户晓，他们善于从长远考虑买卖问题，盯住时机，大胆出手，因此成就了一大批犹太大商人。

下面这个案例是犹太商人的经典案例：

摩根少年时代开始游历北美西北部和欧洲，并在德国哥西根大学接受教育。从哥西根大学毕业后，摩根来到邓肯商行任职。摩根特有的素质与生活的磨炼，使他在邓肯商行干得相当出色。但他的过人的胆识与冒险精神，却经常害得总裁邓肯心惊肉跳。

一次，在摩根从巴黎到纽约的商业旅行途中，一个陌生人敲开了他的舱门：

"听说，您是专搞商品批发的，是吗？"

“有何贵干？”摩根感觉到对方焦急的心情。

“啊！先生，我有件事有求于您，有一船咖啡需要立刻处理掉。这些咖啡算是一个咖啡商的，现在他破产了，无法偿付我的运费，便把这船咖啡作抵押，可我不懂这方面业务，您是否可以买下这船咖啡。很便宜，只是别人价格的一半。”

“这事很着急吗？”摩根盯住来人。

“是很急，否则这样的咖啡怎么这么便宜。”说着，拿出咖啡的样品。

“我买下了。”摩根瞥了一眼样品答道。“摩根先生，您这年轻人，谁能保证这一船咖啡的质量都与样品一样呢？”他的同伴见摩根轻率地买下这船还没亲眼见质量的咖啡，在一旁提醒道。

这位同伴提醒的并不假。当时，经济市场混乱，坑蒙拐骗之事，屡见不鲜。光在买卖咖啡方面，邓肯公司就数次遭暗算。

“我知道了，但这次是不会上当的，我们应该践约，以免这批咖啡落入他人之手。”摩根相信自己，相信自己的眼力。

当邓肯听到这个消息，不禁吓了一身冷汗：“这混蛋，拿邓肯公司开玩笑吗？”

邓肯这样严厉指责摩根：“快去，把交易给我退掉，否则损失你自己赔偿！”

摩根与邓肯决裂了。

摩根决心一赌，在他父亲的帮助下，摩根还了邓肯公司的咖啡款，并经卖咖啡人的介绍，摩根又买下了许多船咖啡。

就在摩根买下这批咖啡不久，巴西咖啡遭到霜灾，大幅度减产，咖啡价格上涨二三倍。而摩根的咖啡囤积居奇，出售价格翻出收购价格几倍，摩根赚了个盆满钵满。

商场犹如战场，机会稍纵即逝。当其他民族的商人还在为了自己是否会显得过于精明而瞻前顾后拿不定主意、甚至将那个精明的点子搁置一旁的时候，他们同犹太商人的距离就已经拉开了。所以，他们败在犹太商人手下，这毫不奇怪。

商业上，今天就是最后一天，永远不要等待明天，因为没有人知道明天会是什么样子。等待只会作无谓的时间浪费，等待只会让机遇悄悄溜走。只有认识到这一点，遍地都会是机遇，到处都有财富。

5.瞅准机遇就下手

《塔木德》箴言："每个人的机会都一样多，但是每个人对机会的识别和把握能力是不同的。"

古语说，勤劳致富。其实，并不是辛勤苦做就可以致富，辛勤者中也有贫富之分，而在成功的辛勤者中间，成就亦有高低差别，但有一些表面上并不勤劳的人，却能成功致富。产生这种差异的一个重要因素就是机会。因此，有人曾说过这样一句话："机会是上帝的别名"。

犹太人雷蒙·克罗克是世界上最大的"厨师"，他有全球最大的饭店——麦当劳快餐连锁店，每顿饭全球有几亿人在这个连锁店同时就餐。麦当劳王国的建立，不仅是一种商业革命，它更是一种饮食文化上的革命。虽然它的创始人是麦当劳兄弟，而真正创建麦当劳快餐王国的却是雷蒙·克罗克。雷蒙·克罗克身上的光环实在太亮了，以至于麦当劳的创始人麦氏兄弟完全失去了光彩。

雷蒙·克罗克由一个推销员出身，凭借其敏锐的目光和超人的智慧，不但建立起了麦当劳王国，还推动了快餐连锁业的迅速发展。到2005年，麦当劳在全世界共拥有30000多家分店。在世界500强中名列366位。

克罗克其苦心经营的一生始终坚持的哲学是："一个人应该充分利用每

一个落在头上的机会。每一个人都要自己创造幸福,自己解决难题。”

克罗克早年家境贫寒,只上了一年高中就休学了。他在几个旅行乐队里弹过钢琴,又在芝加哥广播电台担任音乐节目的编导。

从 1929 年起,在随后的 25 年中,克罗克一直从事推销工作,先在佛罗里达州帮人推销过房地产,后到美国中西部卖过纸杯。

作为推销员,克罗克品尝过太多失败的苦涩。克罗克曾在《雷蒙·克罗克自传》中这样回忆那一段刻骨铭心的日子:“在佛罗里达推销房地产失败之后,我彻底破产,身无分文。那时,我没有大衣,没有风雨衣,甚至连一双手套都没有。我开车进入芝加哥穿过寒冷的街道回到家时,简直要冻僵了。”

说起麦当劳,还应该提一下麦克和迪克两兄弟,是他们首先开办了这个事业。

麦克和迪克是一对犹太人兄弟,在圣伯丁诺市开一家方便汽车司机的快餐店。通过对过去三年餐厅收入的研究发现,80%的收入来自汉堡包。

于是,麦氏兄弟开始对经营方式进行重大改革,主要销售这种每只 15 美分的汉堡包,并采用自助式用餐,一律使用纸餐具,提供快速服务——这种令人耳目一新的汉堡包小餐厅经营方式大获成功!

随后,麦当劳兄弟开始建立了连锁店,并亲自设计了金色双拱门的招牌。

到 1954 年,拥有 10 家连锁店的麦当劳汉堡包餐厅,全年营业额竟达 20 万美元。

虽然如此,目光短浅的麦当劳兄弟并未意识到自己的发明具有怎样的价值,而目光敏锐的克罗克却看到了这一产业的辉煌前景。

1954 年的一天,克罗克作为经销混乳机的老板,发现麦氏兄弟在圣伯丁诺市开的这家餐馆一次就定购了 8 台混乳机。这么大的购货量让克罗克震惊,他为了弄清楚这里面的缘由,特地赶到了圣伯丁诺。

这家麦当劳餐厅,与当时无数的汉堡包店相比,外表上似乎无太大的区别。但是,克罗克却受到了强烈震撼。其时正是中午,小小的停车场里挤满了人，足有 150 人之多，在麦当劳餐厅前排起了长队。麦当劳的服务员快速作业，竟然可以在 15 秒之内交出客人所点的食品——这种经营方式，克罗克可从未见过。

克罗克当即决定开办连锁餐馆。

第二天，他就与麦氏兄弟进行洽谈。麦当劳兄弟很快就答应给他在全国各地开连锁分店的经销权，但开出的条件却颇为苛刻。

“一定要买断麦当劳！”克罗克下了这样的决心。

1961 年年初，经过谈判，麦氏兄弟答应出让麦当劳的经营权。但是，麦氏兄弟出价惊人：“非 270 万美元不卖！”

其中，兄弟俩每人 100 万美元，交税 70 万美元，而且还一定要现金！

克罗克感到怒不可遏，他放下电话强迫自己冷静下来。他们明知他拿不出这么多钱，才把价码定得这么高，其用心是很明显的，就是不想让克罗克拥有控制权。

克罗克经过再三考虑，最终答应了麦氏兄弟的苛刻条件。克罗克和他的天才财务长桑那本使出浑身解数，几经周转，终于借贷到 270 万美元，买下了麦当劳餐馆的名号、商标、版权以及烹饪配方。

至此，美国的全部麦当劳快餐店都归于克罗克名下，虽然公司的名号仍叫麦当劳，却与麦当劳兄弟不再有任何关系了。

这样一来，克罗克终于可以放手大干了，他把自己的那一套做法发挥得淋漓尽致。

到麦当劳求职的人十分踊跃。他们要经过严格的考核，大部分人被淘汰，只有那些最有潜力获得成功的人才被录用。麦当劳各分店的经理平均年龄 35 岁，他们大都在其他行业上表现出色，并且银行账户上的数字很可观。

克罗克的招聘指导思想是：为了阻止那些不称职或才能平庸的人进入，公司将最初的现金投资额定得很高。

取得一家麦当劳分店的经销权要花 11 万到 12.5 万美元，其中必须自备一半现金，另一半可以向银行申请贷款。资金到位后，由克罗克派人选择地点并建造餐馆。当新的分店开张后,分店经理要将每月营业额的 11.5%付给公司,其中 3%作为管理费,8.5%是租金。从表面上看,这些条件似乎苛刻了些,但实际上,分店经理还是能赚不少钱。

一家经营良好的餐馆,在三年到五年内就能赚回原来的投资额——麦当劳公司各分店的年营业额平均为 43 万至 50 万美元,一个中等水平分店的经理每年可盈利 5 万至 7.5 万美元。

克罗克对优秀分店经理的最大奖赏,就是尽最大可能让他们买到更多的经销权。有些经理拥有 4 家、6 家甚至 8 家餐馆,所赚的利润就颇为可观了。

在麦当劳公司,许多分店经理成了百万富翁。

克罗克成功的另一个秘诀,是他经营有方,他创造性地提出了经营麦当劳快餐店的 3 项标准:“Q.S.C”,即 Quality,Service,Cleanness,意思是“品质上乘,服务周到,地方清洁”。这成了麦当劳区别于其他快餐业的标志之一。

1984 年 1 月 14 日,拥有亿万资产的富翁雷蒙·克罗克因心脏病复发,抢救无效逝世。但是他所创立的“麦当劳王国”为这位犹太人竖起了一座不朽的丰碑。在麦当劳公司总部的办公室里,悬挂着克罗克平生最喜爱的座右铭:

“世上任何东西都不能代替恒心;‘才华’不能,才华横溢却一事无成的人并不少见;‘天才’不能,是天才却得不到赏识者屡见不鲜;‘教育’不能,受过教育而没有饭碗的人并不难找,只有恒心加上决心才是万能的。”

在特定的时间里,各方面因素配合恰当,就会产生有利的条件,谁最先利用这种有利条件,谁就能更快、更容易获得更大的成功,赚取更多的财富。这些有利条件便是机会,一个高财商的人懂得掌握这些得到财富的机会。

6.微笑着挣钱

《塔木德》箴言："假如你想活得更幸福，更快乐的话，就应该从鼻子里充分吸进新鲜空气，而始终闭紧你的嘴巴。"

犹太民族是一个遭受苦难最多的民族，犹太人是最能够乐观对待生活磨难的人，在长期的生活磨难中，犹太人学会了各种与人打交道的方法。微笑就是其中最重要的一种方法。

不管面临什么困难，犹太人总是微笑着面对；不管对待什么样的顾客，犹太人也都是微笑着面对。正是这种乐观与热情的态度，使犹太人获得了极大的自信，也获得了他人的认可，客户的满意，当然，最重要的是，犹太人因此而获得了金钱。

犹太推销员乔恩·弥赛被誉为世界上最伟大的推销员之一，他在15年中卖出13001辆汽车，并创下一年卖出1425辆(平均每天4辆)的记录，这个成绩被列入《吉尼斯世界大全》。

乔恩·弥赛的推销秘诀是什么？

答案很简单，就是微笑！也许你不相信，但事实正是如此。让我们来看看乔恩·弥赛是怎么做的吧：

有一次，一位中年妇女走进了乔恩·弥赛的展销室，乔恩·弥赛赶紧微笑着迎了上去。那位中年妇女却告诉乔恩·弥赛，她只是想在这里看看车打发一会儿时间。

于是，乔恩·弥赛就跟她闲聊起来。中年妇女告诉乔恩·弥赛，她打算买一辆白色的福特车，但是对面福特车行的推销员让她过一个小时后再去。所以,她就先来这里看看。

中年妇女还说:“这是我送给自己的生日礼物,今天是我55岁生日。”

乔恩·弥赛立刻向这位妇女祝贺道:“生日快乐!夫人。”他让这位妇女随便看看,自己则出去了一下。

不一会儿,乔恩·弥赛回来了。他对中年妇女说:“夫人,您喜欢白色车,既然您现在有时间,我给您介绍一下我们的双门式轿车——也是白色的。”

他们正谈着,女秘书走了进来,递给乔恩·弥赛一打玫瑰花。乔恩·弥赛把花送给那位妇女,真诚地说:“祝您生日快乐,尊敬的夫人。”

中年妇女很感动,眼眶都湿润了。“已经很久没有人给我送礼物了。”她说,“刚才那位福特推销员一定是看我开了部旧车,以为我买不起新车,我刚要看车他却说要去收一笔款,于是我就上这儿来等他。其实我只是想要一辆白色车而已,只不过表姐的车是福特,所以我也想买福特。现在想想,不买福特也可以。”

最后,这位中年妇女在乔恩·弥赛的车行买走了一辆雪佛莱,并写了一张全额支票。

其实,乔恩·弥赛在与中年妇女交谈中始终没有说出劝她放弃福特而买雪佛莱的词句。只是因为中年妇女感觉自己在乔恩·弥赛这里受到了重视,然后自愿放弃了原来的打算,转而选择了乔恩·弥赛的产品。由此可见,真诚的微笑是推销的第一步。

另一位犹太商人也致力于用微笑来挣钱。

“一般人大都是羡慕别人的幸运,嫉妒别人的成功,而不思振奋自己的意志,努力实行,只想坐待良机。”犹太商人查理·华葛林说,“我也曾是这样的一个人。”

查理·华葛林原来经营着一家规模很小的药房,生意总是不尽如人意,他怨恨自己的职业,整天愁眉苦脸的。

后来,他终于下定决心,要树立为顾客服务的态度,努力让每个顾客都满意。

“假如有人电话购货，我一面接电话，一面举手招呼我的伙计立刻把物品送去。”

果然，有一天，来了个订货电话。

查理·华葛林大声回答说：“好，郝斯福夫人，两瓶消毒药水，1/4 磅消毒棉花，还要别的吗？啊！今天天气真好，还有……”查理·华葛林不住地讨好他的顾客，同时指挥伙计，把货物取齐，马上送去。

伙计训练有素，在接电话一分钟内，就将物品送到了郝斯福夫人的家门口。当他敲门的时候，郝斯福夫人还在跟查理·华葛林谈话。

这时，查理·华葛林听到郝斯福夫人说：“门铃在响了，华葛林先生，再见！”

查理·华葛林满意地放下了电话，因为他知道，货已经送到了。

事后，郝斯福夫人常对别人说起这件事：当她订货的电话尚未打完，物品已经送到了。

郝斯福夫人无意中的传播，使附近的居民都来他的药房购物，这件事渐渐扩展到其他地方的居民那里，使他们也都成为查理·华葛林药房中的长期顾主。从此，查理·华葛林的一间小小药房便扩展成了公司，并成立了制药厂，各地也设有许多营业鼎盛的分店，查理·华葛林当然成为了一名富甲一方的犹太富豪。

犹太商人深深地明白，微笑是经商的重要内容，推销时不可缺少的魅力资源，是做生意最实用、最有效的资本。想要运用最少的成本来实现最大的效果吗？那就运用你的微笑吧，微笑着挣钱，让顾客高兴，让自己也高兴。

7.女人的钱最好挣

《塔木德》箴言:"做生意永远只抓两件事情:女人和嘴巴。"

犹太人认为,聪明的商人应该会施展这样的赢钱术——赚女人的钱。当今社会毕竟还是以男人为主体,大多数情况下是男人在外面奔波赚钱,甚至忙碌到没有时间花钱的地步,男人挣的钱都被女人花掉了。所以,虽然钱是男人挣的,开销权却掌握在女人手里。因此,做生意一定要掌握这一点——只要撩拨起女人的购物欲,生意一定会成功!

女人和男人在花钱上有很大的区别:一般情况下,男人会花2元钱去买他所需要的东西;而女人则花1元钱去买价值2元钱但并不是她需要的东西。这个差异暗示着女人比男人能花钱,比男人会花钱。

因此,犹太人认为,在做生意时候,让女人掏腰包,远比让男人掏腰包要容易的多。

犹太人千百年来的经商经验是,如果想赚钱,就必须先赚取女人手中所持有的钱。相反,如果经商者想清洗男人兜里的钱,拼命"瞄准男人",这笔生意很可能会失败。因为男人的天职是赚钱,但能赚钱并不表示持有钱、拥有钱,家庭消费的权力大多还操纵在女人手中。在花钱方面多数男人还得听女人的。

所以,无论是经营女用高级日用品,还是日常小杂物,只要是给女人准备的,一般都会有相当丰厚的利润。商人只要稍稍运用聪明的头脑,抓住有利的时机,以"女人"为对象来赚钱,大沓大沓的钞票必定会像长了腿似的自动走进商人的腰包。

在那富丽堂皇的高级商店里，那些昂贵的钻石、豪华的礼服、项链、戒指、香水、手提包……无一不是等待着女性顾客的。那些豪华商店乃至普通百货公司所展卖的各种商品，均是女性产品占绝对统治地位。犹太商人就是瞄准了这个市场，获得了比别人更大的盈利。

世界最有名的高级百货公司“梅西”公司，就是犹太人施特劳斯亲手创办起来的。他在一小商店当店员时就注意到，顾客中女性居多，既使有男士，也是陪着女性来购物的，最后决定购买的还是女性。

施特劳斯根据自己的观察和分析，认为做生意盯着女性市场前景更光明。当他积累了一点资本而自己经营小商店“梅西”时，就是以经营女性时装、手袋、化妆品开始的。

经过几年经营后，果然生意兴旺，利润甚丰。他继续沿着这个方向，加大力度，扩大规模，使公司的营业额迅速增长。

施特劳斯总结了自己的经营经验，接着开展钻石、金银首饰等名贵产品经营。他在纽约的“梅西”百货公司，总共6层展销铺面，展卖时装的(绝大部分是女性的)占两层，展卖钻石、金银首饰的占一层，展卖化妆品的占一层，其他两层是展卖综合商品的。可见，女性商品在“梅西”公司占了绝对多数。

施特劳斯经过30多年的经营，把一间小商店办成为世界一流的大公司，显然与其选择的女性目标市场有很大关系。

美国犹太商人基廷更是一个运用“女性生意经”的好手。

基廷在繁华的纽约54街开了一家百货商店，应该说这里的位置是比较好的，每天来往的人也很多，可是基廷的生意却不好做，开业两三年，生意冷冷清清，这让基廷大惑不解。善于动脑筋的他决定到那些生意好的地方去考察。

通过很长时间的观察，基廷得出这样的结论：平时光顾百货公司的人女性要占到80%，即使有男人来商店，也大多是陪妻子或情人购物，很少单独买东西。在这些女顾客中，白天来的大多是家庭妇女，晚上5点半以后来的是下班后的白领。

认识到这一点后，基廷决定将自己的百货商店的营业对象限定在女性身上。

为了尽可能地吸引女性,他将自己的营业面积全部用上,分别针对家庭主妇和上班的白领,把正常的营业时间一分为二,白天摆设家庭主妇感兴趣的衣料、内裤、实用衣着、手工艺品、厨房用品等实用类商品。晚上则改变成一家时髦用品商店，将朝气蓬勃的气息带到商店，以便迎合那些年轻的女性。光是袜子就陈列许多种,内衣、迷你裙、迷你用品、香水等,陈列的都是年轻人喜欢的样式和花样。凡是年轻女性喜欢的、需要的、能够引起她们购买欲望的商品,他都尽量满足,把它们摆在柜台上。在这里,年轻女孩子喜欢的东西可以说是应有尽有。

基廷的新式经营方法，果然取得了很好的效果。来他商店的人越来越多,而基廷不久就遇到了这样的问题:他的营业面积太小,如果完全模仿大百货公司,做到各种花色品种都有的话,恐怕是不可能的。基廷面临着一次选择,要么还维持现状,要么向专业化方向发展,只经营一类商品。

他经过思索,决定将其他商品换下来,只经营袜子和内衣。

开始的时候,常来的顾客对这种经营方式不理解,但是,基廷相信自己的选择是对的。不久,这间专门经营袜子和内衣的商店的名声就传开了。

许多购买袜子和内衣的女性都不约而同地到基廷的商店来。别的商店要卖250日元一双的袜子,基廷尽量廉价进货,然后用每双200日元的价格卖出,同时将袜子的种类大量增加。基廷的专业经营法果然获得了成功,2个月后,袜子的销售额增加了5倍,顾客也越来越多。

袜子的销路获得了成功,基廷如法炮制又打起了内衣的主意。

他从法国进口了最流行的样式,进行巧妙的宣传。本来,在内衣样式没有什么选择的当时,一旦出现新款式,马上就能引起流行。没多久,基廷商店有“世界上最流行的内衣”的消息就会不胫而走,许多女性立即赶来先购为快。

其实,这种内衣同其他内衣相比,只是更加性感而已,但美国女人因为在家里穿得比较暴露,这种内衣正好适应了吸引丈夫和男朋友的需要,一下子销路大开。

基廷完全站在女性的角度上,使他的商店成为女性常来光顾的地方。不久,基廷就赚了大钱。现在,光分销店就已经达到一百多家。

犹太人从商者,有不少就是以女性为对象的,其主要原因就是他们相信这样一条挣钱术——“让女人动心就能有收获,因为女人比男人能花钱”。

8.从他人的嘴巴里掏钱

《塔木德》箴言:“聪明的人不会特意到大路上去拾金子。”

中国有句古话叫“民以食为天”,犹太人也有这样的看法,在他们看来,“吃”是天下一笔最大的生意。

犹太人认为,嘴巴的功能有二:一是说话;二就是吃饭。

犹太商人经过几千年的摸索,得出“嘴巴市场”的结论。每个精于赚钱的人,都必须掌握这样一条赢钱术——善于从人的嘴巴里挖钱!

他们认为经营嘴巴生意绝对赚钱,他们正是利用“嘴巴生意”在异国他乡站稳了脚跟。人总是需要连续地吸收能量,消耗能量。因此,作为有一定能量的食品,总是不断地被消费,在吃完雪糕或炸鸡腿几小时后,人体内吸收能量被消耗掉,又需要其他的能量商品。卖出的商品,通常当天就会被消费掉。这样迅速就得到循环消费的商品,除了“嘴巴”,还能有什么呢?人只要生存一天,嘴巴就要吃,就绝无停止消费的理由,因此无论是礼拜天或节假日,它也永不休息,命令主人把钱顺从地送进商人的口袋里。

日本汉堡包店的创始人在70年代初期，与美国麦当劳快餐公司合作，向日本人提供物美价廉的汉堡包。在开始经营之前的调查研究中，他们发现许多日本商人都认为日本人习惯吃米饭，担心汉堡包不会有太大的市场。但是，犹太商人经过研究，指出日本人体质不好，身材矮小，和偏吃大米有很大的关系，并且他们又看到，美国汉堡包店的快餐效应正在席卷全球，未来将是快餐的时代。基于这两点，犹太商人认为，同样是“嘴巴”的商品，在美国能畅销，在日本应该也能走红。再说，根据犹太人“嘴巴”生意经的观点来看也绝对是赚钱的。他只要经营下去，为什么就说只能赔不能赚呢？

在这种情况下，这个犹太商人的汉堡包店开业了。第一天，果不出所料，顾客盈门，利润还大大超过这个犹太商人事先想象的程度。以后，利润有如芝麻开花节节高，一连用坏了几台世界最先进的面包机器，还是无法满足顾客的消费要求。这个犹太商人利用“嘴巴”生意发了大财！

后来的情形当然是非常的乐观了，这就说明，做“嘴巴”的买卖是正确的，因为人的生存首先就要解决吃饭的问题。

任何一种生意，要想做好它，使它成功，光生搬硬套地去套用生意规则，这是远远不够的，它还需要商人具备聪明的头脑和深邃的洞察力，“嘴巴”生意也不例外。犹太人把“嘴巴”列为除“女人”以外的“第二商品”。

美国一位靠经营土豆致富的大企业家辛普洛特，是当今世界上100位最有钱的富翁之一。

第二次世界大战爆发后，辛普洛特获知作战部队需要大量的脱水蔬菜。他认准了这是一个绝好的赚钱机会，于是买下了当时美国最大的一家蔬菜脱水工厂。

他买到这家工厂后，专门加工脱水土豆供应军队，从这以后，辛普洛特走上了靠土豆发家的道路。

20世纪50年代初，一家公司的化学师第一个研制出了冻炸土豆条。那时，有许多人都轻视这种产品。有的人说，“土豆水分占3/4还多，假如把它冷冻起来，就会变成软糊糊的东西。”可是，辛普洛特却认准了这是一种很有潜力的新产品,即使冒点风险也值得,于是大量生产。果然不出所料,"冻炸土豆条"在市场上很畅销,成为他赢利的主要来源。

后来,辛普洛特发现,"炸土豆条"并没有把土豆的潜力彻底地挖掘出来。因为,经过炸土豆条的精选工序—分类、去皮、切条和光传感器去掉斑点,每个土豆大概只有一半得到利用,余下的通常都被扔进了河里。辛普洛特想,为什么不能把土豆的剩余部分再加以利用呢?

不久,他就把这些土豆的剩余部分掺入谷物用来做牲口饲料,单单用土豆皮就饲养了15万头牛。

1973年年底,石油危机爆发了,用替代能源代替石油是形势的需要。辛普洛特瞄准了这个难得的机会,用土豆来制造以酒精为主要成分的燃料添加剂。这种添加剂可以提高汽油的燃烧值和降低汽油燃烧所造成的污染,颇受用户欢迎。

为了做到物尽其用,辛普洛特又用土豆加工过程中产生的含糖量丰富的废水来灌溉农田,他还把牛粪收集起来,作为沼气发电厂的燃料。

辛普洛特每年销售15亿磅经过加工的土豆,其中有一半供应麦当劳快餐店做炸土豆条。如今辛普洛特究竟拥有多少财富,难以计数。

从上面的例子可以看出,犹太人善于做的"嘴巴生意",是最务实的赢钱方式。做好"嘴巴生意经",就会使你财源滚滚。

9.从流行里挣钱

《塔木德》箴言："世间的事非常奇怪，越是人们认为不可能的，做起来越顺当。"

犹太人做生意，喜欢跟着流行的风气走，甚至自己去创造一些流行的风气，因为在他们看来，"越是流行的东西，越有钱可挣"，这也是犹太人坚信不移的赢钱术。因此，他们常这样做：巧妙利用人们"向上看"的心理去操纵流行趋势。

犹太大富豪罗斯柴尔德发迹时，就是利用古钱币让其从上流社会中先流行起来，然后再逐渐普及于大众中间的方式来制造流行风气的。

此外，日本的汉堡大王藤田的发迹史也体现了这种流行观。

犹太人藤田先生不仅靠汉堡包大发其财，而且还做女人和小孩的生意，如钻石、时装、高级手提包等。在经营过程中，他首先把对象放在上流社会中有钱人的流行趋势上，无论是钻石的花样，服饰的色彩还是手提包的样式都是按照有钱人的喜好特设的。

结果，他的商品不仅畅销，而且20年来经久不衰，从来发生过"流血大拍卖"的事。

当然，藤田先生之所以能战胜竞争对手，并不是一味地模仿其他人的流行产品，因为每个地域的人们对流行的东西有不同的认识，还要善于从实际出发，灵活多变，绝不是只知道选购在欧美最风行的服饰。因为欧美的服饰只适合那些金发碧眼、身材修长的欧美姑娘，而日本的妇女黄皮肤、黑头发、个子矮小，和那些服饰很难和谐。

有钱的人，即使钱再多，也不会拿钱去买不适合自己的东西。所以，那些只知其一不知其二的商人们，虽然片面地赶上了有钱人的时髦，但不具体问题具体分析，恐怕最终还免不了亏本。

藤田先生的成功，并被称为“银座的犹太人”，恐怕与他灵活地运用犹太人的生意经有很大关系。

现代市场瞬息万变，能够把握一种流行趋势实属不易。所以，这就要求我们每一个生意人在作出任何一项决策前，必须仔细研究分析市场，既要能赶上潮流，还要超前于潮流。因为，人们的需求在不断变化，市场也在不断变化，今天畅销的产品，也许明天就无人问津。就像跳舞一般，快于节奏或慢于节奏都不行。

我们再来看看牛仔裤的创始人李威·施特劳斯及他的后人是怎样来引导流行的：

“李威·施特劳斯公司”是一家犹太人经营的服装的公司，正是这家公司促成了服装的一场革命——牛仔裤的风行。如今，“李威·施特劳斯”这个名字已经进入英国辞典，公司的产品在国际上日益流行，因此公司的发家史，也几乎成了神话般的传说。

公司的创始人李威·施特劳斯本来并不是个服装商，虽然服装行业历来是犹太人占支配地位的行业，一度美国男装市场的85%、女装市场的95%，都是由犹太人的服装厂生产的。

李威·施特劳斯是个19世纪50年代的人。当时，美国加利福尼亚一带曾出现过一次淘金热。年轻的李威·施特劳斯也去了加利福尼亚，但为时已晚，从沙里淘金已到了尾声，但他却从“斜纹布里淘出了黄金”。

李威·施特劳斯去的时候，随身带了一大卷斜纹布，想卖给制帐篷的商人，赚点钱作资本。到了那里才发现，人们不需要帐篷，却需要结实耐穿的裤子，因为整天同泥和水打交道，裤子坏得特别快。

于是，从这卷斜纹布里就诞生了李威·斯特劳斯的第一条牛仔裤。

10年以后，李威·斯特劳斯又在裤子的口袋旁装上铜钮扣，以增强口袋的牢度。此后，李威·施特劳斯开始大批量生产这种新颖的裤子，销路极好，引得数以百计的其他服装商竞相仿效。但是，李威·施特劳斯的企业一直独占鳌头，每年约售出100万条这种裤子，营业额达5000万美元。

老李威·施特劳斯是个单身汉，1902年，72岁的李威·施特劳斯去世。他的"李威·施特劳斯公司"自此就由他妹妹的4个孩子接管。

4个外甥接下舅舅的公司之后，经营得不错，公司不断发展，业务范围也随之扩大，开始经营尼绒、裤子、毛巾、被里、床单和内衣。到第二次世界大战结束，这些商品的营业额已将近总营业额的一半。

1946年，老李威·施特劳斯的曾外孙瓦尔特·哈斯·耶尔决定出清其他一切库存物品，不管合算不合算，把李威·施特劳斯公司的全部资金用于生产牛仔布料，这种由10股3号棉纱织成的布料，已获得专利，专门为李威·施特劳斯公司生产。

哈斯不是一个理想主义家，有意识地想改变公众的趣味或穿着习惯，也未曾预见到这个决定会引发一场社会革命。他只是作出了一项经营决策，更准确地说，他只是想"搏"一下，输赢在此一举，看新布料能否取胜。结果，他赢了，而且是极大的成功。

用新布料生产的牛仔裤特别有助于显示出人的体形，充满青春气息，生产出来后就大受欢迎。50年代开始流行，进入60年代后更大行其道。

因为，60年代正是人口出生高峰，洋溢着青春气息的牛仔裤自然极有市场；同时，60年代正好是个反叛的时代，传统规范和价值观念受到怀疑、抨击和唾弃，而牛仔裤以其不拘形式这一最明显的特点，成了最能体现时代潮流的服装。

结果，牛仔裤不仅成了青年一代的制服，也成了一切想"混迹于"年轻人中的人所热衷的服装。更甚者，那些不想让自己显得保守古板的人都穿上了牛仔裤。最终，牛仔裤被一位总统穿进白宫去。

这场服装革命从不同方向使服装不再能显示穿着者的身份，而且牛仔裤不分性别，男人、女人穿得完全一样。牛仔裤也没有新旧之分，甚至旧的更好。这本来是因为布料容易旧,但是公众由于过于喜爱牛仔裤而把它的缺点一起喜爱上了。服装史上第一次出现了“生产旧裤子,甚至破裤子”的工厂,那经过磨损、褪色和打过补丁的牛仔裤,一副破相,却更好销,价格也更高。

在犹太人看来,凡是最流行的,就越有利可图。因此你只要有心盯住市场上的流行趋势,就能赚足了钱。犹太人的这种“流行赢钱法”主要有:一是先人一步;二是超人一招;三是做足宣传;四是善于营销。

据此,犹太人心明眼亮,跟着流行风跑,引领时尚,获得财富。

10.学习富人的模式

《塔木德》箴言:“钱在有钱人手里,赚钱就要赚有钱人的钱。”

学习强人才能接近强人,和高手过招才能有机会超过高手。在向强人学习、和高手过招中提高自己、超越自己,激发潜能和斗志,你也就会成为一个真正的强人。

犹太人特奥的母亲不幸辞世了。母亲留给特奥和哥哥卡尔的只是一个小小的零售店。

零售店主要出售一些罐头和汽水之类的食品,由于店面又小又简陋,一年经营下来只能勉强度日。

但是,兄弟两人不甘心这种穷困的状况,他们一直在寻找挣钱的机会。

后来,卡尔问弟弟特奥:“为什么同样的商店,有的人赚钱,有的人赔钱呢?”

特奥回答说:“我觉得是经营有问题,如果经营得好,小本生意也可以赚钱的。”

“可是，经营的诀窍在哪里呢？”卡尔问道。

最后，兄弟俩决定到街上去看看。

有一天，他们来到一家“消费商店”，这家商店顾客盈门，生意非常红火。

这引起了兄弟俩的注意，他们走到商店门口，看到门外有一张醒目的红色告示写道：“凡来本店购物的顾客，请把发票保存起来，到年终可凭发票免费购买发票款额3%的免费商品。”

兄弟俩仔仔细细地对这份告示看了几遍，他们终于明白为什么这家商店的生意会如此红火。原来，顾客就是要贪图年终3%的免费购物。这个发现让兄弟俩非常高兴。

回到自己的店铺后，兄弟俩立即贴出了醒目的告示：“本店从即日起，全部商品让利3%，并保证我们的商品是全市最低价，如达不到全市最低价，可到本店找回差价，并有奖励。”

兄弟俩不仅借鉴了那个商店让利3%的做法，还提出了现款交易就可以让利3%，加上全市最低价的宣传。结果之后不久，他们的阿尔迪商店就门庭若市，生意非常火爆。

借着顾客的购物狂潮，兄弟俩又发展了十几个店铺，阿尔迪商店很快占据了几条主要的街道。

就这样，兄弟俩凭借这种“偷”来的经营方法，生意做得越来越大，南到阿尔卑斯山，北到弗伦斯堡，到处都布满了密密麻麻的“阿尔迪”商店。

财富靠脑袋来思考，犹太人说，你的价值是脑袋，而不是手，如果你想不到好办法，就看看富翁是怎么做的。

“钞票有的是，遗憾的是你的口袋太小了。如果你的思维足够开阔，那你的钱包就会随之增大了。”犹太人是这样说的，也是这样做的。

20世纪70年代末，欧洲人创造了“魔方”。当巴西人从报刊上看到欧洲玩“魔方”的消息后，许多厂家都捕捉到了仿制“魔方”填补东方市场空白的机遇。于是纷纷行动，派人去欧洲考察，了解“魔方”的生产情况。

犹太商人科莱尔敏锐地发现为生产“魔方”创造条件也是一个机遇。他灵机一动，迅速让他的哥哥从欧洲将生产“魔方”的技术资料电传至巴西圣保罗，大量复制，同时在圣保罗四家电视台同步播放“你想生产‘魔方’吗？科莱尔公司将为你提供全套技术资料”的广告。一时间，上百家塑料厂争相定购。一度萧条的科莱尔公司，一夜之间转衰为兴，大赚一笔。

这就是犹太人的挣钱法则，在实在想不到好办法的时候，就学习其他人的方法，在赚得第一桶金后，自己的一整套经营方法也就形成了。最后，财富自然不断地向自己涌来。

第三章 算钱术：心中要有财富账

《塔木德》箴言：『穷人的穷不在于他们没有钱，而在于缺少一个挣钱的头脑。』犹太人认为，要想赚钱，先要学会算钱。人爱钱并不能成为富翁，必须钱爱人才能成为富翁。

1.挣钱首先要会“算计”

《塔木德》箴言：“独特的眼光比知识更重要。”

有这样一则笑话：

伊万想喝酒，便向村里一个犹太人借一个银币。他们双方商量好了条件：伊万明春还犹太人两个银币，在此期间他用斧子作抵押。

伊万刚要走，犹太人叫住他：“伊万，等一等，我想起一件事，到明春要凑足两个银币你是有困难的，你现在先付一半不是更好吗？”

这话使伊万开了窍，他归还了银币，走到路上又想了一阵子，然后自言自语的说：“怪事，银币没了，斧子没了，我还欠一个银币——那犹太人还蛮有道理的。”

犹太人是连钱带人一块儿给算了。

犹太人的精明是堂堂正正的精明，如果说他们有什么不光彩的地方，那就是善于利用别人的愚蠢，这怪不得犹太人。

商业经营中的理性计算，是一个合理追求效率或者叫做投入产出比的问题。说到底，就是看同样的投入能有多大的产出。犹太人在其经营活动中，不仅追求一个高产出，而且追求一次或一项投入，可以有多次或多项产出。

犹太人认为，算金钱就要对金钱有敏感，要时时刻刻以金钱来计算各种货物。

举一个身边的例子：假设一个店主借给了邻居1万美元，到了约定的日子邻居却没有还，店主心怀不满，可是又过了很长时间，邻居仍没有还的意思,店主于是怒上心头,从此不再理那邻居。

而另一方面,店主的商店向邻家赊了1万美元的商品。买东西的一方因为听到“什么时候付钱都可以”,不久就把这事完全忘记了,没去付钱。邻家的商店不久也忘记了,到决算的时候才想起。但是,已经是好几个月前的事了,碍于面子难索取。于是,店主便说:“唉,算了吧!”不了了之。

前者对现金得不到偿还怒上心头,后者因为不是现金是商品而变得慷慨大方。可以说这完全是感觉问题。实际上两者都遭受1万美元的损失。后者由于不是从金库支出的1万美元,没有感到那么心痛。店主在计算损失时,不是1万美元,而是进价的6000美元吧!从金钱感觉来说,太过于迟钝。

把商品看作与要标注的价格相等的现金,才是敏锐的金钱感觉。1万美元的商品货款呆账了,必须看作是1万美元的现金呆账了。一般在货款不能收回时,经营者常以进价和制造成本来计算,这种感觉实在太天真。如果接受了100万美元的票据,应该有借出了100万美元现金的感觉。如果具有了这样的感觉,就不会那么简单地接受票据了。

退货也一样。如果有100万美元的商品退货了,那么就等于是从公司的金库支出了100万美元现金。这样的感觉往往使老板有一种深刻的危机意识,将会更为谨慎的面对自己公司的经营活动。

对于犹太人来说,精于计算,是为了锱铢必究。他们不像大多数商人一样,羞于“斤斤计较”。他们认为,该攫取的利润绝不应放手。他们既要计较得清楚,又能迅速地计算出结果。把两者结合起来,是犹太人的聪明之处,也是他们善于做生意的诀窍之一。

2.心中要有数字账

《塔木德》箴言:“如果店主算不清账,他的账就会找他算账。”

在犹太人看来,凡是挣钱的人,总不能稀里糊涂,挣多少算多少,最起码应该弄明白要想挣多钱,必须先要算好钱,心里总有一本明明白白的账。

做买卖,一切活动离不开精确的数量计算,满足于“估计”、“大概”、“差不多”,那容易产生偏差,甚至会成为一笔糊涂账,导致经营的失败。

犹太商人深谙其中道理,他们在步入商界之前,就学会了数量的计算,由于世代相传,心算的技巧就特别好,准确而迅速。

有一次,一位犹太服装商人到中国一家服装加工厂去参观,工厂的厂长陪着这位犹太商人,在参观过程中滔滔不绝地介绍本厂的产量和产值.

这时,那犹太人在一位女工作业台前停了下来,问厂长:

“这些女工每小时平均工资是多少美元?”厂长一下被问住了,沉思了半晌后说:”呵,她们月薪平均850元人民币,每个月工作25天,即每天34元人民币。一天工作8小时,即……”

厂长尚未算出每小时的人民币工资数,那犹太商人却说:“每小时0.50美元,现在人民币对美元的汇率为8.50元比1美元。”旁边的人为他心算的快捷而惊讶。

事实上,犹太商人都有这么一套心算本领,有人说他们有心算的天才。这位犹太服装商接着从厂长介绍的总产量、每个工人的日产量及每套服装的用料量,很快心算出每套服装的成本。换言之,从工厂的报价中,一下就算出其利润多少,从而订出他对工厂还价的对策。

犹太人因为心算快所以经常能做出迅速的判断，这使他们在谈判中镇定自如、步步紧逼,直至大获全胜;在商场上游刃有余、坦然从容。

犹太商人在做一笔生意之前,总是要首先经过认真计算,这笔生意是否能挣钱,先粗略算出在除去税款以外,他们有多少钱能装入自己的口袋。

一般商人在计算利润时,总是把税利润则是除掉税钱的净利。

“我想在这场交易中,赚 10 万美元的利润。”

当犹太人这样说时,他所讲的 10 万美元利润中,绝对不包括税钱。那么如果税钱为利润的 50%时,犹太人就必须赚取中国人所说的 20 万美元的利润了。

在犹太商人的经商理念中,如果你要赚钱,就要把数字准确地运用到商场中,心中要有一本财富账,否则是要吃亏的。

犹太人在商场上,绝对容不得模棱两可、马马虎虎。特别在商定有关价格时,他们非常仔细,对于利润的一分一厘,他们计算得极为清楚。

经过漫长的岁月检验，犹太人越来越钟情于数字带来的各种方便和好处,他们根据一代代犹太前辈对数字研究的经验,使枯燥的数字变得生动起来。

因为他们拥有强烈的数字意识和丰富的数字知识，所以不论是在日常生活中,还是在经商之时,他们都可以将数字玩弄于股掌之上。

一天,犹太富翁哈德走进纽约花旗银行的贷款部,大模大样地坐了下来。

看到这位绅士很神气,衣着又体面,贷款部的经理不敢怠慢,赶紧招呼:“这位先生有什么事情需要我帮忙的吗?”

“哦,我想借些钱。”

“好啊,你要借多少?”

“1 美元。”

“只需要 1 美元?”

"不错，只借1美元，可以吗？"

"当然可以，像您这样的绅士，只要有担保多借点也可以。"

"那这些担保可以吗？"

犹太人说着，从豪华的皮包里取出一大摞钞票堆在写字台上。

"喏，这是50万美元，够吗？"

"当然，当然！不过，你只要借1美元？"

"是的。"犹太人接过了1美元，就准备离开银行。

在旁边观看的分行行长觉得有点奇怪，他急忙追上前去，对这位犹太人说：

"先生，请等一下，我想知道你有50万美元，为什么只借1美元呢？假如您想借30万、40万美元的话，我们也会考虑的。"

"啊，是这样的：我来贵行之前，问过好几家金库，他们保险箱的租金都很昂贵。而您这里租金的确很便宜了，一年才花6美分。"

瞧，这就是犹太人的精明之处！在别人看来，银行是存钱和贷款的地方，大多数人到银行贷款是想贷得越多越好，希望抵押的物品也越少越好，但是，这位犹太人却反其道而为之。他用了巨额的抵押金仅仅换取了1美元的贷款，目的只是希望银行替他保额巨额的金钱而尽量少支付保管金。尽管这种做法令人不可思议，但却是合法的，让人不得不佩服犹太人的精明。

犹太人从长期的经营实践中体会到"数中有术，术中有数"的道理。这就是说，经营者要重视对各种数量关系的分析，以便在数量的计算中寻求有效的对策和方法。

3. 1+1>2的算钱理论

《塔木德》箴言:“穷人的穷不在于他们没有钱,而在于缺少一个挣钱的头脑。”

半个多世纪以前,在奥斯维辛集中营里,一个犹太人对他的儿子说:“现在我们唯一的财富就是智慧,当别人说一加一等于二的时候,你应该想到大于二。”

纳粹在奥斯维辛毒死了几十万人,可这父子俩却活了下来。

1946年,父子俩来到美国,开始在休斯敦做铜器生意。

一天,父亲问儿子一磅铜的价格是多少?

儿子答35美分。

父亲说:“对,整个得克萨斯州都知道每磅铜的价格是35美分。但是,作为犹太人的儿子,你应该说3.5美元。你试着把一磅铜做成门把看看。”

20年后,父亲死了,儿子独自经营铜器店。他做过铜鼓、做过瑞士钟表上的簧片、做过奥运会的奖牌。他曾把一磅铜卖到3500美元,这时他已是麦考尔公司的董事长。然而,真正使他扬名的,是纽约州的一堆垃圾。

1974年,美国政府为清理给自由女神像翻新扔下的废料,向社会广泛招标。但是,好几个月过去了,一直没人应标。

正在法国旅行的他听说后,立即飞往纽约,看过自由女神下堆积如山的铜块、螺丝和木料后,他没有提任何条件,当即与政府部门签下了协议。

消息传开后,纽约许多运输公司对他的这一愚蠢举动暗自发笑。因为在纽约州,垃圾处理有严格规定,弄不好会受到环保组织的起诉。而且,这笔账他们早就算过了,不但赚不到钱,搞不好还要赔钱。

就在这些人等着要看这个犹太人的笑话时，他开始组织工人对废料进行分类。他让人把废铜熔化，铸成小自由女神；把水泥块和木头加工成底座；把废铅、废铝做成纽约广场的钥匙。最后，他甚至把从自由女神身上扫下的灰都包装起来，出售给花店。

不到3个月的时间，他就让这堆废料变成了350万美元现金，他甚至把一磅铜卖到了3500美元，每磅铜的价格整整翻了1万倍。他就是犹太人麦考尔。

"这个世界上没有什么垃圾，在我的眼里，只有黄金！"麦考尔在接受电视采访时微笑而自信地说。而当时，他已经是麦考尔公司的董事长。

犹太人认为，能不能挣钱，首先要看你能不能算钱，如果你能够算出挣钱，只要你认真去做，就能够挣到钱。在犹太人看来，"算计"实际上是怎样想方设法地去创造更多金钱的一种方法。

会算钱的人，往往能够在别人无法获利的交易中获得赚钱的机会。这种能力能够产生独辟蹊径的魅力，避免市场竞争，又轻轻松松赚大钱。

4.绝对遵守规则

《塔木德》箴言："法律是相对的，政治是相对的，国界是相对的，甚至道德也是相对的，只有你承诺过的合同是永恒的。"

犹太人是最讲究契约和规则的民族，如果没有契约和规则也就没有了犹太人。

《圣经》上详细记载了上帝耶和华和犹太人之间的契约和规则关系：上帝说犹太人是他从万民中挑选出来的，要犹太人做他的"特选之民"。

耶和华对犹太人显身说:“我是全能的神,当你在我面前做完人,我就与你立约,使你的后裔极其繁多。”

这样一来,规则也就形成了,即犹太人要做完美的人,听从上帝的安排,并信奉他作为世间唯一至高无上的主。

而规则双方的地位是平等的,无论是上帝还是犹太人都不能违背契约。

由于犹太人后来违反了契约,上帝十分生气,于是就发洪水惩罚他们。等洪水退了,上帝就降下彩虹作为这次契约的见证,而犹太人也要遵守这个规则,那就是凡犹太男人出生的第八天必须施以割礼作为遵守规则的见证。如果他不同意就是违反规则,那上帝就可以把他“从万民中剪除”。

因此,犹太人特别讲究规则和契约,他们认为契约是人能够存在的理由和根据。他们做事情也就形成了这样的习惯,无论是什么事情有了契约,形成了规则,他们就觉得十分地放心、保险,倘若没有形成合同,也没有规则,那样即使条件再优惠,他们也绝对不会做的。

在犹太人看来,规则是必须遵守的。

一个寒冷的冬天,一大早牛奶店就排起了长龙一样的队伍,他们都要购买热的鲜牛奶。大家都在等候按次序购买的时候,迈克来了,他一来就挤进了队伍。

排在最后面的犹太青年约翰觉得不可容忍,于是想搞个小恶作剧。

他跑了过去,突然一把拉下迈克的帽子,然后又回到自己原来的位置,他把胳膊放在身后,高举起帽子,笑嘻嘻地对迈克喊:“伙计,你的帽子都在排队,你还不来排队吗?”

这就是犹太人的规则意识,他们自己不违反规则,也不容许别人随意地践踏大家形成的规则。

犹太人在生活中讲究规则,到了商务上,他们也同样地重视规则,典型的例子就是犹太人在经营的时候,决不偷税漏税,也极少做违法的事情。

在犹太人看来,偷税漏税是可耻的行为,是一件让人痛恨的事情。犹太人说商人和国家是有规则的,国家提供了经营的条件和管理的责任,那责任的另一方商人就应该履行对国家和社会的责任——交纳赋税。如果大家都不遵守这样的规则，那么这个国家就不会存在。这个社会和国家之所以存在，是由于大家都遵守了这样的规则的缘故。

一个瑞士人到海外旅行，回来时将一颗宝石藏在鞋里企图不通过纳税入境，结果被当地海关查出扣留。

一位同行犹太人看到这种情况时，十分奇怪，问道："为何不依法纳税，堂堂正正地入境！"

按照国际惯例，像宝石之类装饰品的输出费，一般最多不会超过8%，如果照纳输入费，堂堂正正地进入国境，若想在国内再把宝石出卖时，只要设法提价8%就行了。因此说，犹太人的依法纳税实在是一个明智之举。

犹太人认为，一切的违法活动，都是对规则的破坏和挑战，是决不可饶恕的错误。于是犹太人在经商的时候，极少发生这样那样的违法犯罪活动，他们的犯罪率之低是世界罕见的。

有一个犹太人管理一家很大的公司，但是大家看到他显得十分轻松，他经常出去考察，他不无自豪地说："我的公司即使我一年不回来，大家也会干自己的事情，公司不会出现任何问题。"

这就是规则的魅力。正是规则意味着井然有序的活动，保证了整个活动的高效率，因此才需要高度地崇尚规则的意识。

"法律是相对的，政治是相对的，国界是相对的，甚至道德也是相对的，只有你承诺过的合同是永恒的。"这是《塔木德》对犹太商人的忠告，也是犹太人奉行的准则。

5.生意就是生意

《塔木德》箴言:“要相信你自己的判断,任何人的意见都不十分可靠。”

生意就是生意,这句话的意思是在生意场上只能遵守商业规则。

犹太民族在生活上的禁忌之多、之严格,在世界各民族中是不多见的,并且这些禁忌历经2000多年而能始终如一,至今极少改变。

但是,在另一方面,犹太商人在经营商品时的百无禁忌也是在各民族中不多见的。现代世界的许多原先非商业性的领域,大都是被犹太商人打破禁区而纳入商业范围的。

最典型的例子就是犹太人哈默不受局限,独辟蹊径,和前苏联做起了生意,和苏联领袖列宁交上了朋友。

在苏联前期的成功使哈默信心大增。他想,我为什么不回国一趟,联合机器和其他产品的生产企业,与苏联进行更多的贸易呢。

他说服的第一个人是亨利·福特。福特汽车早已闻名遐迩,其创始人亨利·福特也是个有名的反苏派。哈默经人介绍与福特见了面,可是这位汽车巨擘开门见山地对他表达了反对意见,福特不否认在前苏联市场上销售自己公司的产品可以赚钱,但是他说:“我不会运一只螺丝钉给敌人,除非前苏联换了政府。”

福特的态度非常坚决,但是哈默并没有气馁,他说:“您要是等前苏联换了政府才去那里做生意,岂不是要在很长一段时间里丢掉一个大市场吗?”

哈默把自己在前苏联的见闻、经商的经历以及列宁如何对自己开绿灯的事，一五一十地讲给福特听，哈默说："我们是商人，只管做我们的生意，而生意就是生意。"

福特对哈默的话渐渐产生了兴趣，还和哈默共进午餐。

餐后，福特又陪哈默去参观自己的机械化农场，两人谈得非常投机，最后，福特终于同意哈默作为自己产品在前苏联的独家代理人。

哈默从福特这里首先打开了缺口，很快又成了橡胶公司、机床公司、机械公司等许多家企业在前苏联的独家代理。

后来，在哈默的斡旋下，福特公司和前苏联政府又达成了联合兴办汽车、拖拉机生产工厂的合作协议，福特由此获得了滚滚利润，哈默自然也受益匪浅。

在犹太人看来，做生意时就要以生意为主，其他的禁忌等不用过于顾及。如果前怕狼后怕虎，那么生意就无法顺利进行。这也许就体现了犹太商人的财富观吧。

犹太商人敢做常人不敢做的事情，很多人认为不可思议的事情在犹太人看来都是顺理成章的。

难道由谁会去做亏本的买卖吗？当然不可能有。但是，善于经商的犹太人就敢做这样的买卖。

美国康涅狄格州有一家叫奥兹莫比尔的汽车厂，它的生意曾长期不振，工厂面临倒闭的局面。该厂总裁决这个时候定从促销入手，希望能扭转危机。

采用什么样的推销方法最好呢？

总裁犹太商人卡特认真考察了该厂的情况，针对存在的问题，对竞争对手以及其他商品的推销术进行了认真的比较分析，最后博采众长，大胆设计了"买一送一"的推销方法。这可是汽车，买一辆送一辆，并且汽车的价格没有上涨，这样的好事估计所有人都会动心。

原来，该厂积压着一批轿车，未能及时脱手，资金不能回笼，仓租利息却不断增加。所以广告中便特别声明——谁买一辆"托罗纳多"牌轿车，就可以免费得一辆“南方”牌轿车。

买一送一的推销方法，由来已久，使用面也已很广。但是，一般做法只是免费赠送一些小商品。如买电视机，送一个小玩具；买录像机，送一盒录像带，等等。这种给顾客一点小恩惠的推销方式，确能起到很大的促销作用。但时间一久，使用者多了，消费者也慢慢不感兴趣了。给顾客送礼给回扣的做法，也是个推销老办法，但同样的原因，所送礼品的价值或回扣数目一般都较小，不可能起到引起消费者振动的效果。

奥兹莫比尔汽车厂对各种推销方法的长处兼容并蓄，尽可能克服因方法陈旧使消费者麻木迟钝的缺点，大胆推出买一辆轿车便送一辆轿车的出众办法，果然一鸣惊人，使很多对广告习以为常的人为之刮目。

许多人闻讯后不辞远途也要来看个究竟。该厂的经销部一下子门庭若市。过去无人问津的积压轿车果真以21500美元一辆被人买走，该厂也兑现了广告中的承诺，免费赠送一辆崭新的“南方牌”轿车。

奥兹莫比尔汽车厂如此销售，等于每辆轿车少卖了5000美元，是不是亏了血本？

实际上，奥兹莫比尔汽车厂不但没有亏本，而且汽车厂还由此得到了多种好处。

因为，这些车如果积压一年卖不出去，每辆车上损失的利息、仓租以及保养费等就已接近了这个数目。而现在，车全卖光了，资金迅速回笼，可以扩大再生产了；“托罗纳多”牌轿车使用的人增多，名声变大，市场占有率提高了；一个新的牌子“南方”牌被带出来了，这一低档轿车以“赠品”闻世，最后开始独立行销。

奥兹莫比尔汽车厂从此起死回生，生意兴隆。

不得不说这是一个具有代表性的事例，这就告诉所有的经商者，在把产品变成钱的过程中，只要做好了计算，很多在消费者看来是不赚钱的买卖，依然能回报颇厚。

犹太人做生意还有一个特点，从不惧怕过失，反而把过失作为赚更多钱的一种动力。在犹太人看来，在经商过程中，因失误造成损失这是极其正常的事。关键是尽可能把损失降到最低点，才是明智之举。同时，不怕犯错误，亦不会因犯了错误而畏手畏脚、缩头缩尾，他们认为这样会错失许多难得的发展良机。

6.崇尚现金主义

《塔木德》箴言："能够得到的东西，才有价值。"

《塔木德》说："能够得到的东西，才有价值。"多数犹太人往往更注重实际，而不是像其他某些民族那样喜欢好高骛远。

奥地利的硝烟散尽之后，皇帝想要犒劳那些在战斗中英勇无畏的人们。

当不同职业、不同民族的人们到来后，皇帝说："说出你们的愿望来，我将以此奖赏你们，我的了不起的英雄们。"

"把波兰归还我们吧！"一个波兰人嚷道。

"它是你们的了！"皇帝应道。

"我是个农夫，我要土地！"一个可怜的农民叫道。

"土地是你的了！"皇帝应道。

"我想要个啤酒厂。"德国人说。

"给他一个啤酒厂！"皇帝下了命令。

最后轮到了一个犹太士兵。

"年轻人，你想要什么？"皇帝微笑地问道。

"如果能够的话，陛下，我想得到一条非常漂亮的青鱼。"犹太人怯生生地嘀咕着。

“哎呀呀！”皇帝叫道，耸了耸肩，“给这个人一条青鱼！”

皇帝离开以后，那些英雄们围住了犹太人。

“你多傻啊！”他们责怪他说，“想想看，当一个人想要什么就能得到什么的时候，你却只要了一条青鱼！你也太辜负皇帝的美意了吧？”

“我们倒是看看谁是傻瓜！”犹太人回敬道，“你们要波兰的独立，要农场，要啤酒厂，这些东西你们根本不太可能从皇帝那里得到的。而我呢，我是一个现实主义者，我要一条青鱼，也许我就能得到。”

由此可以看出，犹太人是非常注重实际的，他们认为，做人就要实际，能得到什么，千万不要过于贪心，贪心了反而什么都得不到。一个人只要合理定位自己，才能够获得自己想要的东西。

而在商业中，在犹太人的眼里唯有现钞是最实在的，这叫现钞主义。犹太人的现钞主义的生意经，在日常生活及交往中表现得特别明显。

如果你在做生意时与犹太人打过交道，也许就明白他们对交易方的评价。他们的心中关心的是“那个人今天究竟带来了多少现款？”

更令人惊讶的是，他们对公司的评价往往是：“那个公司，今天换成现款，究竟值多少？”

犹太人关心的是现金，力求把一切东西都“现金化”，因而他们做生意时力求现金交易。犹太人认为，纵然交易的对方，在一年后确能变成亿万富翁，亦难保证他明天不发生异变。与其把商品赊销出去，拥有一大堆的欠款，不如拿到实实在在的钞票。

同样，犹太人对银行存款也不太感兴趣。在犹太人眼里，银行存款虽然有利息，但是利息是微乎其微的，而且利息的增长幅度还不如物价上涨速度快。而且，银行存款还需要交纳财产继承税什么的，总没有现金来得安全和可靠。

确实如此，在错综复杂的社会中，有谁能知道明天是怎样的？在这个世界上，人、社会及自然，每天都在变，唯一不变的只有现金，这是犹太人的信念，也是犹太教的“神意”。

对于犹太人来说，不减少就是不亏本的最起码条件。记住犹太人的现金至上原则，是经商中最简单、最实用的方法。不管你是谁，想做什么样的生意，在这一点上多做尝试，就会减少许多不必要的麻烦和痛苦，至少也得坚持定期收款的原则。

7. 78∶22 法则的魅力

《塔木德》箴言："在最便宜的市场上买，到最贵的市场上卖。"

犹太人是世界上最聪明的民族，他们的生存之道，无不让人佩服。犹太人经商有它的法则。

犹太人有一个神秘的经商法则，那就是"78:22 的法则"。世人称它为魔鬼大法则！

犹太人认为，支持这法则的，就是上帝的宇宙大法则。人无法推翻宇宙大法则，只要在此大法则下经商，就绝不会吃亏。

在空气的成分中，氮和氧的比率为 78:22，如果造出氮 60、氧 40 的"人造空气"，人类将难以生存。

此外，人的身体，水分与其他物质的比率也是 78:22。78:22 这一比率与人的生存同在。

例如，世上"放款的人"多还是"借款的人"多，一般人认为"借款的人"多，而犹太人则认为"放款的人"多。因为银行是从很多人借来的钱(存款)再转借给少数的人，假如"借款的人"多，银行将瞬间破产。换言之，以犹太人的说法，这个世界“放款的人”与“借款的人”的比率是78:22。犹太商人经商多用这一法则赚钱。

因此，在犹太人心中，这个78:22法则是神秘和神圣的。由此出发，犹太人视78:22法则为稳定而又和谐的宇宙法则。

一些有创造思维的经营者为了取得出奇制胜的竞争效果，往往开创出与众不同的竞争手法，犹太商人的“厚利适销”就是由78:22法则派生出来的奇招险术。

就在78:22法则经过犹太人千百次运用，几乎百发百中之后，世界上许多具有敏锐思想的商人也感觉到了这个法则的魔力，开始运用78:22法则搞起“厚利适销”来。到了20世纪中叶，78:22法则被一位生活在日本的犹太商人运用、发挥到极致。

钻石，是一种高级奢侈品，它主要是高收入阶层的专用消费品，一般收入的人是购买不起的。同样，钻石也是属于“女人”的商品，按犹太人的经商法来说，钻石是一种很赚钱的商品。而从国家统计数字来看，拥有巨大财富、居于高收入阶层的人数比一般人数要少得多。因此，人们都存在这么一个观念：消费者少，利润肯定不高。

绝大多数人都不会想到，居于高收入阶层的少数人却持有多数的金钱。换句话说，一般大众和高收入人数比例为78:22，但他们拥有的财富的比例却要倒过来：22:78。犹太人告诉我们：赚“78”的钱，绝不吃亏！

日本犹太商人就看中了这一点，他抓住时机开始寻找钻石市场。他来到东京的M公司，要求M公司让出一席之地推销他的钻石。但是，M公司根本不理他。

他用78:22这条万无一失、屡试不败的法则来说服M公司，最终获得了公司设在郊区的B店。

B店远离闹市，顾客很少，生意条件不利，但这位日本犹太商人并没有过分忧虑。钻石毕竟是高级的奢侈品，是少数有钱人的消费品，生意的着眼点首先得抓住财主，不能让他们漏网，以赚取占“78”的人的钱。

当时M公司曾满不在意地说："钻石生意一天最多能卖1000万元，效益300万就算不错了。"日本犹太商人立即反驳："不，我可以卖到3亿元给你们看。"这在旁人看来，简直是痴人说梦了。

78:22法则的魔力很快就显示出来了。

首先，在地形不利的B店，取得了一天5000万的好利润，大大突破了一般人认为的300万的效益估量。

相反，由于M公司在开始没有抓住占"78"的有钱人的机会，甚至对"78:22"法则产生怀疑，认为钻石商品就好比美国卡迪拉克牌或林肯牌豪华小轿车，日本人能够购买的很少，因此销路一定不好。结果当年的效益还不如日本犹太商人的偏僻小店。

这正是犹太人78:22经商法则的巧妙运用。

当然，犹太人是78:22法则的创造者，也是运用78:22法则最好的人。犹太民族在世界金融行业中处于优势的位置，也是最好的佐证。

犹太人认为，这世界上普通民众占78，富人占22；但普通民众的钱仅占22，富人的钱占78。所以在赚钱时，不仅要考虑平民百姓为对象，更要攫取富人的钱，掏空他们的口袋，因为富人有70%~80%的钱。

因此，犹太商人主张经营看似大大高于普通人消费的奢侈品，因为少数人完全拥有多数的钱来购买钻石和高级皮包，经营奢侈品一定会成功！因为它遵从了78:22的宇宙法则。

在通常情况下，78%的生意是来自22%的客户，这就要求企业界要认真研究和分析客户的构成，应把78%的精力放在22%的最主要客户上，而不能平均使用力量。

8.利用大家的好奇心

《塔木德》箴言:“如果折断了一条腿,你就应该感谢上帝不曾折断你两条腿;如果你折断了两条腿,你就应该感谢上帝不曾折断你的脖子。”

犹太人在经商的时候,经常会想出与众不同的点子,他们善于从人们的心理出发,抓住人们的好奇心,努力激发人们的购买欲。

美国食品大王、亿万富翁犹太商人普洛奇,在15岁时,家中无力供其读书,他只得在一家食品店打工。

一天,老板交给他一个任务,把20篓在冷冻厂受损的香蕉推销掉。香蕉仍然可口,完全没有问题,只是外面的皮太熟了一点,颜色黑乎乎的。

老板说只要卖出去,任何价钱都可以。

当时,完好的香蕉是每4磅10美分,老板让他每4磅卖五美分,如果没人买再便宜些。但是普洛奇没有照老板的话去做,他把堆成山似的香蕉摆在门口,然后,扯开嗓子,大声叫卖:“阿根廷香蕉!”

其实根本就没有什么阿根廷香蕉,但是这个名字蛮有味道,听起来非常新鲜,一大群人马上围过来瞧着这堆长得比较困难点的香蕉。

普洛奇说服他的“听众”:这些样子古怪的香蕉,是一种新品种水果,产地在阿根廷,第一次销到美国。他说为了给大家优惠,打算以每磅10美分的价格把香蕉卖给大家。其实,这个价格比一般没有受损的非“阿根廷香蕉”差不多贵了近一倍!

讲究新奇的美国人,一听普洛奇说得头头是道,一轰而上,不到一个上午就把所有的香蕉全部抢购一空。

香蕉由于保存不当，外形发生改变，这本来是商品降价的因素，但普洛奇采用瞒天过海的计策，利用美国人求新奇的心理，把本地香蕉摇身变成“阿根廷香蕉”，此香蕉便以奇货自居，形成优势，价格自然上升，人们却一无所知。

请记住犹太商人的商道：“利用大家的好奇心，就能让大家迷上你。”犹太人认为，经商过程中，只有主动从消费者的角度出发去思考，努力挖掘商品的与众不同之处，这样才能让商品受到大家的喜爱。

另外还有一种情况，现在的人并不是都是识货的角色。之前你也一定听说过，有些标价很低的产品在店里摆放了很长时间也没人卖，一旦提高了标价，大众就会认为这么高的价，自然有这么高的价的原因，往往会促进产品的交易。

美国纽约的第四十二大街上，有个生产经营服装的犹太商人鲁尔开设的经销店，门面不大，生意也不怎么兴隆。鲁尔专门聘请的高级设计师，经过精心设计的世界最新流行款式的牛仔服首次上市销售。

他对这一产品寄托了很大的希望，企盼一举改变自己经营不景气的状况。为此，他投入了60000美元的资金，首批生产了1000件，成本为56美元。

基于打开市场的需要，他采取了低额订价策略，把每件定为80美元，这在服装产品定价中算是比较低的了。鲁尔心想，凭着新颖的款式和低廉的价格，今天一定会开门大吉，发个利市。

鲁尔亲自出阵，大张旗鼓、声嘶力竭地叫卖了半个月，购买者却寥寥无几。

急昏了头的鲁尔铁下一条心来，每件下降10元销售，又呼天喊地叫卖了半个月，购买者却仍不见多。

估摸着低价之下，必有勇夫，鲁尔又降低了10元钱价格，这可接近于跳楼价了，但销售状况仍是“外甥打灯笼——照旧”。

向来不服输的鲁尔，这时也顾不得那么多了，干脆大甩卖吧，每件50

元，可这回连驻足看热闹的人都没了。

彻底绝望的鲁尔自认命该倒霉，他让人在店前挂出“本店销售世界最新款式牛仔服，每件40元”的广告牌，至于能否销售出去，只好听天由命了。

在繁华的纽约第四十二大街上，有这么便宜的东西，也可真少见。希望顾客们可怜一把。谁知，广告牌一挂出，陆陆续续来了不少购买者，兴致盎然地挑选起来。

站在一旁的鲁尔这回可傻了，呆若木鸡地立在一旁。

原来，他的店员一时粗心大意，在40后多加了个0，这样每件40美元就变成了400美元了，价格一下子高出10倍。但购买者反倒一拥而上，不一会的功夫，倒还真卖出了七八件，并且随后的销售状况是越来越好，“芝麻开花节节高”，生意空前的兴隆。

一个月过去了，虽然鲁尔仍然是“丈二和尚摸不着脑袋”，糊里糊涂地，他的1000件牛仔服已经全部销售一空。差点血本全无的鲁尔，转瞬之间发了横财。

我们知道，物美价廉、薄利多销，是一种有效的竞争手段，也是符合一般消费者普遍心理特点的定价策略。但是，这种定价方法并非在任何情况下都能奏效。

在采取低廉定价法让鲁尔一筹莫展的情况下，为什么意外导致的高价反而让鲁尔扭转乾坤，一举赚取了高出原来预期十倍的利润呢？其实，这正是消费者的购买心理在起作用。

鲁尔的“世界最新款式的牛仔服”，主要销售对象是那些爱赶时髦的年青人。他们的购买心理特点是讲究商品的高档次、高质量和时髦新颖。对服装的需求不仅讲求时新，而且讲求派头，以满足自己的虚荣心和爱美之心。虽然，鲁尔的牛仔服装款式新颖，但因为开始定价太低，他们便误以为价低则质次，穿到身上有失体面；当后来价格抬高10倍时，他们便以为价高而货真，因而踊跃争购。

当然，值得一提的是，鲁尔的牛仔服是“奇”货，地道的时新产品。因此，才能满足这部分消费者的需求,假如鲁尔的牛仔服是司空见惯的大路货,毫无特色可言,他标得再高也销不掉。

9.和气生财

《塔木德》箴言:"要以对待上帝一样谦卑的态度去对待你身边的人。"

《塔木德》讲述了这样一个事例:

一次,有位拉比要召集6个人开会商量一件很重要的事,邀请他们第二天来。

可是,到了第二天却来了7个人,其中肯定有一个人是不邀自来的。但是,拉比又不知道这第7个人究竟是哪一位。

于是,拉比只好对大家说:"如果有不请而来的人,请赶快回去吧!"

结果,7个人中最有名望、大家都知道一定会受到邀请的一个人却站了起来,然后快步走了出去。

大家都很明白,这位有名望并已被邀请的人为他人代过了。谁都明白,这7个人中必定有一个人未受邀请,而这个人既已到这里了,却要他承认不够资格而退回去,是件令人难堪的事。因此,这位高资格的人挺身而出,宁愿自己的名誉受到影响,也要维护那个人的自尊心。

帮助别人也就是帮助自己,犹太人深谙其理。因此他们总是善于处理好人际关系,把算人看得先于算钱。

与犹太商人打交道,你会发现他们总是呈现一副笑脸,甚至为合约而产生不同意见时，他们也总会以笑脸说出其否定的态度。有时对方发脾气，双方不欢而散，犹太人还会给对方说声再见。要是第二天他再遇上你，他仿佛没有发生过任何不愉快，仍以微笑向你问声“早上好”。

犹太人在其特殊的民族文化的影响下，普遍形成一种”谦和”的民族性格。这种性格在经商活动中充分发挥了“和气生财”的作用。

犹太人坚持生财之道在于“和气”两字，因此他们热衷于与人搞好人际关系，在人际关系中寻找赚钱的机会。这种先算人际关系再算钱的方式是犹太人经商的智慧之一。

这种和气的仪表，在人际关系中就像融合剂，很容易和对方融为一体。在商务实践中，它被证明为是一种促销手段。

为什么这样说呢?

因为人是群体动物，人与人之间能否和睦相处，对事业影响很大。犹太人最能领会这一道理，他们把处理好人与人的关系，当作他们事业成功和发财致富的一种技巧。

犹太商人笃信一个信条：犹太人生活在哪里，就应该在哪里生根。他们不但诚信经商，更与非犹太人和谐相处，甚至用自己的财富和实业去帮助和庇护犹太同胞或非犹太人。他们相信，只有以诚相待，取信于人，犹太人才会拥有朋友，而不是到处树敌；而唯其如此，犹太民族的复兴才会成为现实。

犹太商人的经营策略是把“以善为本”作为一项重要内容，除了与其民族的历史背景有关外，也是一种促销好办法。人是群居动物，人与人关系的运用，对事业的影响很大。政治家因得人而昌，失人而亡；企业家因供应的商品或服务，为人所欢迎而发财。可见，一切离不开人。

犹太商人明白这个道理：在一切经营活动中，与人为善，把人与人的关系处理好，成为他们成功与致富的秘诀。

犹太商人处世之道，是把人类内心深处所潜藏的欲望予以利用。他们认为，人类的内心都有被人注目、受人重视、被人容纳的愿望。所以，与人相处，一定要记住这一点：不管是对你的长官、同事、下属或顾客、朋友及家人，要做到让他们知道你在关心他们的一切愿望。

要实现这一目的的办法，是用善意的、亲切的、温和的态度与人交往。那么，对方会以此相报，这岂不是达到了和谐相处吗？有了和谐相处的环境和气氛，你我之间就好商量和合作，做生意的条件也容易达成，这就是和气生财的道理所在。

犹太商人还认为，不能与人和谐相处，不能容纳别人的缺点和短处，是一个人乃至一企业失败的根源。你以蔑视的态度对人，即使对方不是与你针锋相对，亦会对你敬而远之。这样，你会失去支持者或合作者，失去广大的顾客，你的生意便会成为无源之水了。

因此，犹太商人做好生意，一定要有社会基础，要有顾客缘，要达到这一点，必须付出，才有回报。

正如犹太巨商哈默所说："关照别人就是关照自己。那些总想在竞争中出人头地的人如果知道，关照别人需要的只是一点点的理解和大度，却能赢来意想不到的收获，那他一定会后悔不已。关照是一种最有力量的方式，也是一条最好的路。"

10.时间比金钱更重要

《塔木德》箴言："金钱能够储蓄，而时间不能储蓄。金钱可以从别人那里借，而时间不能借。人生这个银行里还剩下多少时间也无从知道。因此，时间更重要。"

日本某著名百货公司宣传部的一位年轻职员为了进行市场调查，特地来到纽约市。当他想到自己应该有效地运用自由时间，就直接跑到纽约某个著名犹太商人的百货店，贸然叩开了该公司宣传部主任办公室的大门，向门房小姐说明来意。

门房小姐问："请问先生事先预约好时间了吗？"

这位青年微微一愣，但马上滔滔不绝地说："我是日本某百货店的职员，这次来纽约考察，因为我对工作特别热心，特意利用空闲时间，来拜访贵公司的宣传部主任……"

"对不起，先生！"小姐打断了他的话，"如果没有预约，无法为您安排会见。"

就这样，这位职员被拒之于冷冰冰的大门之外。

这位职员利用余暇，主动地访问同行人，从某个角度看，接受拜访或许能够获得某些收获，但犹太人不假思索地拒绝了他，为什么呢？

有一句名言叫"时间就是真正的金钱"，放在这里说实在是恰当。浪费了时间就等于无端地浪费了金钱！这对犹太人来说是绝对要不得的。

因此，犹太人提出"勿盗窃时间"的口号！在犹太人看来，时间和商品一样，是赚钱的资本，是可以升值的利润，因此盗窃了时间，就等于盗窃了商品，也就是盗窃了金钱。所以，换一个角度来说，"盗窃时间"不仅仅是关系到赚钱问题，还关系到经商礼貌问题。

对于贯彻"时间就是金钱"的犹太人来说，在工作时间里，放弃几分钟而跟一个根本没有把握的"不速之客"去谈判，这是行不通的。犹太人从来不做没有把握的生意。因此，"不速之客" 在犹太人看来是妨碍他们工作的绊脚石，只有拒绝他，才能让自己的工作畅通无阻，直奔"时间就是金钱"的主题。

犹太人认为，要想赚钱，首先得学会攒时间，没有时间，再好的项目、再好的工程也是白费。他们对自己的时间，可谓是精打细算。

会谈要预约日期和具体时间， 甚至从某时某刻起到某时某刻结束都规定得一清二楚，会谈时不许有迟到或超延时间之事，处理函件时一律谢绝会客，以充分利用时间。甚至到年老时，他们便开始细细地估算自己还能活多久，以便确定自己还能赚多长时间的钱，还能享乐多久！

犹太人把时间看得如此重要,在工作中也往往以秒计算,分秒必争。一旦规定了工作时间,就严格遵守。下班铃声一响,即使是打字员,他们只要再花几秒钟时间再打 10 个字就能完成的一件公文,他们也不再打而下班了。强烈的时间观念提高了他们的工作效率,而把时间和商品对等,使盗窃时间就像偷取别人金柜内的金钱那样可耻。

因此,盗窃时间带来的金钱损失,在犹太人心中是算得很清楚的。

有位月收入 20 万美元的犹太富商曾经算过这样一笔账:他每天工资为 8000 美元,那么每分钟约为 17 美元。假如他被人打扰,浪费了 5 分钟的时间,那就相当于被窃现款 85 美元。

因此,犹太人在工作时从来不作无聊的会客,不允许任何外人的打扰。而外人即便是业务上的联系,也必须事先有所约定,不速之客在犹太人的商务活动中,几乎等于不受欢迎的人。

犹太人在商务活动中十分注意时间安排。公司每天上班开始的 1 小时内,是所谓的“发布命令时间”,把昨天下班后至今天上班前所接到的一切业务往来的材料或事务进行处理或作出具体安排。在这段时间里,禁止任何外人来打扰,而外人即使是商业上有往来的,也必须事先约定好。

在犹太人的思想观念里,预约不但意味着时间的约定,而且意味着时段的约定。例如:客人在上午 10 点至 10 点 15 分前来洽谈某一业务,时间一到,就请自动起身。犹太人为把会谈时间尽量压缩,通常见面后,开头谈些“今天的天气真好,哈哈”之类的寒暄,随即直奔主题。一般的客套,在犹太商人看来都是毫无意义的,都是在浪费生命,除非他觉得和你客套能获得某种好处,他才会与你客套一番。

犹太人绝对不愿浪费时间。办公桌上的待批文件,有相当一批是极其重要的积压文件,有时会耽搁重大事情,是变相地浪费时间。这种积压文件的做法对犹太人来说,当然是不可取的。

对商人来说,这些文件尤其重要。这些文件有商业往来的信件、商业函件等,它可能是提供商业信息,或是请求商业往来或是有关商品交易等等。

每个信件，都包含着一条信息，给商人提供赚钱机会。如果把这些亟待回复的文件积压在办公桌上，过一段时间后再来处理，很可能为时已晚，因为对方的时间是宝贵的，当他迟迟等不到消息时，便会断然放弃，另觅合作伙伴去了。如果是这样，你岂不是白白失去了一个赚钱良机，当你醒悟时，机会已经从自己的手中溜走了，你后悔莫及！犹太人很清楚这点。所以，他们对自己手中的文件都极其重视。

犹太人认为一个商人要赚大钱，首先要考虑好如何合理利用时间。有的人认为时间很多，有的人却觉得时间很少，其实时间对每一个人来说都是平等的。一样长的时间，看你怎样利用。鲁迅先生曾经说过，时间如同海绵里的水，只要愿意挤，总还是有的。商人的时间也是如此，要想赚钱，首先就得挤出一些"空闲"的时间，来集中精力于经商上。会赚钱的商人，是很能精打细算地安排时间的。

所以犹太人说，要赚钱，就要考虑时间的运用！除了节约时间之外，还要会合理充分的利用时间，直接把时间转化成金钱。

11.让身体充满弹性

《塔木德》箴言："一张弓如果一直绷着，即使是钢做的，也会失去弹力。"

犹太人多是商人。商人同普通人相比，有一个特点就是忙，他们几乎没有什么工作定时，随时都有事，只要他愿意，干一辈子也干不完。假如工作耽搁了，挣的钱就会减少，所以犹太人绝不会浪费一分钟时间。

但是，对于犹太人来说身体健康是根本，而身体健康需要休息，休息必将和工作相冲突，怎么办？这时犹太人会毫不犹豫地放弃工作，选择休息。

假如你不理解，向犹太人提问：

“你们工作一小时可赚钱50美元以上，如果每天休息一小时，一月就少赚1500美元，一年少赚1.8万元钱以上，这值得吗？”

犹太人会比你算得更快：

“假如一天工作八小时不休息，一天可赚400美元，那我的寿命将减少五年，按每年收入12万元计算，五年我将减少60万美元收入。假如我每天休息一小时，那我除损失每天1小时50美元外，将得到5年每天7小时工作所赚的钱。现在我60岁，假设我按时休息还可活10年，那么我将损失15万美元，15万和60万谁大呢？”

犹太人确实是很精明的！

俗话说：“不会休息，就不会工作。”不会休息的人是愚蠢的人。连视钱如命的犹太人也愿意放弃钱来休息，而那些不为钱所缚的人们为什么不保护一下自己的生命，在工作之余找点休息时间？

犹太商人的用钱观念往往是很明确的，其中一条是：“享受生活，享受挣钱”，这样做一方面自己能给自己减压，另一方面能够挣更多的钱。

犹太人非常注重吃的享受。吃得好，身体自然就健康。健康是犹太商人最大的本钱。

犹太人自从几千年前被罗马人赶出家园后，亡国了两千多年，几乎没有存身之处，浪迹天涯，处处遭人歧视和迫害。但是，在这样恶劣的环境里，犹太人始终没有倒下，他们并没有因此而灭绝。即便是在二战期间的空前灾难中，犹太人一下子被屠杀了600万，但剩下的犹太人又生存繁衍下来，这不能不归于他们懂得怎样保护自己，怎样去保持自己的身体健康。

IMG的总经理迈克先生时常到夏威夷度假4天，他总是告诉自己的秘书这4天中不要有公事来打搅他，他需要彻底把疲劳赶出去。如果有急事要给公司打电话，那么也得由他来决定。

犹太人不仅重视休息，还非常注重饮食和享受。

犹太人在每周的星期五晚上开始一直到星期六的傍晚为止，是禁烟、禁酒、禁欲的时间，一切杂念皆暂时摒除至九霄云外，一心一意地休息和向神祈祷。据说在美国纽约，每逢此时，街上来往的汽车比平时减少了一半。从星期六的晚上起才是犹太人的周末，他们便开始尽情地享乐。

那些不重视休闲生活的人，总是以工作太忙、抽不出时间为由，来自欺欺人。实际上，不走出办公室，是无法体会到海边沙滩作日光浴、或去爬山所能享受到的大自然的风情对消除身体疲劳的好处。这些人总是浪费自己的休息时间，使自己一天到晚在紧张忙碌中度过，而这一切对身体健康、提高工作效率、个人生活都是有害的。

因为愈是工作忙时，愈应该合理地休息，俗话说："休息是为了更好地工作。"一张一弛，就必须学会强迫自己休息。

12.快乐是无法计算的

《塔木德》箴言："如果我不为自己而存在，谁为我而存在？如果只有我为自己而存在，我是什么？"

犹太人中流传着这样一则故事：

有一个商人，生意做得很红火，财源滚滚，虽然请了好几名账房先生，但总账还是靠他自己算。

因为钱的进项又多又大，他天天从早晨打算盘到深更半夜，累得他腰酸背痛，头昏眼花。更惨的是，每晚上床后他还会想到明天的生意，一想到成堆白花花的银子，他就又兴奋又激动，根本无法睡个安稳觉。

白天忙得不能睡觉，夜晚又兴奋得睡不着觉，就这样，这个商人患上了严重的失眠症。

商人隔壁靠做豆腐为生的小两口，每天清早起来磨豆浆、做豆腐，说说笑笑，快快活活，甜甜蜜蜜。

墙这边的商人在床上翻来覆去，摇头叹息，对这对穷夫妻又羡慕又嫉妒，他的太太也说："我们有这么多银子干什么用？整天又累又担心，还不如隔壁那对穷夫妻活得开心快活。"

商人早就认识到自己还不如穷邻居生活得轻松洒脱，等太太话一落音便说："他们是穷才这样开心，富起来他们就不能了，很快我就让他们笑不起来。"

说完，商人翻下床去钱柜里抓了几把金子和银子，扔到邻居豆腐房的院子里。

这对夫妻正在边唱边做豆腐，忽然听到院子里"扑通"、"扑通"地响，提灯一照，看到的是黄闪闪的金子和白花花的银子，于是连忙放下豆子，慌手慌脚地把金银捡回来，心情紧张极了。

这些金银可把这对磨豆腐的小夫妻愁坏了，他们不知道把这些财富藏在哪里才好。藏在房里怕不保险，藏在院里怕不安全。从此，再也听不到他们说笑，更听不见他们唱歌。

于是，商人和他太太开玩笑说："你看，他们再笑不起来，再也唱不起来了吧！早该让他们尝尝有钱人的滋味了。"

这则故事是在警示犹太人：剥夺人生快乐的与其说是天灾人祸，不如说是物欲圈套；耗尽我们生命的与其说是穷困的折磨，不如说是琐碎的诱惑。人开始总是为了生存和生活的需求而创造财富的，但当个人财富超过了一生的需求，情况也许就不同了。如果你处理得当，它可能会为你增添无穷的快乐与幸福；如果处理得不好，那么就会变成一种负担，贻害无穷。

还一则故事也很能说明犹太人对待财富的观点：

一个与银行家比邻而居的鞋匠一天到晚都不停地唱着歌，对人总是笑脸迎人，他对自己的生活与工作都非常满意。

银行家拥有万贯家财，时时对人存有戒心，很少与人有往来，为了怕被偷，晚上更是睡不好，因此经常愁眉不展。

银行家非常想知道鞋匠快乐的秘密，一日，将鞋匠找来并问他："为什么你每天总是过得如此快乐？你能否告诉我你一年赚多少钱呢？"

鞋匠告诉银行家："先生，我从来不去计算我所赚的钱，只要每天有饭吃我就心满意足了。我的财富并不是因为我拥有的很多，而是我要求的很少。"

快乐是一种没有成本的享受。真正会算计的犹太人知道，拥有多少财富并不一定能拥有多少快乐，只有那些知足常乐和从成功中获得快乐的人，才能够享受到生活的乐趣。因此，犹太人总是满足于已经拥有的财富，同时又不断挑战自我，不断寻找新的奶酪，为自己寻找更多的财富。在这个不断的挑战过程中，犹太人获得了巨大的满足感，而金钱仅仅是这种巨大成功带给他们的附属物而已。

第四章 谋钱术：财富需要深谋远虑

《塔木德》箴言：『聪明的人不会特意到大路上去拾金子。』善于动脑的犹太人知道，想要赚钱是需要动些脑筋的，只有目光敏锐，深谋远虑，才能见人之所未见，把握更多的机会，赚取更多的金钱。

1.用智慧创造金钱

《塔木德》箴言："你只要活着，智慧就永远跟着你。"

犹太人有这样一则笑话：

两位拉比在交谈：

"智慧与金钱，哪一样更重要？"

"当然是智慧更重要。"

"既然如此，有智慧的人为何要为富人做事呢？而富人却不为有智慧的人做事。大家都看到，学者、哲学家老是在讨好富人，而富人却对有智慧的人露出狂态呢？"

"这很简单。有智慧的人知道金钱的价值，而富人却不懂得智慧的重要。"

拉比即为犹太教教士，也是犹太人生活等一切方面的"教师"，经常被作为智者的同义词。所以，这则笑话实际上是在"智者说智"。

拉比的说法不能说没有道理，知道金钱的价值，才会去为富人做事；而不知道智慧的价值，才会在智者面前露出狂态。

美国科学家富兰克林说过这样一句话："一只空袋子是立不起来的。"意思是说，一个袋子如果空洞无物，放到桌上马上就会瘫软下来，要想让它挺立不倒，就必须把袋子装得充实。

按犹太人的理解，袋子里只有装满两样东西才可以不倒，一是智慧，二是金钱。智慧可以换来金钱，金钱可以买来一切。

那么,为什么不能运用自己的智慧去获得金钱呢?

知道金钱的价值,却只会靠为富人效力而获得较少的酬劳,这样的智慧又有什么用?这样的智慧又称得上什么智慧呢?

所以,学者、哲学家的智慧或许也可以称做智慧,但是这并不是犹太人眼中的智慧。犹太人眼中的智慧是能够驾驭金钱,聚敛金钱的智慧。

富人们虽然没有学者们的智慧,但是他们却能够利用金钱去役使学者们为自己服务。这种用金钱役使智慧,从而使智慧创造金钱的聪明才智,才是犹太人眼中真正的智慧。有了这种智慧,没钱可以变成有钱,没有"智慧"可以变成有"智慧",这就是犹太人对"智慧"具有哲学意味的解释。

因此,在犹太家庭中,每个孩子在他们的成长过程中,都会遇到这样的启蒙教育:

母亲会要求孩子们回答一个必须回答的问题:"假如有一天你的房子被烧了,你的财产就要被人抢光,那么你将带着什么东西逃命?"

孩子们的回答多种多样,有的说带钱;有的说带金银财宝;有的说带钻石的。但是,没有哪一种回答能让母亲真正满意。

于是,母亲会进一步地问:"有一种没有形状、没有颜色、没有气味的财富,你知道是什么吗?"

如果孩子们仍然回答不出来,母亲就会说:"孩子,你要带走的不是钱,也不是钻石,而是智慧。因为智慧是任何人都抢不走的。你只要活着,智慧就会永远跟着你。"

在犹太人眼里,任何东西都是有价的,都能失而复得,只有智慧才是人生无价的财富,是永恒的财富,它能引导人通向成功,而且永远不会贫穷。当他们的孩子刚懂事时,母亲们就会将蜂蜜滴在书本上,让孩子去舐书上的蜂蜜,其用意是想告诉孩子:书本是甜的。

犹太人追求以智慧谋钱,这就使犹太人成为世界上最伟大的商人,使犹太人的生意经成为了其他人都想了解的智慧生意经。

犹太商人很早就对"金钱"与"智慧"有一种辨证的认识:"有人有智难换

一个钱,有人有钱难换一个智。有人却让钱变成智,让智变成钱。”

这就是说明,在金钱与智慧之间,还有一个互相运用的过程,运用得好就可以相互转换,运用得不好,他们也只能单独存在,并不是所有有智慧的人都能创造财富。

用智慧创造金钱,是犹太人的拿手好戏。有一个故事是这样的:

美国和苏联两国成功地进行了载人火箭飞行之后,法国、德国、以色列也纷纷拟订了月球旅行计划。当一切登月准备完毕后,就应该开始招募宇航员了。

招募者先问应征的德国人:

“给你什么待遇,你才肯参加太空飞行?”

德国人回答:“我需要3000美元,1000美元给妻子,1000美元作购房基金,1000美元自用。”

当招募者问法国人时,法国人回答:“给我4000美元我才干。1000美元给我妻子,1000美元归还购房贷款,1000美元给我的情人,还有1000美元留着自己用。”

当轮到犹太人回答时,犹太人说:“给我5000美元我才干,1000美元给你,1000美元归我,其余的3000美元雇德国人开太空船。”

犹太经济学家威廉·立格逊说:“一切都是可以靠借的,借资金、借人才、借技术、借智慧。这个世界已经准备好了一切你所需要的资源,你所要做的仅仅是把他们收集起来,运用智慧把他们有机的组合起来。”

犹太人赚钱强调以智取胜。他们认为,金钱和智慧两者中,智慧比金钱重要,因为智慧是能赚到钱的智慧,也就是说,能赚钱方为真智慧。这样一来,金钱成了智慧的尺度,智慧只有化入金钱中,才是活的智慧,金钱只有化入智慧之后,才是活的金钱;活的金钱和活的智慧两者不可分割。

2.忍耐是为了等待机会

《塔木德》箴言:“痛苦之中蕴含着一种力,而且痛苦是一笔财富。”

犹太商人有一句至理名言是这样说的:“断然放弃赚大钱。”这句话的意思不是指犹太人没有胆量去赚大钱,而是指在商业活动中,一定要学会忍耐,从小事开始一步一步做起来,等待赚大钱的机遇。这种赚钱术被犹太人称之为“忍耐法”。

犹太人的忍耐,创造出犹太人赚钱的信念:“在忍耐中争取我们应得到的一切,你要为我的忍耐付出代价。”

犹太人的忍耐力在众多民族中是极其卓越的,他们不会因为外界条件的不好而放弃赚钱的念头。事实上,犹太商人善于发现机遇的头脑是在特定的环境下磨炼出来的。他们之所以能在非常困难的情况下从事放债和贸易这些获利颇丰厚的行业,是因为他们首先知道自己的生意在哪里,对生意机会有一种超乎寻常的敏感,因为神父讲道时不准商店老板营业,而许多人害怕亵渎神灵,便纷纷歇业。而犹太商人没有义务遵守基督教的教义,只要合法,他们只顾大赚特赚属于自己的钱。

犹太人认为每个人都可能有环境不好、遭遇坎坷、工作辛苦、事业失意的时候,说得严重一点,几乎可以说,在我们每个人降生到这个世界以前,就被注定了要背负起经历各种困难折磨的命运。既然是前生注定,今生的苦苦乐乐就是难以避免。做生意顺利的时候,财源滚滚而来,取之不尽,用之不竭,那是顺境;一旦遇上风险,逆境来临时,就又要过一段节衣缩食的苦日子。不够坚强的人当逆境来临时，就会匆匆结束这次旅行，提前承认自己的失败；但是，假如我们足够坚强，我们就应该明白，我们是为经历这些逆境而来。这就是说，只要有勇气就能挣上钱！

巴拉尼是生于奥地利维也纳的犹太人，他年幼患了骨结核病，由于家贫无法医治，使他的膝关节永久性僵硬，行走不得。

但是，巴拉尼没有灰心丧气，他忍着各种痛苦，刻苦攻读，艰苦奋斗，终于在医学上取得了惊人的成就。

巴拉尼不仅荣获了奥地利皇家授予的爵位，而且于 1914 年获得了诺贝尔生理学及医学奖金，他一生发表了 184 篇很有价值的科研论文。

犹太人考夫曼能成为股市“神人”，也是他甘心忍耐、顽强奋斗的结果。

1937 年，考夫曼出生于德国。因遭受纳粹的迫害，1946 年，考夫曼随父母逃到美国定居。

考夫曼刚到美国时不懂英语，进入学校读书十分困难。但是，他很有耐性，不怕别人嘲笑，大胆地与美国小朋友交谈，从中学习英语。考夫曼还利用课余时间补习英语，吃饭时和走路时也背诵英语词句。半年时间过去了，考夫曼能熟练地讲英语了。

考夫曼的家境不佳，却以半工半读形式读完了大学，并先后获得了学士、硕士和博士学位。

在工作中，考夫曼不辞劳苦，刻苦钻研，从银行的最低层任职做起，直至成为世界闻名的所罗门兄弟证券公司主要合伙人，以至成为首席经济专家和股票、债券研究部负责人。最后，因为考夫曼对股市料事如神，成为美国证券市场的权威之一。

犹太人的坚定耐心和具有悠久历史的忍耐力是常人难以置信的。但是，他们的忍耐也是有先决条件的，是有“度”的。

精明的犹太商人最擅长计算，他们有极强的判断能力。如果他们认为和自己的合作伙伴在某方面有利于自己，能够为自己带来钱财，那么他们就可以以坚定的耐心，等待对方转变心情或者等待时机的到来。

在经营活动中，犹太人能忍耐的性子是闻名于天下的，他们能不厌其烦地等待对方的确认或改变态度。但是，犹太人的忍耐是基于合算和有发展前途的事物和买卖，当他发现不合算或没有发展前途，不用说几年，哪怕是几个月、几天也不会等待下去。

犹太人在决定对某种生意投入资金和人力时，他们往往会预先勾画好三种蓝图：一个月后的情形，两个月后的情形及三个月以后的情形。在这三种情形中，犹太人都会把生意与数字挂钩，用具体的数字来度量其得到的好处。

一个月后，如果实际经营的业绩和预先构想的蓝图相差太大时，犹太人不会有一点不安或气馁，而是继续投入资金和人力。

如果两个月以后，成绩和蓝图仍然存在差距，犹太人会再次加强投资。

但是，在三个月以后，如果这个月的成绩仍然不能实现预先勾画的蓝图，无法达到目的，并且也没有任何迹象表明业绩将会有所好转，而犹太人自己还没有找到使生意好转的途径的话，他们就会断然放弃，立即停办。

所谓的撤手停办，就是彻底放弃迄今为止投人的全部资金和人力物力。

即使这样，犹太人也绝不会唉声叹气，不会埋怨背运，他们仍镇定自若。因为他们生性乐观，对事物多角度的理解分析使他们的心地豁达，他们总能给自己找到解脱和自我安慰的方式。在犹太人看来，生意虽遭失败，但却能及时停办，还没到那种一塌糊涂、不可收拾的地步。可见，撤手停办是一种明智的自我保护行为。

美国通用汽车公司董事长亚弗列说过："人生是要犯错误的，不犯任何错误的人，是一无所成的人。"

在商业活动中，不尽如人意的事情经常会发生，每个人都没有悲观的必要，要认识到，失败乃是成功必经的过程，关键要有决心和忍耐。昨天或今日的失败，并不意味最后的结局。活用失败与错误，是自我教育和提高有效途径。

忍耐是成功的信心表现。成功之途是崎岖曲折的，它不可能是畅通无阻的康庄大道。成功者的特长之一，是善于处理前进中的障碍，有坚忍不拔的忍耐性。最可怕的是，那些发生了错误或失败的人从此一蹶不振，没有了忍耐性，这样的人才是真正的失败者。

犹太人提倡忍耐，而且他们的忍耐能力之强让人侧目。在两千年漂泊流离、深受迫害的历史中，犹太人一直处在逆境之中。为了生存，他们学会了怎样忍耐，学会了如何在逆境中生存、发展的智慧，他们汲取了各种忍耐的经验，并且懂得怎样使用忍耐。把这种智慧运用到商业操作中，就形成了犹太商人在逆境中发财的生意经。犹太人这样地解释忍耐："我们人的细胞时时刻刻都在变化，每天也都在创新，所以昨天吵架时，您的细胞到今天早晨已经变成了新细胞。吃饱了和饿肚子时的想法是不一样的：我仅仅是等待您的细胞变化罢了。"瞧，这是多么生动、形象而又有趣的阐释！

3.严格遵守合同

《塔木德》箴言："遵守契约，尊重契约，你获得的将不只是尊重。"

犹太人被人们称为"世界第一商人"，意思就是犹太人的信誉是世界上第一流的，可以获得全世界的信赖，这一光荣称号是他们几百年甚至几千年诚信经商的结果。

在犹太人的生意场上，他们最为看重诚信，对于不诚信的人，他们是无法原谅的。在犹太人的内部，他们之间极为重视诚信、重视契约，一旦签订了就必须遵守，绝对不可以有任何理由不履行契约。为了维护契约的神圣性，他们极为慎重，决不让契约有什么漏洞，以给欺诈带来方便。

有一次，美孚石油公司向餐具经销商犹太人乔费尔订购了3万把餐刀和叉子,交货日期为9月1日,地点是芝加哥。乔费尔不敢怠慢,立即请厂商为他赶制。

没想到,麻烦却出来了:厂商总是磨磨蹭蹭,不能按期交货。

尽管乔费尔对厂商十分生气,但是事情已经这样了,他也没有办法,只有希望对方能够快一点了。

乔费尔多次打电话催问,但是对方却满不在乎地说:“就算是迟点儿,你也总不至于这么上火吧。”

但是,作为犹太人的乔费尔却具有信守契约的精神。最后,乔费尔只好咬牙:让刀叉坐飞机吧!

于是,5小时内,3万把刀叉被装上飞机。9月1日,这架装载刀叉的飞机按时到达了交货地点——芝加哥。

当然,乔费尔为此而多支出了6万美元的运费。

而美孚石油公司的人知道后,只说了一句:“按期交货,很好!”在他们看来,额外支付的飞机租金,只是乔费尔自己的事情。

乔费尔的的同行听说此事后,大为惊讶地问:“你疯了吗,乔费尔,多花6万美元就为了3万把破刀叉?”

乔费尔严肃地回答:“犹太人就是这样:作为生意人,不管你有任何的理由,你必须按照合同及时地按期交货。哪怕是由于别人的原因而给你造成了损失,你也没有理由不按期交货,这就是规则,必须这样做啊。”

不过,此后,商界都知道了这个做生意注重合同的犹太人,全世界的许多商人都来和乔费尔做生意了。于是,大量的订单雪片般地飞到了乔费尔的办公桌上。

诚信经商是犹太商法的灵魂，是商业活动的最高技巧。在现代商业世界,恪守信用已构成了许多企业的市场竞争手段。

注重商业的诚信,视信誉为经商的生命,这是犹太人走遍世界各地都受到欢迎、让犹太人获得巨大财富的生命之源。

日本人在此有深刻的体会。

有一次，一位日本商人和犹太商人签订了10000箱蘑菇罐头的合同，合同规定每箱装20罐，每罐重100克。但是，在出货的时候，日本人却装了10000箱150克的蘑菇罐头。结果，犹太商人拒绝收货。

日本商人无奈地表示，超出合同重量的那部分蘑菇不收钱。但是，犹太商人还是不同意，并要求赔偿，理由是违反了他们之间签订的合同。

最后，经过几次谈判，日本商人赔偿了犹太商人10多万美元，还要把货物另作处理。

此事传开后，犹太商人的做法却得到了各国商人的理解。一位英国律师这样说："从国际贸易规则和国际惯例来讲，合同的品质条件是一项很重要的条件，英国人把它称为要件。合同规定的商品规格是每罐100克，而出口商交付的却是150克，虽然重量增加了50克，但是卖方没有按规定条件交货是违反合同的。按国际惯例，犹太商人完全有权拒绝收货并提出索赔。"

"犹太商人购买这样规格的商品，是有着自己特定的商业目的的，包括消费者的爱好和习惯、市场供需情况、对付竞争对手的策略等。如果出口方装运的150克罐头不适应市场消费习惯，那犹太商人是不会接受的。最简单的就是如果这次150克的蘑菇罐头和100克的蘑菇罐头的价格一样，那么以后这位犹太商人的生意还怎么做？比如说，下次他继续按这个价格卖，但是重量又回到了以前的100克，消费者会怎么看待？"另一位熟悉市场的人士这样分析。

在犹太人看来，合同就好像是与神签订的契约。

犹太人对契约深存畏惧心理，它甚至转化成为类似图腾的神圣之物，犹太人重信守约在全球商界中是有口皆碑的，他们的经商史可以说是一部有关契约的签订和履行的历史，而契约的神圣更来自对神的敬畏。

《圣经》中记载，由于犹太人违反契约，上帝发怒，降洪水惩罚，犹太男人则必须以割礼作为遵守规则的见证。"唯有诚实正直的经商之道才是生存处世的最高法则"，这是犹太人从违反与上帝的契约而遭受的痛苦中深切体会的一点。犹太先知还告诉他们，世界末日来临时大审判的第一个问题就是：

“你在做生意的时候诚实吗？”

于是，《塔木德》中留下这样的警句：

“遵守契约、尊重契约，你获得的将不只是尊重”；

“契约是衡量一个人道德品质的天平”；

“不讲诚信会受炼狱的惩罚。”

为此，犹太思想家马克思对信用的看法是：信用是一种“本质的、发达的生产关系”，是企业的重要资源。它不仅可以降低企业交易成本，规避经营风险，而且可以节约资金占用，扩大交易规模。信用作为市场博弈的结果，其意义不言而喻。

4.把每次生意看作是第一次

《塔木德》箴言：“把每次生意都看作一次独立的生意，把每次接触的商务伙伴都看作第一次合作的伙伴。”

《塔木德》要求：“把每次生意都看作一次独立的生意，把每次接触的商务伙伴都看作第一次合作的伙伴。”

不管是在为人处世还是在做生意方面，犹太人都是非常谨慎的，他们所奉行的基本原则是：“每次都是初交。”

有一次，一位日本商人请一位犹太画家上馆子吃饭。坐定之后，画家便取出画笔和纸张，趁等菜之际，先给坐在边上谈笑风生的女主人画起速写来。

不一会儿，速写画好了。

画家微笑着把画递给日本商人看，果然栩栩如生。日本商人连声赞美道："太棒了，太棒了。"

听到朋友的奉承，犹太画家便转过身来，面对着这位日本商人，又在纸上勾画起来，还不时向他伸出左手，竖起大拇指。

日本商人一见这副架势，知道这回是在给他画速写了，因为画家已经在通过手势给自己估计各部位比例了。虽然日本商人无法看到犹太画家画得如何，但他还是一本正经摆好了姿势，让画家来画。

就这样，日本商人一动不动地坐了约有 10 分钟。

"好了，画完了。"画家说。

听到这话，日本人终于松了一口气，他迫不及待地凑过去看画，结果却让他大吃一惊。原来，画家画的根本不是日本商人，而是他自己左手大拇指的速写。

日本商人连羞带恼地说："我特意摆好姿势，你却作弄人……"

犹太画家却笑着对他说："我听说你做生意很精明，所以才故意考察你一下。你也不问别人画什么，就以为是在画自己，还摆好了姿势。从这一点来看，你同犹太商人相比，还差得远了。"

这时，日本商人才明白自己犯了一个致命的错误，那就是：以为有了第一次，便会有第二次。他看见画家第一次画了女主人，第二次又面对着自己，就以为一定是在画他了。实际上却并不是如此。

犹太画家通过这件事告诉日本商人一条犹太商道，那就是"每次都是初交"。

犹太人认为，做生意要信守诚实之道，不可用欺骗的手段获利。但是，犹太人又不敢肯定其他人是否像自己一样诚实经商。因此，他们总是努力防止别人欺骗自己。

在犹太人看来，做生意时一定要小心谨慎，每次生意都要按初次生意那样认真仔细。哪怕同熟人做生意，或者与老客户来往，都不能放松对这次生意的各项条件、要求的审视。犹太人习惯于把每次生意都看作一次独立的生意,把每次接触的商务伙伴都看作第一次合作的伙伴。

其他人在与犹太人再次合作时,往往会放松警惕,甚至会主动要求不用签合同,但是,犹太人却不习惯这样做,他们会说:"我们还是按合同来办事吧。"在商言商,时刻按合同办事是犹太人的经商原则,也是他们谋钱的智慧。因为只有这样,犹太人才能时刻提醒自己保持警惕,避免出现各种问题。

5.一笔生意,两头赢利

《塔木德》箴言:"如果真正给别人提供了方便,你也一定会从中受益。"

犹太人做生意,从来不会只看重自己的利益,在他们看来,只有自己有利益的生意很难能长久的合作下去,必须要达到双赢的效果,才能保持长久合作,也就是"一笔生意,要两头赢利"。大多数犹太商人在商务往来时,能够通过巧妙调整而取得双赢的效果。

莱曼兄弟的故事很能说明双赢这一技巧所创造的效益。

莱曼兄弟公司,是一家有将近150年历史的美国著名的犹太老字号银行。19世纪70年代末期,该公司一年利润就可达3500万美元,而它的创业过程富有神奇色彩。

1844年,德国维尔茨堡的一个名叫亨利·莱曼的人移民到了美国,他在南方呆了一段时间后,就同随后移居美国的两个弟弟——伊曼纽尔和迈耶一起在亚拉巴马定居,同时做起了杂货生意。

亚拉巴马原来是美国一个产棉区,大部分农民手里都有棉花,但是没有现钱。所以,莱曼兄弟积极鼓励农民以棉花代货币来交换日用杂货。

有些人认为,莱曼兄弟这样做与犹太商人一贯的“现金第一”的经营原则不符合。实际上,莱曼兄弟的账却算得很清楚,他们认为:以物物相交换的买卖方式,不但能吸引那些一时没有现钱的顾客,而且能扩大销售量;更重要的是,在以物换物的情况下,他们很容易就能操纵棉花的交易价格;另外,经营日用杂货本来需要用车去进货,现在采用了物物交换的方式,就可以把进货的空车装满棉花,还能节省一笔较大专门运输棉花去卖的费用。这种经营方式可称做“一笔生意,两头赢利”,买卖双方都有得赚,何乐而不为?

在买卖中把握双赢的技巧,这不仅是莱曼兄弟的经商手段,也是大多数犹太商人采用的手段,从而使得他们的生意越做越大。

犹太人这种“一笔生意,两头赢利”的赢钱术是符合现代经商原则的。

根据这一原则犹太人人经商思想与其他人有不太一样的地方:

(1)同行非冤家

过去,许多公司为了赚钱,总想独霸市场,一心想着挤垮同行。他们在处理与同行的关系上,不仅信奉“同行是冤家”,而且坚持“三十六行,行行相妒”,多是互相诋毁,互相攻击,互相欺骗。如今,现代社会的企业,提倡竞争,鼓励竞争,但竞争的目的是为了相互推动,相互促进,共同提高,一起发展。

(2)竞争非独赢

两军相争,你死我活,非胜即败。在市场竞争中,谁都想胜不想败。

说市场竞争的各公司是“敌手”,因为他们在彼此竞争中带有以下性质:

一是保密性。竞争者在一定阶段一定情况下,都有一定的保密性。

二是侦探性。竞争者几乎都在彼此刺探情报,以制定战胜对方的策略。

三是获胜性。竞争诸方无一不想胜利,都想获取一定利润,让自己的产品占领市场。

四是克“敌”性。假若市场不能容纳下全部竞争者时,任何企业都想保存自己而“灭掉”对方。即使市场能容纳下全部竞争者时,他们也还是都想以强“敌”弱。

虽然竞争公司间有点像战场上的“敌手”,但就其本质来说是不一样的。

这是因为:公司经营的根本目标是为社会做贡献,公司的产品是满足社会需要的,公司赚的钱也被国家、公司和员工三者所用,公司间的竞争手段必须是正当合法的,在这种意义上讲,公司之间完全可以相互帮助、支持和谅解,应该是朋友。

在市场竞争中,对手之间为了自己的生存发展,竭尽全力与对手竞争是正常的现象。但是,在竞争中一定要运用正当手段,也就是说,只能通过质量、价格、促销等方式进行正大光明的“擂台比武”,一决雄雌,切不可用鱼目混珠、造谣中伤、暗箭伤人等不正当手段损伤对手。

在犹太人看来，市场竞争是激烈的，同行业的公司之间的竞争更为激烈。但是,竞争对手在市场上是相通的,不应有冤家路窄之感,而应友善相处,豁然大度。这好比两位武德很高的拳师比武,一方面要分出高低胜负,另一方面又要互相学习和关心,胜者不傲,败者不馁,相互间切磋技艺,共同提高。

(3)合作求共赢

犹太本民族的商人合作,早已有了传统,因为有共同的文化基础,这种合作也较易进行。但是,犹太商人的合作范围远不止于此,只要合作能带来甚于单干的利益,他们即愿与任何民族的商人合作,甚至曾经咬牙切齿的敌人,看在利益的份上他们也愿望坐下来谈合作。比如:洛克菲勒的合作伙伴,多曾是你死我活的劲敌。在合作与垄断上犹太商人表现突出,除了在这方面意识强烈之外,手法也值得一提,他们以己度人,极善用利益说动对方。

其实,“同吃一块蛋糕”就是市场份额的分配,在无序竞争中,准确地说,是抢蛋糕。犹太巨商摩根说:“竞争是浪费时间,联合与合作才是繁荣稳定之道”,正是他,组织了世界上第一个金融“辛迪加”。洛克菲勒更胜一筹,他兼并近百家石油企业成立的“托拉斯”,曾经一度彻底垄断了美国的石油工业。

(4)独特任发展

天高任鸟飞,海阔凭鱼跃。市场是广阔的,多元的,一个有灵敏头脑的老板,在已被别人挤满的热门的康庄大道上,不必因为自己受挤而妒火中烧,应果断地避开众人，踏上冷僻的羊肠小路，照样可以经过一番跋山涉水的艰辛，到达光辉的顶点。

6.抓信息里的钱

《塔木德》箴言："即使是风，也要嗅一嗅它的味道，你就可以知道它的来历。"

信息是这个时代的决定性力量，及时拥有信息的人，就等于拥有了财富。信息是财富的领路人。

这是一个信息的时代，一切东西都可以用信息来代替和表示，信息是这个时代的最大财富，拥有了信息就等于拥有了财富。

犹太人似乎很早就懂得了这个关系，他们知道信息的重要性。并很早就开始利用信息赚钱了。在犹太人的语言——希伯来语中，信息的意思往往和"经营活动"是一个意思。也许是受到了这一意思的启示，犹太大亨们将信息看得无比重要。

亚默尔肉类加工公司的老板菲普力·亚默尔习惯于天天看报纸，虽然生意繁忙，但是，他每天早上到了办公室，就会看秘书给他送来的当天各种报刊。

1875 年初春的一个上午，他仍然和平时一样细心地翻阅报纸，一条不显眼的不过百字的消息把他的眼睛牢牢吸引住了：墨西哥疑有瘟疫。

亚默尔顿时眼睛一亮：如果墨西哥发生了瘟疫，就会很快传到加州、德州，而加州和德州的畜牧业是北美肉类的主要供应基地，一旦这里发生瘟疫，全国的肉类供应就会立即紧张起来，肉价肯定也会飞涨。

他立即派人到墨西哥去实地调查。几天后,调查人员回电报,证实了这一消息的准确性。

亚默尔放下电报,立即集中大量资金收购加州和德州的肉牛和生猪,运到离加州和德州较远的东部饲养。

两三个星期后,瘟疫就从墨西哥传染到联邦西部的几个州。联邦政府立即下令严禁从这几个州外运食品,北美市场一下子肉类奇缺、价格暴涨。

亚默尔及时把囤积在东部的肉牛和生猪高价出售。短短的三个月时间,他净赚了900万美元(相当于现在1.3亿美元)。这一条信息让他赚取了巨额利润。

亚默尔的成功不是偶然的,这是他长期看报纸、积累信息的结果。他手下有几位专门为他负责收集信息的人员,他们的文化水平都比较高,长于经营,富有管理经验。他们每天把全美、英国、日本等世界几十份主要报纸收集到,看完后,再将每份报纸的重要资料一一分类,并且对这些信息作出评价,最后才由秘书送到办公室来。

如果他觉得某条信息有价值就和他们共同研究这些信息。这样,他在生意经营中由于信息准确而屡屡成功。

俗话说:信息灵,百业兴。在瞬息万变的市场上,经营者必须具备极强的应变能力,随时做出正确的决策,而决策的基础在于耳聪目明,获取大量及时、准确的信息。

市场上常常出现这样一些情况,一方面消费者持币观望,抱怨买不到满意商品,另一方面是商店、个体摊位、生产厂的产品卖不出去而大量积压,其根本原因就是产品不适销对路,造成产品生产与市场需求脱节。

很多经营者缺乏信息意识,不做市场调查,凭着主观愿望盲目生产,或者仿制仿造他人的商品,结果在激烈的竞争中一败涂地。有些经营者虽然重视信息,但往往由于不能对得来的信息做出快速决策而坐失良机,或者由于信息不全面而导致错误的决策。信息满天下,专寻有心人。一条有价值的信息,一个准确的情报,会使一大笔生意成功。

当然，流水之所以能漂石，是速度；飞鸟之所以能撞毁飞机，是速度，龙卷风之所以能在顷刻之间将一个村镇夷为平地，也是速度。有速度才有优势，有速度才能抢占上风，不明白这一点，就难以经商。

在强手如云，人才济济的商战中，当一条信息到来时，很可能有许多人同时发现机会，几个竞争对手一同向一个目标进击。这是力量的角逐、智慧的竞争，更是速度的较量。

犹太人坚持这样一个观念：经商时，究竟鹿死谁手，很大程度上取决于速度。因此，在方向、条件不变的前提下，速度与力量成正比。

犹太商人相信"信息就是金钱"的说法，认为一个适当的信息就可能决定成败存亡，因此，犹太商人形成了对信息的高度重视与敏感。

犹太商人的消息灵通是世界闻名的。据日本商人说，犹太商人非常喜欢收购国外的破产企业，每当日本有让犹太商人看着中意的企业破产之时，远在美国的犹太商人便会最先获悉这一消息，而许多日本企业主近在国内，却是"出口转内销"，还得从犹太人那里获得有关信息。

犹太商人认为有了宝贵的信息，得到了好的主意，还需要有切实可行的经验措施，才能使愿望变成现实，把信息变为金钱，否则一切都还只是空想。

美国著名的犹太实业家，同时又被誉为政治家和哲人的伯纳德·巴鲁克(1870~1965)于30岁之前已经由经营实业而成为百万富翁。他在1916年时被威尔逊总统任命为"国防委员会"顾问、"原材料、矿物和金属管理委员会"主席，以后又担任"军火工业委员会主席"。

1946年，巴鲁克担任了美国驻联合国原子能委员会的代表，并提出过一个著名的"巴鲁克计划"，即建立一个国际权威机构，以控制原子能的使用和检查所有的原子能设施。无论生前死后，巴鲁克都受到普遍的尊重。

创业伊始，巴鲁克也是颇为不易的。但就是靠他作为犹太人所具有的那种对信息的敏感，使他一夜之间发了大财。

巴鲁克28岁那年的7月3日晚上，他正和父母一起呆在家里，忽然广播里传来消息说，西班牙舰队在圣地亚哥被美国海军消灭。这意味着美西战争即将结束。

这天正好是星期天，第二天是星期一，按照常例，美国的证券交易所在星期一都是关门的，但伦敦的交易所则照常营业。巴鲁克立刻意识到，如果他能在黎明前赶到自己的办公室，那么就能发一笔大财。

当时是1898年，小汽车尚未问世，而火车在夜间又停止运行。在这种旁人束手无策的情况下，巴鲁克却急中生智，想出了一个绝妙的主意：他赶到火车站，租了一列专车。星光下，火车风驰电掣而去，巴鲁克终于在黎明前赶到了自己的办公室，在其他投资者尚未"醒"来之前，做成了几笔大交易。他成功了。

巴鲁克同其他投资者相比，他在获得信息的时间上，并不占先手，但在如何从这一新闻中解析出对自己有用的信息，据此作出决策，并采取相应的行动上，巴鲁克确确实实地占据了先手。

另一个故事也具有新意：

美国佛罗里达州有个犹太小商人，注意到家务繁重的母亲们常常临时急急忙忙上街为婴儿购买纸尿片，于是灵机一动，想到要创办一个"打电话送尿片"公司。

送货上门本不是什么新鲜事，但是送尿片则没有商店愿意做，因为本小利微，怎么办？

这个小商人又再灵机一动，他雇佣全美国最廉价的劳动力——在校大学生，让他们使用的是最廉价的交通工具——自行车。他又把送尿片服务扩展为兼送婴儿药物、玩具和各种婴儿用品、食品，随叫随送，只收15%的服务费。

如今，他的生意越做越兴旺。

经营者获取市场信息，制定经营策略，为的是要把握机会。所谓机会是指一时一地出现的某种特殊条件，它带有一定的偶然性，往往稍纵即逝。精明的人，一顺手"牵"着机会，就会以最快的速度开发它、利用它。真正是快一步天高地阔，慢一着满盘皆输。靠信息发财，是办实业做买卖必不可少的法宝,没有信息,经营者就像双目失明的盲人,面对四通八达的交叉路口不知如何起步。

7.厚利经销

《塔木德》箴言:"薄利多销就是往自己的脖子上套枷锁,厚利经销才能永盛不衰。"

有一个故事是这样的:

一个旅行者的汽车在一个偏僻的小村庄抛了锚,他修了好长时间都修不好,有位村民建议旅行者找村里的犹太白铁匠拉德看看。

拉德打开发动机护盖,朝里看一眼,用小榔头朝发动机敲了一下——汽车开动了!

"共 20 美元。"拉德不动声色地说。

"这么贵?"旅行者有点惊讶。

"敲一下,1 美元,知道敲到哪儿,19 美元,合计 20 美元。"

精明的犹太人知道,只要他人无法做到的事情,他就可以获得高额的报酬。

古今中外的生意经都首肯"薄利多销"的经营法则,而且无数商战实践证明,这种经营法则经久不衰、屡战屡胜。但是,犹太人经商的思维是逆向的,自有一种与众不同的招数,绝不做薄利多销的买卖,却做厚利适销的生意。犹太商人认为,进行薄利竞争,如同把脖子套上绞索。

他们认为,同行之间开展薄利多销的战争,总希望以比其他竞争者更低的价格多售出商品,但在考虑低价的销售前,为什么不考虑多获一点利呢?

如果大家都相互以低价促销,厂商还能维持长久的经营吗?何况市场是有容量限制的,当市场饱和之后,即使价格再低也很少有人要了。

他们还认为:在灵活多变的营销策略中,为什么不采取别的上策而采用下策?

卖三件商品所得的利润只等于卖出一件商品的利润，这是事倍功半的做法。

上策是经营出售一件商品,应得一件商品应得的利润,这样既可省了各种经营费用,还可保持市场的稳定性,并很快可以按适价卖出另外两件商品。

而以低价一下卖了三件商品,这样做无疑加速了市场已饱和,你想多销也办不到了,利润起码比高价出售少了很多,同时毁了市场后劲。

为了避免同其他商人的“薄利多销”的冲击,犹太人宁愿经营昂贵的消费品,也不经营低价的商品。因此,在世界上经营珠宝钻石等行业中,犹太人居多。犹太人主要选择这种行业,显然是想避开那些薄利多销的竞争者,因为这些竞争者一般没有资本或力量经营这类资本密集型商品。

金融证券行业也是这样,美国华尔街的金融证券大亨,犹太人占的比例最大。犹太商家的“厚利适销”策略,实质上是一种逆传统术,在商品经济的长期发展过程中,市场竞争越来越激烈并日趋多样化,但亦形成了许多形式和规律,被称为传统竞争术。

犹太商人认为,当一些老店形成品牌之后,消费者就会对它产生一种信任感,价格可以定得高一些,提高了商品的价格,同时也反过来促进了商品声望的提高。

美国亚利桑那州大峡谷沙漠中有一家麦当劳的分号，游人都喜欢在此解决肚子问题,其实这儿的价格要比其他地方的麦当劳连锁店高出一大截,正如店家标榜的“本店价格最贵”。但是,人们并不在乎,因为此“贵”非彼“贵”,其贵得合理,且看店堂里醒目地“诚告顾客”:

“由于本地常常缺水,所需用水需从60英里以外运来,其费用是常规的

25 倍；为吸引雇员，我们需支付较其他地方高得多的工资；为了在旅游淡季亦能正常营业，本店还得随季节性亏损；又由于远离城市，地处偏僻，本店的原料运输昂贵。所有这些因素使本店的价格昂贵，但我们为的是向您提供服务，相信您会理解这一点。”

游人尽管吃着“最贵”的汉堡包、热咖啡、土豆条，但没人有被“宰”的感觉，反觉得钱花得“值”。

其实，这种昂贵的定价最最根本的原因还是在于麦当劳本身的魅力。

本来以麦当劳“世界各地一模一样”的宗旨，它不应该在地理位置较差的地方提供同样服务时收取更高的价格，这个例外最根本之处是它本身的声誉，这也体现了美国人的精明之处，也是麦当劳之所以敢于宣称“有教堂的地方就有麦当劳”的原因。

犹太商人认为，奇货可居，是公司采取高额定价的一个基本原则。所谓奇货，不仅包括新产品、稀有品，也包括名牌产品。所谓名牌是有一定名气的，名气是他们的本钱。而名气是靠质量和价格培养起来的。除了这些之外，那些以前压在仓库底的东西，只要你稍加包装，只要你敢出高价，就绝对有人会来买，他们从不担心高价的东西卖不掉。

物以稀为贵。别人没有的你有，你就可以待价而沽，想不赚钱都不行。要做到靠稀缺商品赚钱的方法是：先人一步进入某个新的行业、换个地点销售你的商品、别人都在做某个行业的时候，你改行为这些行业服务等，总之，只要善于转变思维，换个角度考虑问题，时时处处都有商机。

8.把饮料卖给不渴的人

《塔木德》箴言："如果你的思维足够开阔，你的钱包就会随之增大。"

听说过把梳子卖给和尚的故事，那么你也就听说过把饮料卖给不渴的人们吗？

我们来看看北美宣传奇才哈利是怎样在寒冷的冬天把饮料卖给不口渴的人们的：

哈利十五六岁时，在一家马戏团做童工，负责在场内叫卖小食品。但天气寒冷，观看的人不多，买东西吃的人更少，尤其是饮料，几乎没有人问津。

小哈利就想：为什么饮料没有人要呢？是人们不需要呀。但是，怎么才能让人们在冷天也需要饮料呢？

他脑瓜一转，有了！

于是，他大声喊："来看马戏，谁买一张票就免费送您一包好吃的花生喽！"

还有这样的好事？人们听说这个消息后，纷纷从四面八方聚拢过来，他们都来看马戏，人越来越多。

人们一边看马戏，一边津津有味地品尝着这些花生。也许是因为花生是免费的，人们吃起来比平常的花生好吃，不过每个人都觉得越吃越有点口渴。原来，这些花生被小哈利撒上了一些盐。

因为花生是免费的，而且又这么好吃，人们就越吃越带劲，但是吃得口渴了总得要有点饮料解渴才可以呀。这时，小哈利就乘机推销他的饮料，口干舌燥的人们顾不得那么多了，纷纷慷慨解囊，购买小哈利的饮料。这下，小哈利一天卖出去的饮料居然相当于过去一个月的销售量。

之所以说犹太人是经商高手，是因为犹太人往往能够想出各种办法来达到自己的目的。想要销售饮料，就要让人们感到口渴，要让人们感到口渴，就要先让人们尝到甜头，不知不觉地陷入“圈套”。在这种销售思维的引导下，犹太人就做出了人们意想不到的举动。

这是先提供免费，然后让人们买单的做法。

让我们再来看看犹太人怎样把免费的午餐变成盈利的商机的。

对于1984年洛杉矶奥运会，人们至今仍记忆犹新。但是，这次奥运会最耀眼的明星既不是美国田坛名将卡尔·刘易斯，也不是罗马尼亚体操皇后、17岁的萨伯，而是平生与体育毫无瓜葛的美国金融巨子、犹太人——彼得·尤伯罗斯。

1978年国际奥委会雅典会议决定，由唯一的申请城市、美国洛杉矶承办1984年第二十三届奥运会。虽然没有竞争对手，但洛杉矶人还是狂欢了一阵子。

冷静下来之后，人们才发觉，市政府给他们捧回来的并不是什么金蛋、银蛋，而是一个十足的烫手山芋。

1978年11月，就在洛杉矶市获得奥运主办权后的一个月，市议会就通过了一项不准动用公共基金办奥运会的市宪章修正案。洛杉矶市政府只好把求援之手伸向美国政府。也许是对奥运会不屑一顾，也许是已经意识到美国举办奥运会将会遭到苏联的报复而进行抵制，美国政府对此冷若冰霜，明确表示不能提供一分钱。

巧妇难为无米之炊，洛杉矶市已经走投无路，只好向国际奥委会申请，要求允许以民间私人出面主办奥运会。

这个请求太意外了，国际奥委会还从来没想过由私人主办奥运会。万一这个人半途而废怎么办？偌大的奥运会交由私人主办，国际奥委会的面子置于何处？

更何况,《宪章》已明确规定只能由城市主办奥运会。如果还有另一个城市申请,国际奥委会就有了回旋的余地。然而,当时没有别的国家和城市申请举办,国际奥委会一点儿回旋的余地都没有,《宪章》的这条规定第一次失败了。

于是,洛杉矶奥运会筹备组开始"物色"一个能在行政当局不贴一分钱的情况下办好奥运会的人选。

"物色"委员会的理想标准是:这个人年龄在40~55岁之间,在洛杉矶地区生活过,喜欢体育,具有从经济管理到国际事务等多方面的经验。

电子计算机在不停地开动着,经过一次又一次地筛选,计算机里不断出现的名字就是——彼得·尤伯罗斯。

于是,筹备组向尤伯罗斯发出了邀请。

当筹备组的人谈起所谓"理想人选"的标准后,尤伯罗斯情不自禁地说:"哦,这有点像我。"

他妻子吉妮后来说:"不是像他,就是他。"

私人主办奥运会是奥运史上的第一次,同时也意味着要冒最大的风险。

前几届奥运会是城市主办的,财政上的亏损,谁也没能逃过去。

1972年,在原联邦德国慕尼黑市举行的第20届奥运会所欠下的债务,久久不能偿还。

1976年,加拿大蒙特利尔第21届奥运会,亏损达到10亿美元。

1980年,在苏联的莫斯科举行的第22届奥运会耗资高达90亿美元,亏损更是空前。

1980年,在美国普莱西德湖举行的冬季奥运会,从财政和组织上来说,也是不甚成功的。

纵观现代奥运会的历史,就能发现,举办奥运会是财政上的一场"灾难",谁主办谁就得不惜"血本",更何况尤伯罗斯是私人主办奥运会。现实即使如此,尤伯罗斯只是觉得是对自己一次重大的挑战,他欣然接受筹委会的邀请。

奥运会是举世瞩目的,对一个国家、一个民族和城市来说,能够承办奥运会是一个巨大的荣誉。但是,奥运会的巨额费用使承办者苦不堪言,想承办者也知难而退,筹集资金是承办奥运会的关键,这个问题始终困扰着人们。但尤伯罗斯毕竟是一个善动脑筋的人物,如果没有很大把握,他也不会接这个任务。人们说:"任何东西到了商人手里,都会变成商品"。这句话对尤伯罗斯来说恰如其分,毫不夸张。

尤伯罗斯决定利用各竞争对手的竞争心理,提高赞助收入。他先规定本届奥运会正式赞助单位中只接受30家,每一个行业选择一家,每家至少赞助400万美元,赞助者可取得本届奥运会某项商品的专卖权,这样一来,各大公司就只好拼命抬高赞助额的报价。

可口可乐和百事可乐历来是对头,每一届奥运会都是两家交手的战场。1980年莫斯科奥运会上,百事可乐占了上风,虽然赌注大了点,但毕竟打响了牌子,提高了销售量。可口可乐尽管自恃老大,但一不留神就会在竞争中落后。这次洛杉矶奥运会上,可口可乐决心一定要挽回自己的面子。

于是,尤伯罗斯向两家"面子"公司抛出了400万美元的底价。百事可乐思想准备不足,还在犹豫之际,可口可乐已经胸有成竹,一下子把赞助费提高到1300万,高出了尤伯罗斯提出底价的3倍。

可口可乐的一位董事咄咄逼人地说,我们一下子多出900万,就是不给百事可乐还手的余地,一举将它击退。果然百事可乐没有还手,可口可乐成了饮料行业的独家赞助商。

尤伯罗斯笑纳1300万美元后,又把目光对准了感光胶片的两位大亨:柯达公司和富士公司。底价同样是400万美元。

然而,这次可不那么顺利。柯达公司开始也想加入赞助者的队伍,但他们不肯接受组委会的不得低于400万美元的条件,他们只同意赞助100万美元和一大批胶卷。

尤伯罗斯没有应,他还亲自飞到柯达公司的总部劝说他们接受组委会的条件,但"心胸狭窄和傲慢"的柯达公司没有同意,他们满以为有把握不改变条件便可获得赞助权,等待着尤伯罗斯的让步。

此时,一向嗅觉灵敏的日本人似乎感觉到了什么,决心以此打入美国市场。富士公司同尤伯罗斯讨价还价,最后以 700 万美元的价格买下了洛杉矶奥运会胶卷独家赞助权。

等到柯达公司醒悟时,富士胶卷已经充斥了美国市场,为此柯达公司广告部的经理被撤了职。

美国通用汽车公司与丰田等日本几家汽车公司的竞争,更是热火朝天,彼此都竭尽全力以拼抢这“唯一”的赞助权……

结果,企业赞助共计 3.85 亿美元,而 1980 年的莫斯科奥运会的 381 家赞助厂商,总共赞助仅 900 万美元。

收入最高的莫过于把运动会实况电视转播权作为专利拍卖。

最初,工作人员提出的最高拍卖价是 1.52 亿美元,遭到尤伯罗斯的否定。他亲自出马先研究了前两届奥运会电视转播的价格,又弄清楚了美国电视台各种广告的价格,提出 2.5 亿美元的价格。

尤伯罗斯还以 7000 万美元的价格把奥运会的广播转播权分别卖给了美国、澳大利亚等国,从此以后,广播电台免费转播体育比赛的惯例被打破了。结果,仅此一项,尤伯罗斯就筹集到了 2.8 亿美元。

奥运会开幕前,要从希腊的奥林匹克把火炬点燃空运到纽约,再蜿蜒绕行美国的 32 个州和哥伦比亚特区,途经 41 个城市和近 1000 个镇,全程 1.5 万公里,通过接力最后传到洛杉矶,在开幕式上点燃火炬。

尤伯罗斯发现,参加奥运会火炬接力跑是很多人梦寐以求、引以为荣的事情。于是,他提出了一个公开出卖参加火炬接力跑权利的办法,即凡是参加美国境内奥运火炬接力跑的人,每跑一英里,须交纳 3000 美元。

此语一出,世界舆论哗然,尽管尤伯罗斯的这个做法引起了非议,他依然我行我素。最后大笔的款项还是收上来了,这一活动筹集到了 3000 万美元。

尤伯罗斯还设立“赞助人计划票”:凡愿赞助 2.5 万美元者,可保证奥运会期间每天获得最佳看台座位两个;每家厂商必须赞助 50 万美元,才能到奥运会做生意。结果有 50 家厂商——从杂货店到废物处理公司都出来赞助。

组委会还发行各种纪念品、吉祥物,高价出售。

虽然奥运会的大多数项目的开支不能减少，但有不少项目可以采取变通办法,这就会节省一大笔开支。

首先,洛杉矶 1932 年曾举行过奥运会,虽然现在的奥运会的规模与当初不可同日而语,但以前奥运会的一些设施毕竟犹存,仍然可以用。于是,他对这些场地简单地进行了修缮,这就为他节省了一大笔开支,而且大大减少了工作量。

其次,尤伯罗斯正式聘请的工作人员只有 200 名职员,这与前三届比相差悬殊:慕尼黑奥运会有 1600 个职员;蒙特利尔奥运会有 1505 个职员;莫斯科奥运会有 2000 个职员。

随着奥运会的日益临近,整个洛杉矶已呈现出浓郁的气氛。由各公司赞助整修和重建的各种设施已焕然一新。当国际奥委会主席萨马兰奇和主任贝利乌夫人视察了这些设施之后，非常满意地说:“洛杉矶奥运会的组织工作是最好的,无懈可击的。”

最后,140 多个国家和地区的 7960 名运动员使这届运动会的规模超过以往任何一届。整个奥运会期间,观众十分踊跃,场面热烈,门票销路大畅。田径比赛时,9 万人的体育场天天爆满,以前在美国属于冷门的足球比赛,观众总人数竟然超过了田径,就连曲棍球比赛也是场场座无虚席。美国著名运动员刘易斯一人独得 4 枚金牌,各种门票更是被抢购一空。多杰尔体育场的棒球表演赛,观众比平时多出 1 倍。同时,几乎全世界都收看了奥运会的电视转播,令人眼花缭乱的闭幕式至今还留在人们记忆中。

在闭幕式上,众多热情洋溢的观众站起来为尤伯罗斯鼓掌。被称为商界巨人的哈维不无风趣地说:“我参加过许多体育活动，但在我的一生中还是第一次看到 84000 人站起来为一个卖给他们门票的人欢呼。”

在奥运会结束的记者招待会上，尤伯罗斯宣称:本届奥运会将有盈利，数目大约是 2500 万美元左右。

一个月后的详细数字表明:本届奥运会盈利 2.5 亿美元。

洛杉矶奥运会以其财政上前所未有的成功为后来的奥运会树立了榜样，这一结果证明了尤伯罗斯确实是一个经营天才，也这证实了犹太商人“金库是从心中变出来的”的著名观点。

9.与他人想得不一样

《塔木德》箴言:“假如所有人都向同一个方向走，这个世界必将颠覆。”

《塔木德》记录了这样的一个故事:

米姆尔问他的朋友史耐依:“你在法理学院学习，你可以给我讲讲什么是犹太商道吗？”

史耐依说:“米姆尔，我可以给你举个例子来解释。我先向你提个问题，如果有两个犹太人从一个高大的烟囱里掉了下去，其中一个身上满是烟灰，而另一个却很干净。那么，他们谁会去洗澡？”

“当然是那个身上脏了的人！”米姆尔说。

“你错了，那个身上脏了的人看着没有弄脏身子的人想道:‘我的身上一定也是干净的。而身上干净的人看到满是烟灰的人，就认为自己可能和对方一样脏。所以，他反而会去洗澡。”

“见鬼！”米姆尔嘀咕了一句。

“我要再问第二个问题，他们两个人后来再次掉进了高大的烟囱，请问谁会去洗澡？”史耐依问道。

“这我就知道了，是那个干净的人！”

“不！你又错了，身上干净的人在洗澡时发现自己并不太脏，而那个弄脏了的人则相反。他明白了那位干净的人为什么要去洗澡。因此，这次他去洗澡了。

米姆尔又嘀咕了一句。

“我再问你第三个问题，他们两个人第三次从烟囱里掉下来，谁又会去洗澡呢？”史耐依又问。

“那当然还是那个弄脏了身子的人！”

“不！你还是错了！你见过两个人从同一个烟囱里掉下来，其中一个人干净，而另一个肮脏的事情吗？这就是犹太商道！”

犹太人认为，善于思考问题，多想问题是商人应该做的事情。为了避免从一个角度看问题，应该全面地看问题。正是在这种思想的引导下，犹太人在想问题的时候，总是从各种角度着手，最终得出的结论往往与他人不一样。

二次大战后，美国建筑业大发展，砖瓦工价码看涨，这对失业者来说是个难得的机遇。

一贫如洗的迈克为了生计也由明尼亚波利来到芝加哥。他看到招工广告后，却没有投入应征当砖瓦工的竞争洪流中，而在报纸上刊登了“你能成为瓦工”的广告。

迈克租了一间店铺，请来一位瓦工师傅，买来1500块砖头和一堆砂石做教材，开展培训业务。许多工人蜂拥而至，出高价受训。

结果，迈克10天就获利3000美元，等于一个瓦工200天的收入。

公司竞争如战场角逐。当一种为众人共得的大机遇出现时，往往也可以给自己带来盈利的契机。能否抓住这一契机，关键在于能否“隔岸观火”。

因此，犹太商人的生意经是：只有静观形势，耐心等待，不忙于一时竞争，才能冷静决断，抓住时机，实现自我追求的目标。

从某个角度讲,犹太人全方位的谋钱术是值得借鉴的,它抛开了许多人为的观念障碍,体现了一个优秀商人的经营意识,是一种赢得财富人生的开放思维。

我们再来看看另一个犹太富翁洛克菲勒家族是怎么与常人不一样的。

第二次世界大战结束后，战胜国决定成立一个处理世界事务的组织——联合国。

大家都认为,联合国总部得建在繁华的城市里才好。可是,在任何一座繁华城市里购买建立庞大楼宇的土地都是需要很大一笔资金的，而刚刚起步的联合国总部的资金极为有限,各国首脑为此事不停地商量来商量去。

这件事被洛克菲勒家族得知了,他们立刻宣布:愿意出资 870 万美元在纽约买下一块地皮,并将其无条件地捐赠给联合国。

人们不禁惊讶了，掏这么大的价钱买土地免费赠给联合国能有什么好处？洛克菲勒家族这么做简直是头脑发晕了!

可是，人们并不知道，当洛克菲勒家族在买下土地捐赠给联合国的时候,也买下了与这块土地毗连的全部土地。

结果,当联合国大楼建起来后,四周的地价立即飙升起来。

现在，没有人能够计算出洛克菲勒家族凭借毗连联合国的土地获得了多少个 870 万美元。

当人们明白过来的时候,洛克菲勒家族已经赚得盆满钵溢了。

《塔木德》告诉犹太人:“假如所有人都向同一个方向走,这个世界必将颠覆。”犹太人就是一群善于从不同的方向去寻找财富的人。事实上,他们找到的财富远远多于普通的人,犹太人也因此而成为世界上富人的代名词。

10.大胆追求自己的梦想

《塔木德》箴言："希望完成自己所能的是人，希望完成自己所希望的是神。"

《塔木德》上有这样一句话："一个没有翻译出来的梦，就像一封没有拆开的信。"这句话的意思就是，一个人应该大胆去追求自己的梦想，否则你的梦想就一点价值都没有。

犹太人的后裔迈克尔·戴尔如今是戴尔公司的董事长，是美国企业家的典范。迈克尔·戴尔的成功正是他追求梦想的结果，他总是喜欢去做一些自己想做的事情。

1977 年，刚满 12 岁的迈克尔·戴尔与家人一起到墨西哥湾钓鱼，当家人都开始钓鱼的时候，迈克尔·戴尔却坐在沙滩上，费劲地摆弄着钓具。他把几个钓钩拴到一根线上，希望能够一次钓到好几条鱼。

家人认为他是在浪费时间，与其折腾来折腾去，不如坐下来认真地钓鱼。但是，迈克尔·戴尔的想法却不一样，他坚定地按照自己的想法去做。结果，当他把钓线拉起的时候，上钩的鱼果然比全家人钓的所有的鱼还要多。

迈克尔·戴尔总喜欢说："如果你认为你的办法不错，就不妨试试。"

上高中的时候，迈克尔·戴尔通过为休斯敦《邮报》做预付款征订工作挣了 2000 美元，这让他非常高兴。后来，他用赚来的钱买了他的第一台私人电脑。

但是，电脑买回来后，迈克尔·戴尔并不像其他人那样用它来学习和工作，而是把它拆开，研究电脑是如何工作的。这让他很快就掌握了关于电脑的一些知识。

后来，他又批了一份卖报纸的工作。在推销报纸的时候，迈克尔·戴尔的想法也是与众不同。他认为，新婚夫妇是买报纸的最佳对象。

于是，他雇佣了几个朋友将最近登记结婚的新人的姓名和住址记下，然后全部存入电脑，再亲自写信给每对夫妇推销他的报纸，同时免费赠送两周的报纸。

这个办法果然奏效。不久，迈克尔·戴尔赚了18000美元。于是，他用这些钱购买了一辆“宝马”。当车商看到这个17岁的孩子用现金支付时，大吃了一惊。但是，他们并没有想到，这位男孩后来却成为闻名世界的企业家。

18岁那年，迈克尔·戴尔报名到休斯敦的得克萨斯大学就读。当时的迈克尔·戴尔像其他学生一样，得自己去挣学费。

大学的校园里，到处都有人在谈论着私人电脑，每个学生都希望弄一台。但是，经销商们却将价格抬得很高，这让学生们望尘莫及。

迈克尔·戴尔敏锐地发现了这个商机，“这些经销商将价提得这么高，又能赚多大利润呢？”他沉思着，“为什么不能将产品从制造商手中直接送到最终用户呢？”

于是，迈克尔·戴尔决定与电脑经销商们谈谈。

由于价格昂贵的机器无法一下子售完，经销商们还要为此付出一笔可观的机器存放费。通过谈判，经销商们终于同意以成本价把库存电脑卖给迈克尔·戴尔。

电脑到手后，迈克尔·戴尔给电脑增设了附件来提高其性能。很快，这种性能更优越、价格却便宜得多的电脑一上市便供不应求，同时显示出了巨大的市场需求。

为此，迈克尔·戴尔几乎把所有的时间都用在了电脑销售上。

感恩节放假时，父母们很担心迈克尔·戴尔的学习受到影响。为此，父亲恳切地迈克尔·戴尔说：“如果你想经商，可以在你拿到学位以后再干。”

迈克尔·戴尔同意了父亲的建议。但是，当他回到休斯敦后，他的主意马上就变了。因为他感觉到,这时正是私人电脑普及的极好时间,等自己拿到学位后,这个千载难逢的机会就溜走了。于是,他又开始推销电脑,并且比上次干得更起劲。

春季放假的时候,迈克尔·戴尔向父母承认他还在做电脑销售生意。他诚恳地对父母说:“我不得不放弃学业了,我想开办自己的公司。”

“你到底想干什么?”父亲问。

“跟 IBM 竞争。”迈克尔·戴尔耸耸肩,轻松地回答。

“跟 IBM 竞争?”听到这话,父母不禁真的为儿子担心起来,因为在他们看来,这真是一个不切实际的梦想。

但是,不管父母怎样劝说,迈克尔·戴尔已经坚定了自己的梦想,他坚持不改变主意。他对父母说:“这主意不错,为什么不去试试呢?”

最后,迈克尔·戴尔与父母达成了协议:暑假的时候,迈克尔·戴尔可以开办自己的电脑公司。但是如果不成功,那么迈克尔·戴尔必须在 9 月份新学期开学时回到学校去。

这等于同意了迈克尔·戴尔追求自己的梦想,因为迈克尔·戴尔认为,自己不可能会失败!

回到休斯敦,迈克尔·戴尔立即拿出自己所有的存款,创办了“戴尔计算机公司”。那是 1984 年 5 月 3 日,迈克尔·戴尔刚满 19 岁。

19 岁,当其他学生还在为学业奔波的时候,迈克尔·戴尔却成为了一家电脑公司的领导人。

为了抓住市场,迈克尔·戴尔必须赶在新学期开学前准备好充足的电脑。于是,他租了一间房间作为办公室,并雇用了第一名雇员——28 岁的经理来负责财务和经营管理,迈克尔·戴尔自己也是整天都在忙碌中度过。

迈克尔·戴尔将 IBM 的 PC 机都加上自制的附件供应市场,这受到了人们的喜爱。每次一接到订单,迈克尔·戴尔就拼命组装机器,并以最快速度送到客户手中。

结果真令人惊喜:第一个月的销售额达到 18 万美元,第二个月升到

26.5 万美元。

业务越来越好,迈克尔·戴尔自然没有再回到学校。

每个月,迈克尔·戴尔都会接到近 1000 台电脑的订单,为了保证销售,他搬到了更大的房间,雇佣了更多的人员。同时,为了减少库存和日常开支,电脑的配件通常只在急需时才订购。送货卡车每天都送货上门,这使迈克尔的公司一直保持着较高的利润率。

迈克尔·戴尔坚信:质量是企业的生命。因此,他给他的客户提供绝对的质量保证。如果客户不满意,他们保证退回款项。迈克尔·戴尔还开设了一条 24 小时免费服务热线,可以使用户直接跟技术人员联系,大约 90%的用户技术问题都是通过电话来解决的。

由于直接与客户接触, 迈克尔·戴尔获取了客户们的偏好和市场的动态。"我的竞争对手是先发展产品,然后告诉客户他们应该需要什么。而我则相反,我们是市场需要什么,就发展什么。"迈克尔·戴尔自豪地说。

结果,当迈克尔·戴尔的同学们大学毕业的时候,他的公司年营业额已经达到了 7 亿美元!

后来,迈克尔·戴尔停止了在电脑上添加部件的方式,开始自行设计、装配、寻找自己的市场。迈克尔·戴尔说:"我们的成功迫使这些大公司间竞争更加激烈,而这更能让客户得到收益。"

迈克尔·戴尔不止一次地回忆起这个情景:他曾告诉他的朋友们,他的梦想就是成为世界上最大的私人电脑制造商, 而朋友们当时则认为戴尔是个十足的幻想家,梦想是不会实现的。

"为什么大家都甘做第二、第三或第十呢?"

"从他身上我们可以得到这样的启示:为什么不去努力争取,去实现你的梦想?"

迈克尔·戴尔经常这样问自己,结果他成功了。如今,戴尔公司在 16 个国家设立了分支机构,公司年收入达 20 多亿美元,雇有职员 5500 多名,曾名列由《幸福》杂志评出的全美 500 家联合企业的前茅。迈克尔·戴尔也从一文不名的人物一跃成为拥有亿万资产的企业巨头，成为全美第四大私人电脑制造商。

经商需要激情，而梦想恰恰是激发激情的动力元素。在梦想的引导下，一个人往往能够全身心投入其中，踏踏实实去做，绞尽脑汁把事情做得更好，在这种态度下，事情的成功机率就更高。精明的犹太人把这股冲劲也放在了经商中，于是在实现梦想的同时，财富也滚滚而来。这难道不是犹太人最高明的谋略之一吗？

第五章 生钱术：用钱生钱办法多

《塔木德》箴言：『最昂贵的钻石总是埋藏在不易被发现的地方的。』

有钱是好事，但知道如何使用则更好。没有钱很糟糕，但没有赚钱的手段更糟糕。对于赚钱来讲，一个很重要的方法就是要把无钱变有钱、把小钱变大钱，甚至把别人的钱变成自己的钱。

1.把死钱变成活钱

《塔木德》箴言:"一个人能隐瞒财富,但无法隐瞒贫穷。"

什么是金钱?

在很多人看来,金钱就是放在自己的口袋里或者存在银行里的东西。但是,在犹太人看来,是金钱就要赋予它以生命,让小钱生大钱。

犹太人认为,只知道省钱或者存钱的人,并不是真正懂得金钱的人,这种人仅仅是金钱的牺牲品而已。真正懂得金钱的人是那些知道怎样利用金钱、让金钱为自己带来更大财富的人。所以,犹太人很少把钱存银行,而是把钱借给他人,收取利息,或者拿钱去做生意,让钱生钱,慢慢积累财富。

在犹太商人看来,管钱的最高境界是用钱,只有把钱合理的用起来,才能真正起到比单纯的管钱更有效的作用。

著名的美国通用汽车制造公司的高级专家赫特曾说过这样一段耐人寻味的话:"在私人公司里,追求利润并不是主要目的,重要的是把手中的钱如何用活。"

大家都知道,现金是被人操纵的,那么怎么操纵起来才有效呢?这就要做到把现金看好,多留心,无坏处。

做生意总得要有本钱,但本钱总是有限的,连世界首富也只不过百亿美元左右。但一个企业,哪怕是一般企业,一年也可做几十亿美元,如果是大企业,一年要做几百亿美元的生意,而企业本身的资本只不过几亿或几十亿美元。他们靠的是资金的不断滚动周转,把营业额做大。

一个企业会不会做生意，很重要一条就是看其能否以较少的资金做较多的生意。只要善于把“死钱”变成“活钱”，而不是把钱放在银行里拿利息，你的钱就有可能会由少变多，由多变得更多。

在自己的现金受到困扰的时候，可以想办法让那些固定的钱流动起来。树挪可能会死，但是钱如果不断的挪来挪去，就会解决很多的问题。

由此可见，没有钱很糟糕，但没有赚钱的手段更糟糕。对于赚钱来讲，一个很重要的方法就是要把无钱变有钱、把小钱变大钱，甚至把别人的钱变成自己的钱。

2.把钱借给还得起的人

《塔木德》箴言：“要想有大的作为，就得打破既有的成见。”

在19世纪中期，当约翰·D·洛克菲勒还是一个十几岁的孩子时，他曾经借给一位农民50美元。

一年后，这位农民还给洛克菲勒50美元的本金和3.5美元的利息。洛克菲勒将这笔钱与他为另一位农民锄了整整一个星期的土豆得到的1.12美元比较了一下，决定以后做一名投资人而非农民。

后来，洛克菲勒在他的自传里这样写道：“从那时起，我就决定要让钱替我工作挣钱，即让钱生钱。”

在现实生活中，是当债权人好？还是当债务人好？

在许多人看来，最好不要借钱给他人，即使自己确实有钱也不要借；反过来，如果能去借别人的钱来生钱，那是最好的不过的事。

但是，犹太人的想法却不一样。犹太人认为，不要怕别人来借你的钱，只要能把钱借出去，这就是一种成功的投资。因为，放债可以获得更多的钱。

英国犹太人亚伦一开始在一家工厂做工，由于非常节约，不久就积蓄了一些小钱。于是，亚伦开始用这些小钱做生意。

随着生意的不断扩大，亚伦经常需要资金周转。因此，他不得不向钱庄和银行借钱。

亚伦在日常经营中发现，向别人借钱实在是很不高明的做法，自己辛辛苦苦赚来的钱，差不多大部分付了高利贷的利息，而且自己的风险也很大。于是，亚伦想，与其这样给“银行打工”，不如自己想办法放债。

几年后，亚伦真的开始了放债。

他一边经营着小生意，一边抽出部分资金借给一些急需用钱的人。有时候，他还从银行贷来利率相对较低的钱，然后以较高的利率转贷给他人，从中赚取差价。

结果，许多急等钱用的人，往往愿意以高达20%的月息贷款。这样，亚伦放贷1年，就可以获得240%的利润率，这比他经商获利的利润率要高得多。

结果，当亚伦63岁逝世的时候，他已经成为英国首屈一指的富翁了。

借钱给别人也是一个钱生钱的好门道。犹太商人之所以喜欢开银行，尤其是开投资银行、发行股票等，就找准了大多数人“想借钱给别人”的愿望，借他人的钱来发财。

当然，犹太人在放债前一定是要仔细审查对方的情况。犹太人并不会盲目地把钱借给任何一个人，而是要看对方能不能还得起。

犹太人是世界上最喜欢借钱给别人的一个民族了，但他自有借钱的道理和借钱的方式。可以这样说，犹太人借钱给别人很少担心别人会赖账不还。

全球2600万犹太人，虽然不是个个富甲一方，但是至少你不会见到有流落街头、靠乞讨为生的犹太人。只要你是犹太人，哪怕身无分文来到异国他乡，只要你找到一个犹太人，吃饭住宿等问题就会立刻得到解决。然后，他会帮助你，他的方法很妙。

假如他是一个鞋商，他会对落难者说："我这个鞋店现在只在西边发展，这座城市的东边还没有一家分店，你就到东面去开分店吧。我借钱给你去租店铺，货由我提供给你，等你卖掉鞋子赚到了钱，再连本带利还给我。你站住了脚——这应该没有问题，我会帮助你站住脚，我就是你的长期供货商。"

3.用他人的钱来经营

《塔木德》箴言："没有能力买鞋子时，可以借别人的，这样比赤脚走得快。"

"做商业是十分简单的事，它就是借用别人的资金！"小仲马在他的剧本《金钱问题》中是这样说。

确实，在经商过程中，借用他人的资金来达到自己的目标是一条钱生钱的捷径。富兰克林是这样做的，希尔顿是这样做的，恺撒也是这样做的。

犹太商人在考虑无本经营时，想出来的办法是"借钱赚钱，借钱发财"，并把这个做为做生意的上上策。

借钱赚钱是许多人发财的一种方法，因为并不是所有人都有钱做生意，在没有钱的时候，只有靠借才能有出路。

其实，向别人借钱是需要勇气和胆量的，那些没有胆量的人宁可穷一辈子也不愿意去借钱做生意。

借钱做生意的前提是你要让借给你钱的人觉得你有能力把这个买卖做成功，不会让他的钱打了水漂。

世界船王丹尼尔·洛维洛创业初期一无所有。但是，他充分发挥了自己的才智，筹得一笔笔资金，为自己成为"世界船王"打下了坚实的基础。

1897年6月,丹尼尔·洛维洛出生于密西根州的兰海芬。小时候的丹尼尔性格孤僻,沉默寡言,船是他唯一的朋友。他梦想拥有好多好多的船。

9岁那年,他真的当了一回“船主”。他发现一艘沉没的小汽艇,便向父亲借了25美元,将汽艇买了下来。

船捞上来后,他花了整整一个冬天才将船修好。第二年夏天,丹尼尔把船租了出去,赚了50美元。还了父亲的25美元后,年幼的丹尼尔净赚25美元。

从那时起,丹尼尔一直想当船主。但是,直到40岁时,这一梦想才实现。

1937年,丹尼尔·洛维洛来到纽约,他匆匆出入于几家银行之间,做着儿时做的事情——借钱买船。他想向银行贷款把一艘船买下来,然后改装成油轮,因为当时载油比载货更赚钱。

银行的人问他有什么可做抵押。他说,他有一艘老油轮在水上,正在跑运输。接着,丹尼尔将自己的打算告诉对方,他把油轮租给了一家石油公司。他每个月收到的租金,正好可每月分期地还他要借的这笔款子。所以,他建议把租契交给银行,由银行定期向那家石油公司收租金,这样就相当于他在分期还款。

这种做法似乎荒唐,许多银行肯定叫他走人。但实际上,它对银行是相对保险的。丹尼尔·洛维洛个人的信用状况或许并不怎么样,但是那家石油公司却是可靠的。银行可以假定石油公司按月会付钱没问题,除非有预料不到的重大经济灾祸发生。退一步说,如果丹尼尔把货轮改装成油轮的做法结果失败了,但只要那艘老油轮和石油公司存在,银行就不怕收不到钱。

最后,钱真的到了丹尼尔·洛维的手中。丹尼尔·洛维洛用这笔钱买了他要的旧货轮,并改为油轮租了出去。然后,丹尼尔·洛维再利用它去借另一笔款子、再去买一艘船。

如此几年后,每当一笔债付清了,丹尼尔·洛维就成了某条船的主人。租金不再被银行拿去,而是由他放进自己的口袋里。

就这样,丹尼尔·洛维洛没掏一分钱,便拥有了一支船队,并赢得了一笔可观的财富。

不久，丹尼尔·洛维又有一个利用借钱来赚钱的方法在他脑海里形成了。

这种方法就是：他先设计一艘油轮，或其他有特殊用途的船，在还没有开工建造时，他就找到客户，让客户愿意在船完工后租用它。然后，他再拿着契约，跑到银行去借钱造船。

这种借款是延期分摊还的方式，银行要在船下水之后，才能开始收钱。船一下水，租费就可转让给银行。

于是，这项贷款就像上面所说的方式付清了。最后，等待交款完毕，丹尼尔·洛维洛就以船主的身份将船开走，而在这个过程中，丹尼尔·洛维洛一分钱都没有花。

开始时，银行大为震惊。但是，当他们仔细研究之后，觉得丹尼尔·洛维洛的话非常有理。因为此时的丹尼尔·洛维洛的信用已经没有问题，何况还与从前一样，有别人的信用加强还款的保证。

就这样，丹尼尔·洛维洛的造船公司迅速发展壮大起来，他拥有的私人船只吨位是全世界第一，连奥纳西斯和尼亚斯两位大名鼎鼎的希腊船王也甘拜下风，丹尼尔·洛维洛真正成为一位大富豪了。

现实生活中，筹措资金的方法有多种，借贷是筹措的主要方法之一。但是，大多数人总是前怕狼后怕虎，不敢借贷，不愿举债，从而耽误了许多发家致富的机会。

只想小心谨慎地做自己的生意不敢借贷，往往在商场上成不了什么气候。而大胆地前进一步，勇敢地向银行贷款、举债，则往往会走向成功。其实，在某些时候，机会使得你强迫自己贷款，这样能够帮助自己达到获取利润的目的。

美国亿万富翁马克·哈罗德森说："别人的钱是我成功的钥匙。把别人的钱和别人的努力结合起来，再加上你自己的梦想和一套奇特而行之有效的方法。然后，你再走上舞台，尽情地指挥你那奇妙的经济管弦乐队。其结果是：在你自己的眼里，富人会认为不过是雕虫小技，或者说不过是借别人的鸡下了个蛋，然而世人却认为你出奇制胜，大获成功。因为人们根本没有想到，竟能用别人的钱为自己做买卖赚钱。”

美国“商神”约翰·华那卡出生于一个穷困的家庭，从小没有受到良好的学校教育。14 岁那年，约翰·华那卡就离开家到书店当学徒，历尽艰苦，然后一边从事推销工作，一边积累资金，独资经营一家店铺。而后，华那卡不断地构思发展新公司，最后他终于成功了，成为了美国的百货巨子，而且被尊为美国商业界的权威。

从丰富的实际经验中，约翰·华那卡想出了生意成功的方程式：

生意的成功=他人的头脑+他人的金钱。

这个公式说明，如果希望在商场上成功，就应该巧妙地运用他人的智慧和金钱以创造利益。

事实上，把贷来的钱用于投资你看准了的项目，一年或两年之后，当你还清本息时，你的银行账户上还可以留有一大笔钱。

当然，你必须首先还清本息，并且贷款利息要高得很。然而，你还是赚了钱，这笔钱是如何赚来的呢？因为贷款的利息是一笔惊人的财富，它是督促你加紧干的最有力的动力。如果你不使资金周转起来并创造利息，你可能连贷款的利息都还不上。

爱默生说过：“我最需要的就是让别人来强迫我做那些我自己能做，并且该做的事情。换句话说，就是需要一种压力。”贷一笔款，给了你一种自然而然的压力。因为这种压力，使你不得不放弃首先消费的打算，同时也改掉你懒散的坏习气，使你手里的资金很快周转起来，自觉和不自觉地投入到繁忙的生意之中。

当然，要想借别人的钱充实自己的腰包，首先就要说服自己，用一个能说服自己的方案去打动别人。不然，连自己都不能说服的商业计划，怎么能指望让别人把钱借给你呢？

4.先挖自家院里的财宝

《塔木德》箴言:“超越别人的人,不能算真正的超越;超越从前的自己,才是真正的超越。”

有一个人即将背井离乡,到别的地方去居住。行前,特意去拜访拉比,请拉比给他一些忠告。

拉比想了想,就讲了一个故事。

有个住在柏林的犹太人,时常梦见一个碾米厂的地下埋藏了许多珍宝。有一天,他终于压制不住自己的好奇心,决定去挖掘这个宝藏。

第二天黎明,他来到碾米厂,小心而仔细地挖掘起来,可是院子里几乎挖遍了,也没有挖出一星半点儿东西来。

碾米厂的主人闻声赶来,问他为什么到此乱挖一气。他只得说明缘由。厂主听完高声大叫:

“真是太奇妙了,我也经常梦见一个住柏林的人,他家院子里埋藏着许多珍宝。”

厂主还念叨出那个人的名字,这名字正和这个柏林犹太人的名字一样。

这个柏林犹太人赶忙马不停蹄回到自己家里,挖掘自己的院子,没有想到还真的挖出来许多宝贝。

拉比讲完故事,对前来请教的人说:“你知道了吧,有时自己的院子里也埋藏着许多宝物,只是我们没有挖掘而已。”

许多人总是在埋怨上天的不公,认为自己缺少天赋及机遇。实际上,每个人都有自己的天赋和机遇,只是有些人自己没有认识到而已。

一个善于挖掘自身潜能的人，一个善于挖掘自己周围资源的人，才能够全面的看待资源，才能够正确地寻找到机遇。

一说起“参孙办公”，大家都会想到商用公事包和皮箱。“参孙办公”的创始人是犹太人史韦达。

1900年初，史韦达跟随父亲从东欧移居到美国。刚开始，史韦达的父亲在纽约开了一家杂货店，但是经营得很不好。于是，他们又搬到芝加哥从事别的买卖，遗憾的是，父亲的生意又失败了。

不断的失败使他的父亲背负了许多债，他们一直在全国各地跑。最后，史韦达的父亲在科罗拉多州的迪邦市开了一家蔬菜店，但是还是没有赚到钱。

正当父亲在犹豫是否该改做其他生意的时候，史韦达对父亲说：“让我来经营吧。”

父亲同意了。

于是，史韦达正式接手父亲的生意。他做的第一件事情就是观察店门外的人们。

当时，迪邦是有名的疗养胜地，每年客人都络绎不绝。史韦达站在蔬菜店的门口就能看到客人们拎着手提箱从停车场出来，走向疗养地。

后来，史韦达发现多半回来的客人的手提箱都坏了，只好用一根绳子绑着。当史韦达发现这个现象后，马上把父亲的蔬菜店改成了皮包店。

果然，由于这个店临近停车场，皮包生意一下子火红起来。

刚开始，史韦达的供货商主要是纽约的皮包制造商，很快，全国的皮包制造商都开始主动向史韦达供货。不到两年，史韦达皮包店的销量就在全美国首屈一指。于是，史韦达的店铺规模不断扩大。但是，史韦达的总店不过是一间盖在农村的平房，只是里面聚集了全美国最新潮、最时尚的皮包。

随着史韦达的名气越来越大，那些向史韦达供货的皮包生产商们决定在纽约宴请史韦达。在史韦达到达的那一天，各个公司的代表或总经理都来到纽约铁路终点站来接站，当大家看到从列车上下来的史韦达，都吃了一惊。因为,这位史韦达商会的总经理竟然是一位16岁的少年!

但是,这位16岁的少年却具有不小的野心。后来,他决定自己制造皮包,而且他致力于制作即使遭受碰撞也不易破损的坚固皮包。史韦达还把自己制作的皮包称作“参孙”。

原来,他在小时候,一直被一个《圣经》故事感动着,主人公就是一个具有超凡能力的英雄,名字叫“参孙”。他一直不能忘怀这个名字,所以就用它给自己的产品命名,以此来纪念自己儿时的梦想。从此,“参孙”皮包都被大家所熟悉,史韦达自然从自家店铺的门口就挖到了巨额的财富。

生意在哪里?生意就在你眼前;财富在哪里?财富就在你面前。精明的犹太人总是从身边的事物入手,仔细观察,寻找商机,然后努力挖掘商业价值,为自己创造财富。

5.借名人赚钱

《塔木德》箴言:“客人和鱼一样,新鲜时是美味,但超过三天便会发出恶臭。”

有一个故事是这样的:

一个犹太出版商有一批滞销书久久不能脱手,这样积压下去他就要面临破产了。

怎么办呢?这位犹太人绞尽脑汁想出了一个主意:给总统送去一本书,并三番五次去征求意见。

忙于政务的总统不愿与他多纠缠,便回了一句:“这本书不错。”

于是,出版商便大做广告:“现有总统喜爱的书出售。”

这样的广告语当然非常惊人了，大家都想看看总统喜欢的书是什么样子的，于是这些书很快就被一抢而空。

不久，这个出版商又有书卖不出去，又送了一本给总统。

总统上过一回当，想奚落他一番，就说："这书糟糕透了。"

出版商闻之，脑子一转，又做广告："现有总统讨厌的书出售。"

又有不少人出于好奇争相抢购，书又一次售尽。

第三次，出版商将书送给总统，总统接受了前两次教训，便不作任何答复。

但是，聪明的出版商还是大做广告："现有令总统难以下结论的书，欲购从速。"

这一次，书居然又被一抢而空，总统哭笑不得，商人却大发其财。

这个例子说明，在做生意的时候，必须要动脑筋，善于借周围的资源，尤其是要善于利用名人的资源。因为名人最能够抓住消费者的眼球，也最能吸引消费者来购买。

犹太人是资源能手，他们总是能够发现并甄别各种资源，并善于利用各种资源为我所用。因此，这些白手起家并且缺少实力、财力的犹太人才会在商场上游刃有余，做出许多人做不到的事情。

美国有位著名的影星，名叫保罗·纽曼，他的演艺才能很出色，拍摄过许多影片，其中有许多影片受到了人们的好评。

保罗·纽曼也是一位犹太人，于1952年出生于美国俄亥俄州克利夫兰。他的父亲经营着一家体育用品商店。

有一天，保罗·纽曼到一位作家朋友家里拜访，他告诉这位朋友，他想开发一种食品，那是自己在厨房做菜时调配成的拌面条用的酱汁。

作家与保罗·纽曼一拍即合，两人同意各投资50万美元来开发这种产品。

保罗·纽曼配制的这种酱汁美味可口，深受朋友们的喜欢。但是，保罗·纽曼也明白，要把产品推向市场，必须获得普通人的认可。那以，怎样才能让普通人都对自己的酱汁感兴趣呢？

保罗·纽曼仔细研究了朋友们爱吃他的酱汁的原因，发现他们都出自于对自己名人身份的推崇。于是，保罗·纽曼果断地决定利用人们的“明星效应”心理，把自己研制的酱汁取名为“保罗·纽曼酱汁”，并将公司命名为“保罗·纽曼公司”。同时，保罗·纽曼亲自主持生产工作，他要求员工制作认真，使用最好的原料以确保酱汁的质量。

果然，当人们发现“保罗·纽曼酱汁”是保罗·纽曼自己研制的新食品时，都出于崇拜和好奇心理，买来品尝，结果发现这种酱汁的味道确实不错。于是，人们互相介绍，“保罗·纽曼酱汁”一下子就出现销售兴旺的场面。各地超级市场不断要求补充货源，保罗·纽曼不得不聘请更多的工人扩大生产。仅仅一个月，保罗·纽曼就赚了4万美元的纯利。到开业一周年的时候，他们的纯利润达到了1200万美元。

如今，“保罗·纽曼酱汁”不仅畅销全美国，而且在世界各国都有它的身影。

在犹太人眼里，名人就是一种资源，是一种商业资源，善于利用名人资源，对于经商的作用是不言而喻的。因此，精明的犹太人在寻找名人资源、建立名人资源上也是煞费苦心。

著名的犹太金融世家罗斯柴尔德家族非常重视结交名人与强者，并利用他们的声望及关系开拓自己的生意。

老罗斯柴尔德最初只是个名不见经传的古董商，但是他却怀有鸿鹄之志。他开始周游当时德国的各个公国，结识了酷爱玩古玩的威廉王子。

威廉王子拥有德国的王位继承权，富甲一方。罗斯柴尔德慷慨地将自己多年来珍藏的古董赠送给威廉王子。当然，作为回报，威廉王子允许罗斯柴尔德在宫廷内出售商品。同时，罗斯柴尔德的店铺匾额上也赫然写着：“王室指定供应商”。

从此，罗斯柴尔德的收入日渐增长。不久，他便成为威廉王子的宫廷银行家，并结识众多的德国政要。这为罗斯柴尔德家庭日后的发展打下了坚实的基础。

经商是一种实力与智力的较量，有实力固然好，没有实力就应该利用自己的智力去搭建各种关系，提高自己的实力。只有有计划、有步骤地去经营自己的事业，任何事情都有可能按照自己的计划来进行，成功与财富自然也离自己越来越近。

6.借体育赚钱

《塔木德》箴言："对钱财必须具有爱惜之情，它才会聚集到你身边，越尊重它、珍惜它，它越心甘情愿地跑进你的口袋。"

当前，许多企业都对体育营销情有独钟，但又有谁知道，靠体育赚钱这一条财富法则，早就被精明的犹太人运用得游刃有余了。

在德国一个偏僻的小镇上，有一家世界上最大的体育用品公司——阿迪达斯公司。这个小镇只有1.7万人，而这家公司却有4万名职工，分布在全世界40个国家的子公司中。这家公司经营各种体育用品，但是传统的、最主要的产品是足球鞋，每年各公司中共生产25万双足球鞋。

70年前，阿迪·达斯勒兄弟俩在母亲的洗衣房里开始了制鞋业，他们边制边卖，销路看好。弟兄俩重视质量，不断地在款式上创新，他们不厌其烦地量下顾客的脚的尺寸、形状，然后制鞋。于是，每一双鞋都能满足消费者的要求。

由于种种有利于顾客的经营方式，使他们的家庭制鞋作坊发展很快，没几年时间就扩展成一家中型制鞋厂。

1936年的奥运会来临之前，阿迪·达斯勒兄弟发明了短跑运动员用的钉子鞋。他们又派人打探参赛运动员情况。

当得知美国短跑名将欧文斯很有希望夺冠的消息后，便无偿地将钉子鞋送给欧文斯试穿。后来，欧文斯不负众望，果然在比赛中获得 4 枚金牌。于是，欧文斯穿的钉子鞋一举成名，阿迪鞋厂的新产品成了国内外的畅销货，阿迪鞋厂也就变成了阿迪公司。

用体育明星来创牌子的办法太妙了！

此后，老阿迪屡屡使用这种手法，不久老阿迪又发明了可以更换鞋底的足球鞋，并把新产品无偿送给德国足球队。

1954 年，世界杯足球赛在瑞士举行。不巧，比赛前下了一场雨，赛场上尽是泥泞，匈牙利队员在场上踉踉跄跄，穿着“阿迪达斯”的联邦德国队却健步如飞，并第一次获得世界冠军。至此，“阿迪达斯”名震海内外。

阿迪·达斯勒兄弟的成功是与他们的出色的服务分不开的。

在赛场上，阿迪达斯公司总是派职员在那儿为运动员服务。只要哪位运动员感到鞋子不舒适，阿迪达斯公司的人马上就为他解决问题。

在一次世界杯足球赛上，有一位德国主力队员的腿腱受伤，阿迪达斯公司连夜为他赶制了一双特殊球鞋，才使他能够重上球场。

一次在西班牙举行的世界足球赛上，有一位前苏联足球队员穿的鞋子不合脚，公司的派员马上描下他的脚样，立即坐飞机回公司，连夜为这位前苏联足球队员赶制了一双合脚的鞋子。

由于阿迪达斯公司出色的服务，使它赢得了广阔的市场。

所以，对于经营者来说，创新款式、抓质量只是一个方面，而销售方式的出色是关键的方面。

为了扩大影响，阿迪达斯公司利用犹太人的“借势变钱术”，将商品的 2%—6%拿出来作馈赠，他们千方百计地争取尽可能多的运动尖子穿上阿迪达斯公司的鞋子。运动员在大赛中穿着“阿迪达斯”跑步、踢球，做活广告，比花钱做任何电视广告都有效果。对于体育明星，阿迪达斯公司常常慷慨赞助。

由于他们的种种努力，在 1976 年蒙特利尔奥运会上，147 枚金牌中有

124 枚的金牌得主是穿“阿迪达斯”的运动员。在这之后的西班牙世界杯大赛中，所有运动场上活动的人员中有四分之三是全身披挂“阿迪达斯”的产品。

可以说，出色的赞助艺术，使“阿迪达斯”成为世界最大的体育用品公司。这就是犹太人一惯提倡的借第三只手变出钱来”的经商原则。

借助别人的势力来发展自己，已经成为了现代很多企业发展的手段，越是在这样的时候，商人们就越要开动脑筋，或许一个好的点子，就能为自己的企业带来很大的发展。

7.让他人为自己挣钱

《塔木德》箴言：“一个人的才智和力量总是有限的。”

管钱说到底就是管人，只要把人管好，自己的钱就会越来越多，不会越来越少。犹太人非常注意寻找能为自己挣钱的人，所以一旦他们看准之后，就会大胆重用某一个人或某一些人，争取让这个人或这些人都能成为挣钱英雄！

犹太人认为，公司就好比一个小分队，是由各色各样的人组成，他们都有自己的看家本领。身为老板，你就要做到对部下的特点、能力、甚至个人的性格了如指掌，做到适才适所，使内在的潜力得到充分的发挥。唯有如此，你的公司才可能高人一筹。

美国最年轻的亿万富豪、Google 公司的创始人、犹太神童布林在管理方面有自己独特的方式。

作为亿万富翁，布林对自己还是很苛刻，他仍然租住在一套两室的房子里，开一辆 5 座的混合动力的丰田 Prius 小轿车，价值约 2 万美元。但是，在对待员工的态度上，布林将“免费”作为公司文化的一部分。

在Google，“免费”文化实施得非常细致：员工用餐、健身、按摩、洗衣、洗澡、看病都是100%免费；公司给员工使用的电脑显示器最差的都是17英寸的液晶显示器；每层楼都有一个咖啡厅，员工可以随时冲咖啡、吃点心，大冰箱里有各种饮料，可以免费畅饮。

Google还允许员工孩子和宠物到公司上班，这在美国其他公司看来非常不可思议。Google的员工可以按照自己的意愿来装修自己的办公室，而作为创始人之一的布林的办公室，跟其他人的区别并不大，只是位置稍微好一点而已。

在Google公司2000名员工中，拥有博士学位的人超过100人。布林要求公司要有领先于时代的点子。他为Google的员工制定了一条不成文的规定：工程师必须用1/4的时间来思考新的点子，即使这些点子可能给公司的财务前景造成不利。

为了鼓励创新，布林允许员工有1/5的时间做自己感兴趣的事情，不过必须将研究成果卖给公司。同时，公司每年举办一次员工创新能力技术大赛，奖金是1万美金。

犹太石油大王洛克菲勒说过：“我获得成功的奥秘，就在于有一大批人在工作中能真诚地共同合作。”

世世代代的犹太人非常重视团结的力量。犹太人认为，散居在全世界的同胞之间的交流就是获得诸多成功的基础。

犹太人认为提供帮助是“富人的责任”，获得帮助是“穷人的权利”。几乎每户犹太家庭都保存着一个攒钱的小盒子，准备施舍给比他们更穷的人家。按照犹太教的规定，安息日是不能工作的，也不能谈论工作，必须中断旅行安静地休息。如果旅行中的犹太人到了一个安息日中的社区，那里的人就会留他住宿，并且准备丰盛的饭菜。一些犹太社团设有一种“吃饭日”的制度。每周不同的日子里，穷苦的犹太学生分别到不同的犹太人家庭中去吃饭，以便使得这些学生能够安心读书。通过这样的行动，自然就建立了人际网，经过长年累月的积淀,这种人际关系网就变得非常牢固了。

有些老板总是抱怨公司里能人太少，他恨不得想使自己的部下变成能杀能闯的"猛将",这种想法是不切实际的。

如果公司里的每一个人都是精华荟萃、技艺超群,老板的作用就不存在了。用人的关键是要知道把不同的人放在不同的位置上,而不是发现能力差的就开除掉。只有人尽其才、物尽其用、团结一致,公司的发展才会越来越快。

当然,犹太人会考虑到自己公司手下的每个人的能力和个性,想法设方让他们能到最关键的位置上,发挥自己的才能。

8.巧借时间赚钱

《塔木德》箴言:"钱是可以借用的,而时间绝不可以借用,时间远比金钱宝贵。"

犹太人珍惜时间这是众所周知的，精明的犹太人总是善于打时间的算盘,善于把时间变成金钱。同时,在经商过程中的犹太人,早就对时机这个词有明确的认识。所谓时机,就是时间+机遇。在商业中,时间就是机遇,时间就是金钱,只要善于利用时间差,财富就会不断聚集而来。

由初到伦敦时一文不名的穷小子而成为日后南非首富之一的犹太钻石商巴奈·巴纳特,最初是带着40箱雪茄烟作为创始资本来到南非的。他把这些雪茄抵押给探矿者,获得了一些钻石。从这里开始,短短几年时间里,巴纳特成了一个富有的钻石商人和从事矿藏资源买卖的经纪人。

巴纳特的赢利呈周期性变化,每星期六是他获利最多的日子,因为这一天银行较早停止营业,巴纳特可以尽兴地用支票购买钻石。然后,他在星期一银行重新开门之前将钻石售出,以所得款项支付货款。

这种办法说穿了,差不多等于开空头支票。巴纳特借银行停止营业的一天多时间,“暂缓付款”且又不会让自己的空头支票给打回来,只要他有能力在每个星期一早上给自己的账号上存入足够兑付他星期六所开出的所有支票,那他就永远没有开“空头支票”。所以,巴纳特的这种拖延付款,纯粹利用了市场运行的时间表,在没有侵犯任何人的合法权利的前提下,调动了远比他实际拥有多得多的资金。

巴纳特对时间的精打细算如此别出心裁,甚至让其他犹太人也感到惊奇,当时南非的犹太商人大多对巴纳特的做法不甚赞同。不过平心而论,只要巴纳特没有让卖主在星期一上午收不回款,谁也不能对他说什么,而只能服膺于这个犹太商人的“精明”。

时间的价值还显示在赶季节和抢在竞争对手前、获取好价格和占领市场方面。

在竞争激烈的市场中,谁能在一个市场上一马当先,以质优款新的产品问世,谁就必能获得较好的经济效益。

如电子手表,刚上市时每块售价几十美元乃至几百美元。当许多竞争者推出同类产品时,其价值便一落千丈,每块售价只有几美元。

又如人们日常的必需品蔬菜,在反季节时售价数倍于盛产季节。为什么会出现如此大的反差呢?这显然是“时间”的价值。

时间的价值还表现在生意的全过程。一个企业的经营效益的高低,与其费用水平的高低息息相关。

根据众多的企业核算,其经营费用中有70%左右是花费在占用资金的利息上。如一个企业一年的营业额为10亿元,其资金年周转率为两次,言下之意,该企业每年占用资金为5亿元。按通常的银行利息为12%(年息)计算,一年共支付利息达6000万元。如果该企业能把握一切时间和进行有效管理,使资金周转达到一年4次,那么其支付的利息就可节省3000万元,换句话说,该企业就可多盈利3000万元了。除此之外,加快货物购入和销出,加快货款的清收等，都体现出时间的价值。

犹太人将“马上解决”作为座右铭。所以，他们特别注重“第克替特”时间。在他们看来，拖延昨天的工作，是最可耻的事。犹太人不管做什么事，尤其在处理自己的经商事项时，绝不把问题遗留到明天，即绝不拖延，而是立即解决，按照“每天都有每天的计划”办事。

“钱是可以借用的，而时间绝不可以借用，时间远比金钱宝贵。”这是《塔木德》对犹太人的忠告，犹太人也因此成为了巧借时间的高手。因此，这条忠告也值得每一个人学习。

9.做资本的猎手

《塔木德》箴言：“你能施舍多少钱，你就会多富有。”

做生意就在于怎样人力、物力、财力来获得相应的报酬。当生意越来越大的时候，就需要运用资本和智慧来经营，努力使资本发挥钱生钱的魅力。

犹太人善于借用各种资源，但是他们更是高明的资本猎手，善于用最少的钱去做最大的生意。

特朗普是著名的犹太房地产商人。

1971 年，大学毕业已经三年的特朗普在曼哈顿租了一套公寓，开始了他的创业之路。

在曼哈顿，特朗普认识了许多人，开阔了视野，也了解了许多房地产的知识。当然，当时的特朗普还买不起房产。

但是，特朗普并不气馁，他在等待机会。果然，两年后，机会来了。

1973 年，曼哈顿由于通货膨胀，建筑费用猛涨，购房者的债务也上升到了令人忧心忡忡的地步,许多人都开始担心生活。

就在这个时候,精明的特朗普却认为,目前曼哈顿的困境,正是自己大显身手的良机。特朗普认为,曼哈顿是世界最佳的住处,也是世界的经济中心,在经济恢复的时候,房产必然会不断上涨。

于是,他开始物色有发展前途的地皮。经过一段时间的观察,他认为哈得逊河边的一个荒废了的铁路广场是一个非常理想的地点。但是,当时的曼哈顿正处于财政危机,人们根本不会去考虑开发这大约100英亩的地皮。而特朗普却认为,这里能够很快得到改观,人们认识它的价值只是时间的问题。

机遇似乎真的在向特朗普招手。不久,特朗普在报纸上破产广告一栏中,偶然看到一则启事:铁路广场要出售。

于是,特朗普开始联系出售方。

后来,尽管铁路广场的事情没有确定下来,但是出售方却向特朗普提供了另一条信息:一座名叫康莫多尔的大饭店由于经营不善,已经多年亏损,饭店所有者想出让这些资产,但是没有多少人对此感兴趣。

听到这个消息,特朗普赶紧去实地考察。结果,特朗普发现,成千上万的人每天上下班都从这里的地铁站上上下下,这里绝对是一流的好位置。

于是,特朗普把自己想买康莫多尔饭店的事情告诉了父亲。父亲对此非常吃惊,因为在许多人眼里,甚至在一些精明的房地产商的眼里,这都是一笔赔本的买卖。特朗普当然也知道这一点,但是他已经设计好了一个非常完美的计划。

一方面,特朗普努力让卖主相信自己一定会买康莫多尔饭店,但是他却要求延迟支付订金,以获得一定的时间。另一方面,他努力说服一位有经验的饭店经营者和他一起去寻找贷款。同时,他还要趁经济不景气要求市政府给他减免全部税务。

最后,一切都按特朗普的计划进行:他买下了康莫多尔饭店,然后重新进行装修,并命名为海特大饭店。

新装修后的海特大饭店富丽堂皇，成了人人想参观的地方。饭店开张后，特朗普一年的总利润超过3000万美元。

再来看看另一个犹太人林恩是怎样不花一分钱而收购一个公司的。

林恩本是一家小企业的老板，他已经年近退休。

有一次，林恩发现了一个“猎物”——美国威尔森公司。威尔森公司是一家有70年历史的大公司，是一个企业集团，年营业额10亿美元，是林恩公司的100多倍。但是，林恩却想吃掉威尔森。

林恩通过分析发现，由于效益不好，威尔森公司是华尔街的低市值股，只要有8000万美元，就可以拥有该公司的控股权。

但是，怎样获得8000万美元呢？

首先，林恩说服银行，向银行贷款买下了威尔森公司的大部分股票，控制了威尔森公司。

接着，林恩把林恩公司的优质资产转给了威尔森公司，再把8000万美元的债务转给林恩公司。

然后，林恩再把威尔森公司分成三个公司，并以这三个公司的名义发行股票。当然，这些新股票大部分归自己所有，其余的向市场公开销售。结果卖出的股票而获得的资金，基本上偿还了那笔8000万美元的债务。

最后，林恩不花一分钱买下了威尔森公司，这仅仅依靠林恩高明的资本运作能力而已。

在公司的发展过程中，难免会遇到一些资金周转不灵的情况。在这种情况下，犹太人往往会想尽办法来获得可利用的资金，迅速帮助自己度过难关，使公司获得更大的发展。犹太人明白，财富需要经营，资本需要运作，如果总是认为自己缺少资本，而不会调度身边的资本为我所用，那么生意就永远做不大，自然也就永远无法获得巨额的财富。

10.巧用法律漏洞

《塔木德》箴言："即使是再坚固的城墙，也一定能找到突破口，人没有完人，所以由人制定的法律和契约也不会是完美的。"

我们知道，犹太商人是守法的楷模。但是，在他们经营的思路中，认为只要在不改变法律的形式前提下，是可以变法律为我所用的。这一谋略的登峰造极之举，也许就是"巧用法律"。

先让我们看一个例子：

1968年前后，由于日本经济的高速增长和贸易顺差，日元日渐升值，美元日显疲软，因而日本的外汇储备飞速增加。

20世纪70年代初，日本的外汇储备只有35亿美元。这是日本战后全体日本人25年辛勤工作的结果。可是，从1970年10月份开始，日本的外汇储备便成亿成亿地向上攀升，1971年8月达到125亿，其中8月份一个月的外汇收入就超过了战后25年的积累，达到46亿元！最后总储备额竟达到150亿美元，而时间还不到一年。

对此，日本政界、新闻界，还有商界中大多数人都陶醉于良好的自我感觉中："这是日本人勤劳的象征，因为日本人勤奋工作，才积攒下这么多的外汇。"

然而，犹太人却在暗暗好笑，他们开始向日本大量抛售美元。因为他们知道，日元的升值是迟早的事情，只要日本的外汇储备超出100亿美元，这个时候便会来临。这个美日汇率的大幅变化，也许是20世纪最后一个发大财的机会。所以，犹太人甚至从银行贷款向日本抛售美元。

对于犹太人的动作，反应迟钝的日本政府一直弄不明白是怎么回事，国会只知道辩论这些流入日本的外汇会不会对日本经济造成破坏。一些议员振振有词地说："外国人搞投资，绝对赚不了钱，即使赚了钱，也要纳税。"殊不知，犹太人虽然从不偷税漏税，但根本没有办法向日本政府纳税。

不过，日本政治家的算盘也不是全错，日本有严格的外汇管理制度，靠在外汇市场上搞买空、卖空方式的投机是不可能的。

但是，他们没有想到，从他们眼里看是一个周详严密的外汇制度，从犹太人那边看，却有一个大漏洞，这就是当时的"外汇预付制度"。根据该条例，对于已签订出口合同的厂商，政府提前付给外汇，以资鼓励。但这个制度有个缺陷，那就是必须允许退货。

犹太人正是盯上了日本的"提前付外汇"和"退货"这两点。这样，犹太人先与日本出口商签订合同，将美元卖给日本，然后耐心等待，等到日元升值，再以退货的方式将美元买回来。一卖一买，利用日元升值造成的差价，便可以稳赚大钱。

等日本政府的外汇储备达到129亿美元时，方如梦初醒，意识到这种状况的危险，然后才停止"外汇预付"。但是，日本政府还留了一个尾巴，允许每天成交1万美元。

最后，等外汇储备达到150亿美元时，日本政府只好宣布日元升值，由360日元兑换1美元提高到308日元兑换1美元。

这样，犹太人在短短几个月内用1美元就净赚52日元，日本政府则总共损失了8亿美元，相当于每个日本人损失5000日元。

按理说，日本的"外汇预付制度"本来是为了促进日本企业开展外贸的。接到国外订单，尽早拿到外汇就可以及时进口所需的原料，确保按期交货；企业拿到预付款还可以减少资金占用，何乐而不为？而且，允许退货，也是交易场上的常例，本身并不是什么大漏洞，除非在日元升值的情况下。

而精明的犹太人就是巧用日本的法律。因为犹太人的用意在于付款和解除合同，他们压根儿就没有要货的意思，只不过是为了赚钱而卖出买进一回。

《塔木德》这样告诫犹太人："即使是再坚固的城墙，也一定能找到突破口，人没有完人，所以由人制定的法律和契约也不会是完美的。"因此，守法就不能违背法律，这是犹太人必须遵守的规则。但是，只要能够找到法律的漏洞，能够不合常理地做生意，但又符合法律的规定，这样的生意是允许的，而且是一种良好的生钱术。

第六章 讨钱术：办法总比困难多

《塔木德》箴言：『办法总比困难多，凡事都有解决的窍门。』经商中，欠款是一件很常见的事情。但是，聪明的犹太人认为，收账要因人而已，因事而异，要见什么人唱什么歌。不管对怎样的债务人，犹太人自有自己的高招。

1.摸清债务人的底细

《塔木德》箴言:“箭法再差,多射几箭也可能碰在靶子上。”

犹太商人认为,做生意赚钱也好,赔钱也好,就是不要赊账,这是赚钱大师们的经验之谈。生意人要在最短的时间内,将手里的资金赚取最大的利润,不论此资金是自有的还是借来的,都务求要有最大的回报率和增长率。在做生意的过程中,越能加速资金的回收,就越能最大限度地发挥资金的增值效应。资金的回收比较慢,固然令资金使用效率大减。此外,积压产品太多和固定资产过于庞大,也会使资金积压而不能有效地使用。

每一个生意人都会认为生意越多越好,社会上评价一个生意人是否成功,往往也主要是看其营业额、增长率和利润。一家公司可以生意天天有,但是资金回收问题往往却被不恰当地忽略。这样做生意的结果,订单蜂拥而至却并不意味着现金大量流入,假如十个客户中有九个资金周转有问题,不能及时付清货款,那你的公司就会出现非常严重的资金流通问题。

应收的账款不能及时兑现,公司与客户之间就形成了债务关系。这是令所有公司老板头疼的问题。怎样理顺双方关系,解决债务问题呢?

首先必须对债务人的情况有全盘的了解,摸清债务人的情况与心理。

债务人包括公民和法人两种,因法人团体为单个公民所组成,所以其心理状况一般区别不大,但其境况和心理外在表现却是不同的:

(1)存在争议

法人作为债务人,因其是为一定的经济目的而存在,为一定的经济目的而为法律行为——签订履行合同，因而法人之间的债务纠纷，一般是债权人与债务人之间对债权、债务的某一方面存有争议。这种争议可由一方过错而造成，又可因双方过错而造成；也可因一方认识错误而造成。

对此种情况，因债权、债务人双方同为一定经济目的，通过摆事实、讲道理，分清是非，一般可以解决。如果双方协商不成，通过调解仲裁和诉讼，达成协议或裁决一般比较容易执行。处理这类债务，一定要抓紧时间，避免损失过大，否则将给解决纠纷造成困难。

(2)无力偿还

法人作为债务人，另一种情况是由于种种原因，已无力偿还。造成无力偿还的原因，有自身的：如经营管理不善、拆东墙补西墙、挥霍浪费、各种经济联合体或私营公司内部发生纠纷等；有外部的：如市场物价变化、国家机构、计划改变、上当受骗等。

这类债务人对债务的心理性态，可分为积极的——即想方设法偿还债务；消极的——即无动于衷，漠然处之。对于积极的债务人，可尽可能地帮助支持，争取债务人早日清偿债务。对消极的债务人应施加压力，尽快采取法律手段。

(3)故意拖欠

故意拖欠是指有偿还能力的法人，寻找种种借口，拖延履行义务。在实践中，经常遇到的是债务人声称无履行能力或答应履行，但到期变卦；也有胡搅蛮缠，听起来好像自己不但不应履行义务，反而还受到了损失。故意拖欠还有一种常见的现象，就是推托不见讨债人员。这类债务人的心理是：能磨就磨，能拖就拖，能少还就少还，不见棺材不落泪。对故意拖欠者，除了采取强有力的措施使其感到不履行义务对自己的经营活动有影响、对个人在声誉道德方面有损害外，请求国家强制力制裁是最有效的方法。

(4)存心赖账

存心赖账，根据其赖账心理形成的时间不同，可分为一开始就准备赖账、在变动过程中有机可乘赖账、或根据讨债者的情况赖账三种。这三种赖账一般表现为：拒不承认其义务，或强词夺理、吹毛求疵，寻找债权人的缺点，或干脆外逃难寻。一旦发现债务人赖账的动机就要引起高度重视，即请国家机关处理，同时收集必要证据，不给债务人以可乘之机。

(5)蓄意诈骗

蓄意诈骗，是指诈骗人一开始就以骗取财物为目的，企图利用合同纠纷等合法手段，达到非法目的。对此类债务人，万不能让其抓住债权人讨债要款心切的心理，或与之妥协甚至为其掩盖罪行。这样做的后果，非但不能达到讨回欠款的目的，反而给讨债增加难度，使犯罪分子越发猖獗。

在实际上，债务人境况和心理相当复杂，而且处于不断变化之中，在此难以举例，但需提出的是：当债务主体是公民或公民利用法人名义而实际债务人是公民时，债务人躲藏外逃甚至被关押、判刑的情况屡有发生，给讨债带来了巨大不利。对此，讨债人员的决心和意志就对讨债起重要作用，尽早诉诸国家机关有利于减少损失。

另外，在实际中还遇到债务人死亡的情况，对债务人死亡后债务由谁承担，继承法对此有原则性规定，一般继承人继承其财产的，同时应承担被继承人的债务。继承人放弃继承的，可以不承担被继承人的债务，但是如果债务人生前已将他财产以各种方式交给了第三人，在可能的情况下，法律规定应当返还债权人财产，债权人就应努力追讨。

2.攻心为上

《塔木德》箴言："办法总比困难多，凡事都有解决的窍门。"

一家私营企业因经营不善，财务室的桌子上总是堆满了各种讨债单。

由于讨债单实在太多了，都是千篇一律地要钱，财务主管不知该先付谁的好。经理也一样，总是大概看一眼就扔在桌上，说："能拖一天的就拖一天，让他们等着吧！"

但有一次却例外。

那次，老板很干脆地说："马上给他。"

原来，那是一张来自以色列的传真过来的账单，除了列明货物标的、价格、金额外，大面积的空白处写着一个大大的"SOS"，旁边还画了一个头像，头像正在滴着眼泪，简单的线条，但很生动。

这张不同寻常的账单一下子引起所有财务人员的注意，也引起了经理的重视，他看了便说："人家都流泪了，以最快的方式付给他吧。"

人都是有感情的，抓住这一点，用富有感性化的语言和文字，激起对方情感的波澜，或许就能收到意想不到的效果。

其实，经理和这位朋友心里都明白，这个讨债人未必在真的流泪，但他却成功了，一下子以最快速度讨回大额货款。看来，与众不同的思路，的确能够带来与众不同的收获。

犹太商人完全明白收账不能一个调子唱到底，要因人而异，攻心为上，见什么人唱什么歌。换句话说，到什么庙念什么经，到什么山上说什么话。对付债务人，也应"看人下菜碟"，因人而异制定讨债策略：

(1)对付"强硬型"债务人

这种债务人最突出的特点是态度傲慢，面对这种债务人，寄希望于对方的恩赐是枉费心机，要想取得较好的讨债效果，需以策略为向导。

总的指导思想是：避其锋芒，设法改变认识，以达到尽量保护自己利益的目的。

具体运用形式为：

A.沉默策略

沉默是指在讨债实践中，观看对方态度而不开尊口。这种策略对待态度"强硬型"对手不失为一个有力的清债手段。上乘的沉默策略会使对方受到心理打击、造成心理恐慌，不知所措，甚至乱了方寸，从而达到削弱对方力量之目的。

沉默策略要注意审时度势、灵活运用。运用不当，效果会适得其反。如一直沉默不语，债务人会认为你是慑服于他的恐吓，反而增添了债务人拖欠的欲望。

B.软硬兼施策略

这个策略是指将清债班子分成两部分，其中一个成员扮演硬性角色即鹰派，鹰派在清债的初期阶段起主导作用；另一个成员扮演温和的角色即鸽派，鸽派在清债的结尾扮演主角。

这种策略是清债中常见的策略，而且在多数情况下能够奏效。因为它利用了人们避免冲突的心理弱点。

如何运用此项策略呢？

在与债务人刚接触并了解债务人心态后，担任强硬型角色的债权人员，毫不保留地果断地提出还款要求，并坚持不放，必要时带一点疯狂，酌量情势，表现一点吓唬人的情绪行为。

此时，承担温和角色的清债人员则保持沉默，观察债务人的反应，寻找解决问题的办法。等到空气十分紧张时，鸽派角色出台缓和局面，一面劝阻自己伙伴，另一方面平静而明确地指出，这种局面的形成与债务人也有关系，最后建议双方都做让步，促成还款协议或只要求债务人立即还清欠款、放弃利息、索款费用要求。

需要指出的是，在清债实践中，充当鹰派角色的人，在要威风时应紧扣“无理拖欠”这道理，切忌无中生有，胡搅蛮缠。此外，鹰鸽派角色配合要默契。

(2)对付“阴谋型”债务人

公司之间经济往来应以相互信任、相互协作为基础进行公平交易。但在实践中，有些人为了满足自身的利益与欲望，常利用一些诡计或借口拖欠一方债务，甚至是“要钱没有，要命一条”的无赖样。

下面介绍几种对付策略：

A.反“车轮战”策略

此处的“车轮战术”是指债务人一方采用不断更换接待人员的方法，达到使债权人筋疲力竭，从而迫使其做出某种让步的目的。

对付这种战术的策略是：

第一，及时揭穿债务人的诡计，敦促其停止车轮战术的运用。

第二，对更换的工作人员置之不理，可听其陈述而不做表述，这可挫其锐气。

第三，对原经办人施加压力，采用各种手段使其不得安宁，以促其主动还款。

第四，紧随债务公司的负责人，不给其躲避的机会。

B.“兵临城下”策略

这种策略的意思是，对债务人采取大胆的胁迫，看对方如何反应。这一策略虽然具冒险性，但对于“阴谋型”的债务人时常有效。因为债务人本身想占用资金，无故拖欠，一旦被识破诡计，一般情况下会打击他们的士气，从而迫使其改变态度。

例如，对一笔数额较大的货款，债权人派出十多名清债人员到债务公司索款，使其办公室挤满了债权人公司的职工。这种做法必然会迫使债务人尽力还款。

(3)对付“合作型”债务人

“合作型”债务人是清债实践中人们最愿接受的。因为他们的最突出特点是合作意识强，能给双方带来皆大欢喜的局面。所以对付“合作型”债务人的策略思想是：互利互惠。

A.假设条件策略

即在清债过程中，向债务人提出一些假设条件，用来探知对方的意向。由于这种做法比较灵活，索款在轻松的气氛中进行，有利于双方在互利互惠基础上达成协作协议。

例如:“假如我方再供货一倍,你们前面的款还多少?”“每月还款10万元,再送货2吨棉纱怎样?”等等。

需要指出的是,假设条件的提出要分清阶段,不能没听清债务人意见就过早假设。这会使债务人在没有商量之前就气馁或使其有机可乘。因此,假设条件的提出应在了解债务人的打算和意见的基础上。

B.私下接触策略

它是债权公司的清债人员或业务员等有意识地利用空闲时间,主动与债务人一起聊天、娱乐,目的是增进了解、联络感情、建立友谊,从侧面促进清债的顺利进行。

(4)对付“感情型”债务人

在国内公司中最常见的人是属于“感情型”,这性格往往很容易接受。其实在某种程度上,“感情型”的债务人比“强硬型”债务人更难对付。

“强硬型”债务人容易引起债权人警惕,而“感情型”债务人则容易被人忽视。因为“感情型”性格的人在谈话中十分随和,能迎合对手兴趣,能够在不知不觉中把人说服。

为了有效地对付“感情型”性格的债务人,必须利用他们的特点及弱点制定相应策略。

A.恭维策略

“感情型”的债务人有时为了顾及“人缘”而不惜代价,希望得到债权人的承认,受到外界的认可,同时也希望债权方了解自身公司的困难。因此,债权公司清债人员要说出一些让债务人高兴的赞美话,这些对于具有“感情型”性格的人非常奏效。如“现在各公司资金都困难,你们厂能搞得这么好,全在你们这些领导。”“像你们这个行业垮掉不少了,你们还能挺过来,很不错。”“你们对我们厂支持,我们厂是公认的。”

B.柔弱策略

“感情型”性格的人一般特点是与人友善、富有同情心,专注于单一的具体工作,不适应冲突气氛,对进攻和粗暴的态度一般是回避的。商谈时,柔弱胜于刚强。

因此，要训练自己培养一种“谦虚”习惯，多说：“我们公司很困难，请你支持”、“我们面临停产的可能”、“拖欠货款时间太长了，请你考虑解决”、“能不能照顾我们厂一些”等。由于“感情型”的人性格特点，会考虑还款。

C.选择进攻策略

在不失礼节的前提下保持进攻态度：在索款一开始就创造一种公事公办的气氛，不与对方打得火热，在感情方面保持适当的距离。与此同时，就对方的还款意见提出反问，以引起争论。

如“拖欠这么长时间，利息谁承担”等。这样就会使对方感到紧张，但不要激怒对方。因为债务人情绪不稳定，就会主动回击，他们一旦撕破脸面，债权人很难再指望商谈取得结果。

(5)对付“固执型”债务人

“固执型”的债务人在清债中也常会遇到。这些人最突出特点是坚持所认定的观点，有一种坚持到底的精神。这种人对新的主张、建议很反感，需要不断得到上级的认可、指示，喜欢照章办事。

A.试探策略

这一策略是用以摸清“敌情”的常用手段，其目的是用来观察对方反应，以此分析其虚实真假和真正意图。如提出对双方不利的还款计划，如果债务人反应尖锐，那就可以采取其他方式清债(如起诉)，如果反应温和就说明有余地。

运用这一策略，还可以试探固定接待或谈判人的权限范围。

对权力有限的，可采取速战速决的方法。因为他是上司意图的忠实执行者，不会超越上级给予的权限。所以，在清债商谈中，不要与这种人浪费时间，应越过他直接找到其上级谈话。

对权力较大的“固执型”公司负责人，则可以采取冷热战术。一方面以某种借口制造冲突，或是利用多种形式向对方施压力，另一方面想方设法恢复常态，适当时可以赞扬对手的审慎和细心。总之通过软磨硬泡的方法达成让对方改变原来想法或观点的目的。

B.先例策略

“固执型”债务人所坚持的观点不是不可改变，而是不易改变。认识不到这一点，你的提议就会被限制住。为了使债务人转向，不妨试用先例的力量影响他、触动他。

例如，向债务人公司出示其他债务人早已成为事实的还款协议，法院为其执行完毕的判决、调解书等。

(6)对待“虚荣型”债务人

爱虚荣的人一般具有这样一些特点：自我意识较强，好表现自己，对别人的暗示非常敏感。另一方面要善于利用其本身的弱点作为跳板。

以熟悉的事物展开话题：与“虚荣型”债务人谈索款，以他熟悉的东西作为话题，效果往往较好，这样做可以为对方提供自我表现的机会，同时还可能了解对手的爱好和有关资料，但要注意到虚荣者的种种表现可能有虚假性，切忌上当。

A.顾全面子策略

索款可事先从侧面提出，在人多或公共场合尽可能不提要款，而满足其虚荣心。不要相信激烈的人身攻击会使对方屈服，要多替对方设想，顾全他的面子，同时把顾全其面子的做法告知债务人。

当然，如果债务人躲债、赖债，则可利用其要面子的特点，与其针锋相对而不顾情面。

B.制约策略

“虚荣型”最大一个弱点是浮夸。因此，债权人应有戒心，为了免受浮夸之害，在清债谈话中，对“虚荣型”者的承诺要有记录，最好要他本人以公司的名义用书面的形式表示。对达成的还款协议等应及时立字为据。要特别明确奖罚条款，预防他以种种借口否认。

3.让对方承认欠债

《塔木德》箴言:"不能空口白舌说谎——当你面对一个无赖的时候,可以破例。"

对付一个正常的客户要诚实守信;对待不讲信用的人,方式也可以灵活些。《塔木德》上说:"不能空口白舌说谎——当你面对一个无赖的时候,可以破例。"

但是,在商务活动中,总有被偷或被骗、别人赖帐的时候。那么,让我们来看犹太人如何机智地应对这种情况。

梅思是个服装商,他向布商卡拉批发了1400美元的布料,却一直未结账。卡拉派人去催了几次款,梅思每次要么避而不见,要么溜掉。给他写了几封信,梅思仍然不理不睬,这使卡拉束手无策,干着急没办法。

这时,卡拉的一个犹太朋友给他出了点子:

"你不妨写一封催款信给梅思,让他尽快还2000美元的债,看他有什么反应,然后才做打算。"

果然,卡拉的信刚发了3天,梅思就回信了,信中说:

"卡拉,你这混蛋,是不是脑子出问题了?我明明只批了你1400美元的货,你为什么诈我2000美元?随信寄1400美元,以后再也不和你做生意——要打官司吗?你准输。"

犹太朋友的这则讨债秘方实际上是一个非常巧妙的以攻为守的攻心战。本来卡拉很被动,只要对方躲避他,他就毫无办法,打官司吧,又不值得,而梅思之所以避而不见,只是想拖着不还,并不是想彻底赖账。而现在1400美元的债突然变成2000元,这就使梅思不得不回信并辩解了,否则一旦真打起官司，那就得不偿失了。这样，原先主动的梅思正好上了犹太人的以讹诈讹之计，一下子变为守势。为了免去更大的麻烦，只好还债。

当对方不愿意履行承诺的时候，当你的劳动成果就要付诸东流的时候，你要冷静地对待所遇到的事，找到对方的要害，用最巧妙、最经济的方式迫使对方就范。

犹太商人经商最忌讳欠别人的账，同时也不希望别人欠自己的账。当然，一个人由于处在某种不利的环境中一时撒谎，是可以谅解的，但是蓄意欺骗他人的人则不会有希望，他迟早会自食其果，丧失尊严、信誉直至丧失自由。

收款不顺，有时往往起争辩。买卖双方争辩时，所用的无情、尖刻字眼和证据，很容易刺伤客户的自尊心。因此，当客户无理地争论付款票期比同业来得短，不合行情，要求比照同业票期支付货款时，收款的卖方一定要冷静对待，避免和客户直接争辩，设法和其以“心平气和”的方式“讨论”解决之道，千万不能以“辩”制“辩”。否则，纵然赢得了争辩，而失去了收款的良机，这又有什么意义呢？

4.让对方露出马脚

《塔木德》箴言：“你没有破绽，就不会上当；骗人的人身上，也一定有漏洞。”

聪明的犹太人知道：“知己知彼，百战百胜。”不管是在战争还是在生活中，充分了解对手，找到并利用他的弱点，就能够达到自己的目的。

有个犹太商人来到一个市场里做生意，当他得知几天后这里所有商品大甩卖时，就决定留下来等待。可是，他身上带了不少金币，当时又没有银行,放在旅店也不安全。

经过反复思忖,他独自来到一个无人的地方,就在地里挖了一个洞,把钱埋藏起来。可是,当他次日回到他藏钱的地方取钱时,却发现钱已经丢了。他呆呆地愣在那里,反复回想藏钱的情景,当时附近没有一个人啊,他怎么也想不出钱是怎样丢的。

正当他纳闷之际,无意中一抬头,发现远处有间屋子。他想,可能是这家屋子的主人正好从墙洞里看到他埋钱,然后将钱挖走了。

那么,怎样才能把钱要回来呢?

经过认真考虑,他灵机一动,想出一个好注意。于是,他去找那屋子的主人,客气地问道:

"您住在城市,头脑一定很聪明,现在我有一件事想请教您,不知是否可以?"

那人热情地回答说:"当然可以。"

犹太商人接着说道:"我是来这里做生意的外地人,身上带了两个钱袋,一个装了800金币,一个装了500金币,我已把小钱袋悄悄地埋在了没人的地方。但不知道这个大钱袋是交给能够信任的人保管呢,还是继续埋起来比较安全呢?"

屋子的主人答道:

"因为你是初来乍到,什么人都不应该相信,还是将大钱包一块埋在藏小钱包的地方吧。"

等犹太商人一走,这个贪心的人马上取出偷来的钱袋,立刻放在原来的地方,希望等犹太人把大钱袋放进来后一起再取出来。

等那屋子的主人一走,犹太商人立刻就将钱袋取了出来,钱袋失而复得。

这个犹太商人知道每个人都有贪心,而且贪欲还会无限膨胀,要想把钱从小偷手里取回来,只能激发他更大的贪心,人在膨胀的贪欲面前往往会变得异常愚蠢。这个犹太人的机智就在于巧妙地利用了人的这种心理。

心虚是骗子的一大疾病。当一个人决定欺骗别人时，通常都没有考虑到以后将受到罪恶感的折磨。一个欺骗了别人的人会感到既负罪又羞耻，在欺骗中他们每多得到一分金钱，就多损失一分人格。钱袋子鼓起来了，人格却瘪下去了。

在收账过程中，经常会有与此相似的情况，有些债务人贪心不足，明明侵吞了债权人的许多权益，却仍然死皮赖脸，不愿意如期偿还债权人的账款。对待这种人，就应该他的贪心，以物质诱惑他，让他上当，然后趁此机会收回账款，至于要不要再给他一点好处，则要视情况而定。

5.想尽办法得到欠款

《塔木德》箴言："得到太多，必有所失。"

有一个犹太人讨债的故事。

一个犹太小商人辛辛苦苦地赶出了一批货，交给了一个不是很熟悉的客户。交货之后，却总也不见客户将货款汇过来。

等了两个星期之后，商人终于忍不住了，他便亲自搭乘夜班火车，赶到了那个客户的公司。苦等了几个钟头，对方终于出现。商人用尽一切水磨功夫，终于在两个小时之后，收到了那笔为数十万元的货款。

商人拿着客户开出来的现金支票，火速感到发出支票的银行，希望能够立刻换得现款。不料，当他将支票交给银行柜台小姐时，对方却告诉他，这个账号的户头已经有很长一段时间没有往来资金。而且，在这个账号内的存款也不足，他的支票根本无法兑现。

商人顿时明白,这是那个差劲的客户故意刁难他的小动作,当下便想冲回客户的公司,和他大吵一架。

但是,商人做事一向小心谨慎,在离去之前,他简单地陈述了自己的窘困状况,并询问柜台小姐,他的支票因对方存款不足而遭到退票,究竟差了多少钱?

由于他的态度殷切诚恳，柜台小姐也热心地帮助他查询。得到的结果是,户头内只剩下九万八千元,与他的支票金额差了两千元钱。

果然如小商人所料,这个客户是存心要和他过不去,看来这笔货款可真是凶多吉少了。

所谓急中生智,商人转念想了想,灵机一动,很快地从身上掏出两千元钞票,央求柜台小姐帮他存入那个客户的账号里,补足支票面额十万元,再将那张支票兑现出来。商人终于顺利地领到了钱。

犹太人明白，讨债的最终目的是最大限度地得到属于自己的欠款。因此,当面临对方不太愿意支付或者故意拖欠时,不妨在心理上放低要求,只要能收回大部分的欠款,就算是收款成功。试想一下,与其为了一小部分欠款而让债务一直拖欠,不如收回大部分,一是收回了成本,避免自己的损失;二是可以加快资金的周转。在这个基础上,催款要及时,更要讲究成果,能早收就早收,能收回多少就收回多少。

经商做生意,并不都是现钱交易。不可避免地总会有相当一部分货款压在客户手里。公司经营者必须掌握一套高超的收账技巧,只有账款到手,才能保证利润的最后实现。

6.灵活对待不同债主

《塔木德》箴言:“开锁不能总用钥匙;解决问题不能总靠常规的方法。”

讨债最好的方法是什么?其实讨债的方法没有最好,只有最适合自己的。在讨债的过程当中,你面对的人和你自己当时的心境就决定了你会采取什么方法,什么事情只要真诚、用心、坦荡的去做,就会在处理任何事件、问题的时候不会遇到太多的困难,唯一的困难就是怎么样说服自己。

收账,绝对不能一个调子唱到底,要因人而异,因事而异,要见什么人唱什么歌,换句话说,就是到了谁的庙里,就要念谁的经。对付债务人,也要“看人下菜碟”,灵活多变地采用讨债策略。

下面介绍9种犹太商人成功收账的要领:

(1)要与客户约好收款及付款的时间

安排何时收款,要选择顾客与自己双方都觉得方便和适当的时间。如果一味顺着客户的时间拜访,容易让客户产生“随波逐流”的不良印象。但也不能强求客户配合自己的时间而开罪客户。也就是要寻找对双方均有利的收款时间,才是高明的生意人的做法。

(2)收款前应将账目事先确认

传统的收款方式,都是由卖方到客户营业所在地提示有关的债权凭证(如订货单、送货单、签认单和统一发票等),供客户逐笔核对,等客户确认与其拥有的“副联”核对无误后,再签发票据或点交现金给卖方。这种当面结款的方式,最大的缺点是对账时卖方必须陪在旁边,与客户逐笔核对,结果是浪费了卖方的不少宝贵时间。

为克服这一点缺点，卖方可在约定的收款时间以前，先行编制客户的“账单清单明细表”，表内详细逐笔记载订货日期、数量、单价、总金额、统一发票号码等项目，邮寄给客户，供其做核对付款之用。

客户收到“账单清单明细表”，就可先行做核对工作，若内容所载正确无误，客户就可根据双方约定的付款期限，预先签发票据或准备现金，等卖方准时来收款时，双方就能在极短的时间内完成交款、收款的工作。

当然，客户对“账单清单明细表”所载内容有疑问时，可立即打电话向卖方征求意见。这样，能节省双方当面会账的时间。

(3)收款时一定要执行“先收后卖”的原则

许多高明的卖主为有效地利用时间，常利用同一次拜访客户的机会来做“一鱼两吃”——推销和收款同时展开。其优点是可节省专程收款的拜访时间，其缺点是脚踏两条船，经常出现两头落空的结果。

因此，要实施“一鱼两吃”的战略，必须坚持“先收后卖”的原则，先与客户结清积久款项，再进一步探求顾客的需要，这样才能顺利地进行货物推销。有句经商谚语“推销开始于收回货款”，这是这个原则的最佳注脚。

(4)对财务不佳的客户采取“化整为零”策略

碰到客户抱怨困难时，实行“化整为零”的收款方式卖方偶尔碰到一些经济情况较差的客户，这些客户会大念““赔钱经”，并且说：“等我情况好转一点的时候，我会主动地打电话通知你来收款……”没有确定付款日期，含糊其词。

面对这种情况，卖方要特别谨慎提防，切莫上当中计，并且要拿出“全场紧逼盯人”的战术。根据客户的经济情况可考虑客户分期付款，但必须要求客户明确每期应付的金额及付款日期。

这种“化整为零”的付款方式，对客户而言，不至于发生太大的财务困扰。由于在契约中明确指出客户每期付款的金额和日期，并请客户在契约上签了字，在这无形中增加了客户的压力，对拖欠的货款收回是较为有效的方法。

(5)对东折西扣型的客户采取“先礼后兵”策略

东折西扣型的客户最喜欢贪小便宜，在付款时，不是对于零头尾数拒绝给付，就是对于事先谈好的折扣要求降低。这类客户认为，能多争取就不择手段地争取，为了自己的利益可以牺牲别人的利益，只要有利可图，必然在付款时设法将货款东折西扣。

对付这类“死不要脸”的客户，收款时不妨采取下列对策：

A.以和蔼的语气，坚决的态度，向其解说按契约条件付款的长期利益。

B.验证该客户过去是否有短付的“前科”。

C.客户要求折扣的金额不多，且客户以往付款信用良好，不妨适当将就一些。

D.客户信用不佳，且经常短付，最好不要接受客户折让的要求，以建立“买卖算分”的收款形象。

总之，对于这类客户，不妨“先礼后兵”，“施以高压”，务必设法全数收回，绝对不可姑息养奸，给今后的收款增加更多的麻烦。

(6)对挖苦取乐型的客户采取耐心争取的策略

挖苦取乐型的客户经常在卖方收款时，说些利润微薄、销路不佳等大吐苦水及挖苦人的话，他们想以此让收款人给予特别的优惠。

对于这类客户，实施收款的对策是：

A.多加倾听，让其适度地抱怨、挖苦，以解除其心理的抑闷。

B.向客户提供增加销售的秘诀和说明“同心协力”的重要性。

C.激发其“荣誉心”，使其了解按时依约付款是善待客户的具体表现。

D.以亲切说和的态度，赞扬客户提供的建议，并告诉客户今后将尽量采纳客户的意见，尽可能满足其要求。

(7)对自命清高型的客户采取赞美恭维策略

自命清高型的客户在处理结账事宜时，通常都会摆出“买主是王”的傲慢态度。这类客户之所以如此表现，往往是自卑心理在作祟，故作冷酷无情，以免受害。应付这类自命清高、眼睛长在头顶上的客户，实施收款时，不妨依照下列步骤来进行：

A.多说些赞美感谢的"奉承话"，设法化解其防御的心理。

B.保持"若即若离"的距离，使其自觉"与众不同"。

C.多向其请教成功经验，并做个良好的听众。

D.多多提供具体有效的服务，使客户认识我方的存在价值，并使其了解我方的重要性。

(8)对看样学样型的客户采取晓以利害的策略

看样学样型的客户在付款时，所现出来的行为是举棋不定，犹豫不决。其心理特征是唯恐自己付款会吃亏，有暂时拒绝付款的意思，对付款所持的态度是谨慎保守，在别人付款后，才愿意有样学样地付款。

对付这类客户，收款对策有：

A.针对其模仿心理，举证说明其他客户付款的实情。

B.晓以利害，说明不按时付款，将会面临的各种困扰。

C.说明"信用第一"在商业往来中的无形价值，坚定其依约付款的信心和决心。

D.拿出其他客户已经付清货款的现金、支票或凭证向客户展示，让其"看样学样"地付款。

总之，讨债是一门学问，方法各种各样，技巧各有千秋，但有一点是万变不离其宗的，也是所有讨债成功者具有的一个明显特征，那就是——想办法让欠债者感觉还债才划算，否则就会得不偿失。

第七章　谈钱术：口才决定钱财

《塔木德》箴言：『遵守契约，尊重契约，你获得的将不只是尊重。给对方以仁慈让步，就是对自己的残忍！』会赚钱的，不如会谈判的。这是犹太人的观点，他们善于谈判，也乐于谈判，他们会为了一分钱的利益，谈得满嘴白沫，甚至激烈争吵……

1.要摸清对方的底细

《塔木德》箴言："一位百发百中的神箭手，如果他漫无目标地乱射，也不能射中一只野兔。"

犹太商人的谈判策略之一是："要想与对手谈成生意，必须做到像侦察员一样，先弄清对手的底细，然后于进入真正的实质性谈判"。

美国商业谈判专家荷伯·科恩在其《人生与谈生意》一书中追忆了他在几年前初次与犹太商人谈生意时，因缺乏经验被对方击败的情形：

荷伯先生的上司决定派他到以色列去谈笔生意。

"我太高兴了，曾兴奋地对自己说：'这可是展现自己才华的一次好机会。命运在召唤我，我要扫清犹太人，然后向国际进军。'"

"一周之后，我乘上去以色列的飞机，参加为期14天的谈判。我带了所有关于犹太人精神和心理的书籍，一直对自己说：'我一定干好。'"

"飞机在以色列着陆了，我小跑步到舷梯。下面有两个以色列人在迎接我，向我客气地躬身行礼，我喜欢这个。"

"两个以色列人帮我通过海关，然后陪同我坐上一辆大型豪华卧车。我舒服地倚在棉绒座背上，他们则笔直地坐在两张折叠椅上。我大大咧咧地说：'你们为什么不跟我一样，后面有的是地方。'"

"'噢，您是重要人物，显然您需要休息。'两位以色列人对我说。我就喜欢这个。"

"在行驶途中，其中一位主人问道：'请问您懂日语吗？'"

"'不懂，不过我打算学几句，我还带来了字典。"

“他的同伴又问我：‘您是否关心您返回去的乘机时间？我可以安排车子去送您。’”

“我心里想，多能体谅人呀。”

“我从口袋里掏出返程机票给他们看，好让他们知道什么时候送我回机场。当时我并不知道他们就此知道了我的截止期，而我却不知道他们的截止期。”

“以后的日子，他们没有立即开始谈生意，而是先让我领略了一下犹太人的文化。我的旅游花了整整一周的时间。”

“每当我要求谈生意时，他们就说：‘有的是时间，有的是时间。’每晚有四个小时，他们让我坐在硬木板铺上进行晚餐和欣赏文艺。你能想到在硬木板上蹭这么久是什么滋味。如果你没蹭出痔疮的话，你是永远也找不到他们的。而当我要求谈生意时，他们就说：‘有的是时间。’”

“到了第12天，谈生意总算开始了，但又提前结束了，以便打高尔夫球。第13天又开始了，又提前结束，因为要举行告别宴会。最后的一天，我们恢复了认真的谈生意。正当我们深入到问题的核心时，卧车开来接我去机场。我们全部挤入车里，继续谈生意。”

荷伯·科恩最终以惨败而告终。因为犹太商人知道了他谈生意的截止时间，先搞公共关系，投其所好，而把正式谈生意只压缩到一天时间，给他造成很大的时间压力，而荷伯·科恩为完成上司的任务不得不草草签订协议。

荷伯·科恩对此的评价是：“这次交易是犹太人的又一次大胜利！”

犹太商人在商务谈判前一定要了解对方的基本需要，然后针对对方的需要而努力设法满足它。对每个人来说，生活上的需要，工作上的需要，精神上的需要，是基本的需要，是必不可少的需要。当然，不同的客户在这三方面的基本需要，又有轻重缓急之分。

犹太商人善于针对客户的基本需要，设法对客户表示出关心。他们不光谈商品、交易，还根据洽谈气氛，适时地谈谈顾客生活上的爱好，精神上的追求，工作上的兴趣、志向及成就等等。如果他们了解到客户对这些内容感兴趣,就会顺水推舟地同其侃谈。这样使得气氛融洽了,也就容易与交易联系起来。

犹太人认为:要谈判,首先要尽量和有决定权的人谈判,其次要弄清此人的底细。

这是因为,高阶层的人掌握更核心的决策权,谈判的级别越高,越能满足自己的要求。

谈判开始时,精明的犹太人会很礼貌地向对方询问:“您能帮助我解决这个问题吗?”或者说:“您能够决定达成我们的共识吗?”如果回答是否定或犹豫的,他们会找借口来终止谈判,立即再找其他的高层人物。

在20世纪60年代的中东和谈中,以色列的领导人排除很大困难,要求与美国总统直接面对面和谈。当美国终于同意遵循中东和平方案时,他要求卡特总统做出承诺,卡特总统最后只好说:“我无权做一个明确肯定的国家承诺,但是我个人保证,如果美国的议会不批准这个合约,我就辞职。”对此,犹太人终于达到了目的。

在谈判时,犹太人也明白没有人有绝对的决定权,所以他们只能寄希望于那些有适当或有相当权力的人谈判。有了协定之后,犹太人就会尽力执行,兑现他们的承诺,为自己千辛万苦争取到的权益提交满意的注解。

有没有办法可以摸清买方或卖方的“底牌”呢?

(1)“如果怎么样”策略

卖方报的价钱是一个1元,买方就想,如果自己多买一点其他的东西,卖方是否愿意把价钱降到9角一个,于是他不说其他,直接询问卖方,9角一个卖不卖。

(2)“另作考虑”策略

卖方在想,如果连带家具的话,买方是否愿意花25万元买下这栋房子。于是他提出这个价格给买方参考,如果买方上钩的话,那卖方就可以估算出买方的预算和“底价”了。

(3)“土地热卖”策略

土地开发商告诉顾客，去年有一个主顾花了5万元买下这块地。假如买主说：“换了是我，也一样买。”那土地开发商就摸到买主的预算肯定超过5万元。

(4)“以无换有”策略

卖方想知道买方是否有诚意要买，于是就先拿一种“缺货”的商品开价，然后再告诉买主，现在那种商品有货，不过价钱稍贵一点。

(5)“全数买下”策略

买方买的布料，开价30元1米，他先问卖方，如果将这100米布全部买下，是否可以便宜到15元1米。借此还价，买方可探明卖方的成本大约是多少。

(6)“以退为进”策略

卖方开价每只1元，然后坚持不让价，看买方究竟愿意出多少价来买。当然，买方出价一定比订价低得多，卖方听了，故意装出不可置信的样子，认为买方在开玩笑，所以请求买方再开一个数字，以便交易可以继续谈下去。买方于是重新报价，卖方当场不表态，并说会跟主管商量，因此必须等到第二天才能将最后结果告知买方。

(7)“置之死地而后生”策略

买方向卖主出售船只，但是因为出价太低，卖方难以接受，只好拒绝。买方接着对卖方说，以他的财力显然买不起一条船，不过他实在很感兴趣，这么一条船到底值多少钱。

卖主心想，虽说买卖不成，彼此交个朋友也好，于是就毫无戒备地和买方聊起来。没想到，这时买方又突然提出另一个价格。

(8)“探子”策略

“探子”开出了一个奇低的报价试探卖方的反应，然后真正的买主根据“探子”得来的底线，决定如何和卖方讨价还价。

(9)“荒谬”策略

买主以几部车、几条船、一块荒地和一大堆乱七八糟的物品，要和卖方交换他的一块土地。卖主指着买方大笑，说他出的条件太可笑，这块地产值多少钱，大家心里应该都有底。房地产掮客运用这个方法探出卖土地的人心中真正的底价。

(10)“比价”策略

卖方想试探买方对高价的反应，就告诉买主，他有一桩买卖就是用这个价钱成交的。而买主则说，他有一个朋友前几天才买了一个完全一样的东西，可是价要比这里便宜得多。

2.避免被对方牵着鼻子走

《塔木德》箴言：“在仔细权衡利弊得失之前，不可采取盲目的行动。”

有一个笑话是这样的：

有一家皮鞋专卖店，出售的皮鞋质量非常好，这个地区的人们都喜欢穿这家店里的皮鞋。后来，老板希望这个城市的首富犹太人皮尔斯、一家玩具生产商的老板，也能够成为他们的顾客。于是，老板叫人给首富皮尔斯寄去了一双皮鞋并附上一封信，说：

“人们非常喜欢穿我们的皮鞋。我们真诚希望您也能成为我们的顾客，盼望您能为这双做工精细的皮鞋寄给我们50块钱。”

第二天一大早，专卖店收到了一个邮包，里面有个玩具娃娃，娃娃的手里有一封信，这就是首富皮尔斯的回信：

“人们非常喜欢我的玩具。我很希望您们也会成为我的顾客并购下我厂最近出厂的漂亮玩具娃娃，现通过邮包寄上。玩具价格是51块，扣除皮鞋的钱后，您们再给我寄来1块钱就可以了。”

商场如战场,只是看不到真正的硝烟而已。要在商场上获得成功,靠的是智慧。当别人企图控制自己,让自己按他们的意愿来做事的时候,怎样才能巧妙地避免被对方牵着鼻子走呢?皮尔斯的做法尽显了犹太人的幽默与智慧。

《犹太格言》说:“与其迷一次路,不如问十次路。”这讲明犹太人在行动前总要把目标方向了解清楚,不主张贸然行动。

美国总统福特在一次访问日本时,犹太后裔基辛格作为美国国务卿同行。福特总统在参观日本京都的二条城时,曾询问日本的导游小姐大政奉是哪一年?

那导游小姐一时答不上来,基辛格立即从旁插嘴:“1867 年。”

这点小事,说明基辛格在访问日本前已深深了解和研究过日本的情况,阅读了大量有关资料,以备不时之需。

基辛格被称为 20 世纪最杰出的谈判专家。在每次谈判前,他都非常注重做好周密的事前准备和掌握详尽的背景资料。

为了实现中美关系的正常化,基辛格曾秘密赴我国访问。临行前,他照例要求有关人员进行彻底的调查。于是,他的部属根据多方面提供的资料加以反复审核修正后提交了一份报告。

在这份报告中,除了核心的中美问题以外,还包括美苏、中苏、中印、中巴关系等翔实材料。基辛格在赴北京的前一周就将这份报告呈尼克松审阅,并另外附上了自己所作的详细分析和综合评述。

对此,基辛格的总结是这样的:“谈判的秘密在于知道一切,回答一切。”

在许多人眼里,犹太人在谈判时幽默风趣,能够轻易地控制谈判气氛,并取得谈判的胜利。事实上,这是因为犹太人对谈判作了充分的准备工作,做到游刃有余。

犹太人这种充分作好谈判前准备工作的方式,在商界及政界获得了广泛的重视和普遍的认可,是一种“凡大事谋定而后动”的成熟智慧。

犹太人认为,谈判是没有硝烟的战争,三言两语说得好能赢得人心,口若悬河说不好也会招来杀身之祸。因此，犹太人在谈判时特别小心谨慎，从不信口开河，并在谈判前尽可能地做好大量的准备工作，广泛收集各种可能派上用场的资料，对谈判中所有可能出现的问题都要预测到，甚至对方的身世、嗜好和性格特点，并拿出相应的对策，做到成竹在胸，使自己无论处在何种局面，均能从容不迫地应付。

1894 年 11 月，美国发生了产业危机，金融市场上掀起了抢购黄金的风潮。财政部库存的黄金急剧减少，形势非常危急。美国总统决定求助于大金融家摩根和大银行加贝尔蒙。

摩根建议它们 2 家银行组成幸迪加，发行黄金公债，这样可以解救财政部的燃眉之急。当然，发行国债可以获得高额利润，摩根建议的实质是趁危打劫。

由于这个计划的条件太苛刻，美国总统和美国国会都没有接受和通过这个建议。摩根同国内线打探到国库的黄金储备只剩下 900 万元了，决定使用兵不厌诈的策略。

他对总统说："总统先生，据我所知，某位先生手中有一张 1200 万元的黄金支票，今天到期，如果他今天或明天兑现，那么一切都完了，为时过晚了。总统听了以后，受到很大的震动，不得不答应摩根的建议。

就这样，摩根利用向政府承销公债的价格与市场价格之间的差价，在黄金公债上轻轻松松就净赚了 1200 万美元。

当然，如果摩根不事先打探清楚，谈判是很难成功的。

犹太商人认为，要想在谈生意中占得主动，一方面，要防止对手翻看自己的底牌；另一方面，自己也要想办法摸清对手的底牌。

在谈判过程中，一定要有充分的准备工作，避免落入对方的控制中，被对方牵着鼻子走。要想避免被对方控制，在谈判中占主动地位，必须注意下面两点：

第一，大多数商业谈判的高手对于自己和对手都有一个正确的判断，要懂得如何不卑不亢，恰到好处地完成自己的谈判任务。

第二,大部分人真正拥有的能力要比他们所想象的大。只要经过有系统的分析,你才可能了解自己的能力。能力来源于坚定的个性、激烈的竞争、提供奖励或者惩罚的方法、承诺、学识、冒险的精神。勤奋的工作和熟练的讨价还价技巧也都是力量的来源。这样才能谈判成功!

3.准备好上中下三套方案

《塔木德》箴言:“开锁不能总用钥匙;解决问题不能总靠常规的方法。”

犹太商人谈生意准备阶段的要务之一,就是定出目标。而谈生意目标的确定,需要在谈生意的准备阶段搜集与谈生意目标相关的技术与价格资料,同时了解对方的态度和可能发展的趋势。

犹太商人认为,谈生意是从实际出发的,理想目标也固然要遵循“求乎其上,得乎其中”的原则。但是,理想目标绝不是漫天要价,你总不希望当你刚亮出报价牌时,就把对手吓跑了吧!因此,在犹太商人看来,准备阶段的确定目标是决定整个谈生意成败的关键。

犹太商人认为,在谈生意之前的准备工作中,必须制定上、中、下三个目标。在他们看来,制定多个不同的谈生意方案的好处在于:你会清楚万一初次谈生意宣告失败,你还可以提出哪些不同的选择由对方思考,而不至于毫无准备地接受一个你根本就不满意的交易,虽然在签约的那一刻,你觉得那是你唯一合理的选择。

在制定不同的谈生意方案这个问题上,你千万不要自以为是地以为:“谈生意根本不会破裂,现在想那么多问题干吗?”对一个试图逃避艰巨的谈生意准备工作的不合格的谈生意者而言，这确实是一个极好的借口，但我们应该看到事情的另一面。

同样的目标，如果运用不同的表达方式，得到的效果就会完全不一样。

有一位教徒问神甫："我可以在祈祷时抽烟吗？"

他的请求遭到神甫的严厉斥责。

而另一位教徒又去问神甫："我可以吸烟时祈祷吗？"

后一个教徒的请求却得到允许，悠闲地抽起了烟。

这两个教徒发问的目的和内容完全相同，只是谈判语言表达方式不同，但是他们得到的结果却相反。由此看来，表达技巧高明才能赢得期望的谈判效果。

犹太商人认为，谈生意就是一个不断寻求反馈的往返行为。买方、卖方各自订立目标，然后寻求反馈，反馈中的每项要求、让步、威胁、拖延、最后期限、权限，甚至好人、坏人的评语，都可能影响双方的期望值，任何一句话、任何新动向都可能左右"价钱"的起伏。

在许多种情况下，自认为谈生意不会失败，从而只抱定一种既定的谈生意目标不放，确实也没有造成什么损失。但是，绝大多数的谈判都会按照不同的形式进行，并且时常受到迟迟无法达成协议的困扰。而且，如果你事先没有准备好其他的方案，你很可能被迫接受一家远远低于你满意程度的交易。你会在毫无退路可言的情况下，切实地感到那种"挥泪大甩卖"的心理压力。

因此，犹太人建议，谈判过程中要做到几点：

(1)决定采取什么目的谈生意

在准备你的几套方案之前，你首先应当弄清楚你所准备的方案是做什么用的：是准备在谈生意可能失败之时，你提供给对方的不同于现时谈生意目标的新的条款呢，还是当对方不同意你所开列的条件时，你开出的另一些条件？

很显然，前一种方案是全局性的，后一种方案是局部性的。

(2)决定采取什么方向的谈生意

采取横向谈生意的方式,你可以将准备洽谈的议题全面铺开来,并且规定好每轮要讨论多少个问题,按顺序一轮一轮地谈生意。

采取纵向谈生意的方式,你可以把要谈生意的问题整理成一个序列,按问题的内在逻辑要求,按顺序进行谈生意,一次只谈一个问题,这个问题不彻底解决则不进行下一问题的讨论。

(3)确定不同的谈生意方式

A.常规式谈生意

在你与固定客户之间,经过多次来往,交易条件已趋于固定时,你可以决定仍以过去交涉的程序、条件、经验为基础进行循规蹈矩的常规式谈生意。

B.利导式谈生意

你在充分研究对方谈生意人员心理动势的基础上,迎合、利用对手的主体意愿,诱发其向本方谈生意目标靠拢。你可以将计就计,投其所好,先易后难地提出一些为谈生意对方能够接受或与对手有共同之处的议题,以使对方乐于合作。

C.迂回式谈生意

你可以不与对手就直接交易的内容进行协商,而是抓住要害或利用某些外在条件间接地作用于对手。

D.冲激式谈生意

你可以采取正面对抗战冲突,使用强硬手段以给对方施加压力。

(4)注意重要元素

谈生意方案的制订当中,不可忽略的是下面一些重要元素:谈生意主题和目标;谈生意时间;谈生意期限;谈生意议程。

其实谈判就和打猎一样,只有一个方案,成功率会大大减少,要想套住猎物,就必须多准备几条绳索。

因此,犹太商人认为,在谈生意过程中,设置高目标的人往往会比设置低目标的人表现得好。不过,期望愈高,失望的机会也会愈大,这当中自然要承担风险。所谓“买卖交易”,当然要靠良好的判断力,做一个周密的评估。评估时应该将目标订得高一点,尽管那样会有一些风险。

4.隐藏好自己的底牌

《塔木德》箴言:“知道什么问题最好不回答,也是一种智慧。”

商业谈生意中,要求我们在谈生意前有所准备,要清楚地了解自己和对手的各方面状况,才可能常胜不败。但是,我们也要认识到,对手也在做着同样的工作。常识告诉我们:对方知道得愈少,对自己就愈有利。

犹太商人有一种说法:谈生意=智力+眼力,其关键在于用两种力量掩护自己实力的极限。泄露实力不是泄露底牌,虽然泄露底牌也等于泄露了实力。泄露实力意即把自己的一切像个透明人似的展览在对手面前,你会像穿着新装的皇帝一样,在你的对手面前一览无余!

因此,在了解对手的同时,我们还有一件很重要的工作要做,那就是保守自己的某些秘密,不要让它泄露或过早地泄露,以免让对方知道自己的全部实力。

在犹太商人的生意经中,总是告诫人们:把实力摆在脸上的人,不是自大狂就是因为过度自卑。在谈生意中泄露实力是最不可原谅的错误。

犹太人认为,在商业交往中,沉默常常是最好的选择之一。

有这样一个例子:

一个印刷业主得知另一家公司打算购买他的一台旧印刷机,他感到非常高兴。经过仔细核算,他决定以250万美元的价格出售。

但是，当他坐下来谈判时，他不断地告诫自己要沉住气。

过了好长时间，买主终于按捺不住了，他开始滔滔不绝地对机器进行褒贬。

但是，这位卖主依然一言不发。

这时买主说："我们可以付您350万美元，但一个子也不能多给了。"

不到一个小时，买卖成交了。而卖主获得的远远要高出他希望获得的。

可见，沉默让卖主获得了利益。这是因为，沉默可以避免暴露自己的底牌，避免自己失言。

犹太商人认为，凡事都有先有后，不是你先，就是他先。谈生意中的报价也一样。到底是先报价好，还是后报价好，有人说先下手为强，也有人说以逸待劳。不过在谈生意当中，有一个原则是最好别抢先报价，除非对方比你更精于此道。

谈生意的信号中最强有力的信号是第一次发价的高低，各方对另一方提出的开局要求开始建立了双方的预期值。第一个要求设立了交易的一个外边界。

对于任何一项提议，应当先花时间去考虑一下，看看当时的形势是否需要某种时机的选择，或者你是否可以利用时机的选择得到好处。在没有考虑清楚时，不要轻易地给予什么答复。

可是，谈生意目的就是为了得到利益。对于买方而言，他所付出的价格里，除了金钱外还包含了对卖方的信任。从买方的观点来看，卖方的信用犹如卖方所提供的货物及服务，都是交易的一部分。因此，在谈生意时，双方必须互相提供资料，这是唯一可使双方交易顺利进行的方法。

在过去，商业口号是"让买方自己去担心吧"！就是说，卖方对于自己的商品成本材料等有关资料是密不外泄的，商品是好是坏，全由买方自己去判断。随商品经济的全面发展，信用被提到愈来愈重要的位置上。

到了今天，"让买方知道吧" 变成了就尽量设法向对方提供种种有关的资料和"证据"，顾客有权利了解所购买产品的有关情况，特别是其成本构成。充满竞争的现实，让我们不能将自己某些真正秘密轻易透露。慢慢地展现自己的力量，比马上透露出全部力量更有效。给对方一段适当的时间来适应和接受我们的观念，慢慢展现会加强对方的了解，促进意见改变的可能性。

有时候，谈判双方或单方会急欲获得某种程度的协议。譬如，你想买进对方所持有的某种颇具影响力的资产(公司、专利、土地、名画、钻石、古董或马匹等等)。那么，为了使不让对方察觉到你的意图，你可以顾左右而言他，可以装作漠不关心的样子，也可以声东击西。总之，如果被对方察觉到你"购买欲极强"的意图，他必然会想尽办法来对付你，使你难遂所愿。

如今，多数买主和推销员，特别是那些大公司里的这些人，都生活在一个理想世界里，他们忽视谈生意中间谍和窃听的可能性，这大概是因为他们不曾想到会发生这些事。但是，商业间谍在谈生意中已成为不断增长的事实。所以，犹太商人主张把自己的嘴巴裹得越严实，谈判的安全系数就越大。

在指定雇员参加大型谈判之前，要对其进行严格的筛选，要建立严格的情报收集、分析和保存安全的程序，只给那些需要知道的人以接触数据的机会，同时也要严格控制进入工作区的人员。严肃的保密政策对违背公众利益的东西持强硬立场，它可杜绝任何形式的泄密。

5.学会记录对方的承诺

《塔木德》箴言："成功就是将简单的事情重复做。"

在谈判中，犹太人给人的感觉是学识渊博，滔滔不绝，他们从来不会让人觉得冷场，甚至在吃饭的时候，犹太人也总是能够讲述一些世界见闻来消遣，这让对方都觉得非常佩服。

事实上，犹太人的博闻强记并不是天生的，而是他们后天努力造成的。

每一位犹太人都深知，在商业上需精于“算计”，勤于“记录”。不管看到什么，他们都喜欢记录下来，一方面是记录见识见闻，提高自己的学识水平；另一方面则是记录商业中的信息，以便及时抓住商机。

当犹太人把这项本领运用于谈判时，就使对方感受到了压力。

有一次，犹太人与人洽谈了一笔生意，双方约定了交货日期。但是，在需要交货时，对方却迟迟不能交货。于是，对方就说：“好像谈判约定的交货日期还没到吧？先生，您是不是记错了？”这时，犹太人总是不慌不忙拿出一个记事本，微微一笑说：“是吗？也许我们记错了，可这张记录是这样的。”对方一看，记事本上清楚地记载着时间、地点、见证人、谈话内容的原始记录。面对这种情况，对方哑口无言。

犹太商人不耻下问，不将不熟悉的问题弄清楚，绝不轻易谈生意。也正是这种认真的精神，才使他们做事谨慎小心，在商战谈判中永立不败之地。

在谈判的过程中，不管对方说了什么，只要犹太人认为是重要的信息或者承诺性的语言，他们都会随手记录下来，哪怕在没有纸笔的时候，他们也会用香烟盒里的锡箔纸当作纸张，把信息记录在锡箔纸的背面，回家后再仔细整理。

犹太人非常注重记录日期、金额、期限、地点等信息，这些也成为了犹太人商业交易的备忘录。这也许也是源自犹太人严格按契约办事的原则，他们不相信口头承诺，是因为害怕对方擅自改变约定，从而导致经营上的被动。而只要把对方的承诺记录下来，就相当于契约一样，白纸黑字，让对方无法狡辩，从而使事情按照预期的想像进行，避免了许多不可控的因素。

可见，如果你正被谈判中的商业信用所烦恼，不如学学犹太人，把任何有价值的谈判信息都记录下来，为自己、也为对方提供一份证据，更好地保全自己的利益。

6.利益面前要舍得丢面子

《塔木德》箴言:"暂时地放弃一些利益,是为了更多的利益。"

古时候,有个耶路撒冷的犹太人外出旅行,不幸的是,他途中病倒在一家旅馆里。当他知道自己的病已经没有希望时,便将后事托给了旅馆主人,并请求他说:

"我快要死了,如果有人知道我死了而从耶路撒冷赶来的人,就请把我的这些东西转交给他。但是,不要告诉他我在哪家旅馆。"

不久,这个人就死了。

于是,旅馆主人按照犹太人的礼仪埋葬了他。同时,旅馆主人向镇上的人发表了这个旅人的死讯和遗言,让大家遵守这个犹太人的遗言,即不要将他住的旅馆告诉来找他的人。

后来,这位犹太人的儿子在耶路撒冷听到了父亲的死讯,他立刻赶到父亲死亡的那个城镇。但是,他不知道父亲死在哪一家旅馆里,也没有人愿意告诉他,所以他只好自己寻找。

这时,刚好有个卖柴人挑着一担木柴经过,这位犹太人的儿子便叫住卖柴人。他买下了木柴,然后吩咐卖柴人直接把柴送到有个耶路撒冷来的旅人死在那里的旅馆去。

然后,这位犹太人的儿子便尾随着卖柴人,来到了那家旅馆。

到旅馆后,旅馆主人对卖柴人说:"我没有买你的木柴啊!"

卖柴人回答说:"不,我身后的那个人买下了这木柴,他要我送到这里来。”

就这样，这位犹太人的儿子终于找到了父亲客死的那家旅馆。尽管这个人知道每个人都不愿意告诉他父亲死于哪家旅馆，但他运一笔木柴交易，让对方为了自己的利益，不经意地帮助自己解决了问题。

犹太人有一点是他们所绝对不可容忍的，即敷衍了事，马虎大意。如果双方意见存在分歧，他们的一贯作风是必须进行彻底辩论，及时决定方可罢休。这一点与中国人的习惯做法大相径庭。中国人为了顾及对方的所谓“面子”，都奉行“马虎主义”。犹太人在探讨问题、辩论是非之时是无“面子”可说的，他们不问对方是何人，对的就是对，错的就是错。有时辩论演变成相互谩骂而纠缠不清。

犹太人在谈判的第一天基本上都是不欢而散的。但是，在争吵后的第二天，犹太人会一改昨天的态度，依旧笑容可掬地前来晤谈，这一点不能不令你感到惊讶。他们态度转变之快，实在令人叹服。不过，商谈中他们还是以利益为重，始终不会做出丝毫的让步。

犹太人的“变脸术”，是值得我们学习的。他们的理智，足以战胜一切。在利益关头，“面子”算什么，值多少钱？因此，为了“面子”，不值得放弃商谈或浪费时间来拖延商谈。

为了达到争利益的目的，犹太人善于向对手施加压力，主要有三种方法：

(1)在进行交易时要不断地保持明显的竞争。你能得到的选择越多越好——直到某个限度为止。到了某一阶段时，为了向对方施加压力，代替方案越多越好。

(2)经常地抵抗或反对对方，持续地引起对方的反对和不满。

在不让对方产生敌意的情况下，有人情味地温和地施加压力，同时辅以你个人的关切和鼓励，对方有机会就会慢慢把自己的期待降到最低，应该使对方清楚地看到能得到什么样的回报和补偿，但不允许他们做互相交换的让步。

假如对方比较聪明的话，他们可能会这样说:“如果我把这个问题处理得令你满意,那我们就可以达成这笔交易了。”如果你这时点一下头,你就输了。这是对你使用的一种结尾策略。如果他们这样说了,对价还价加以总结,列出一份你曾经提出的全部不同意见的清单，并且询问你是否还有别的意见,那么你应该拔腿就走。同样,这也是在对你使用结尾策略,这样做可以将你拒于思考新的反对意见的大门之外。

你应该怎样对付这种情况呢？可以告诉他们,你们公司里还有一个人,他们应该先和他谈谈这件事。然后他们可能回到谈判桌前。

(3)削弱对方的地位

为了达到这个目的,你必须谨慎从事,操纵对方。如果你能占有优势的话,事情就更好办了。不要害怕向对手施压会触怒对手,因为他也曾压制过你。

注意:向对手施压不要断断续续,像温吞水似的;要连续不断地向对手施压,以达到控制对手、最后赢得谈生意的目的。

除了前面提到的三种办法,我们还有一种新的、有效的办法可以施加压力给对方,那就是,让对方感到出现许多令人惊奇的事物。

犹太人认为遇到令人惊奇的事物时，克服惊奇的最好办法是让自己有充分的时间去想一想。不说话,再暂时休会。谈生意并不是宣战和法庭上的打官司。在没有适当准备之前,最好不要有所行动。懂得施压的诀窍,也要懂得放松的诀窍。

7.“瞎子打灯笼”的启示

《塔木德》箴言:“智者深藏不露,愚者显露无知。”

有这样一则犹太寓言:

有个瞎子打着灯笼在漆黑一团的路上行走。对面来人见他是个瞎子,便问他:“你是个瞎子,干嘛还打灯笼?”

瞎子不慌不忙地回答:“因为我打了灯笼,不瞎的人才能看到我。”

犹太人实在是太聪明了, 一个人独自走在一条路上的机会实在是太少了。因为,对于瞎子来说,在漆黑的夜晚行走,和白天走路是一样的,自己摔倒的可能性很小,远小于被别人撞倒的可能性。而平时靠眼睛走路的人,一旦走在漆黑的路上,很容易看不清路而将别人撞倒。

为此,瞎子亮起了灯笼,以便让每个相遇者都能看清自己,并避免让对方撞倒自己。

这种转换思路的智慧是犹太人从几千年的流散经历中提炼出来的。犹太人作为一个弱小的民族,为了能够保护自己,只有靠“瞎子打灯笼”这种办法让统治者看到自己对他们的价值,从而“利用”自己求得生存。

但是,夜行中不乏强取豪夺之徒,他们不满足于瞎子打灯笼所提供的那一段路的灯光,常常抢走灯笼,甚至把瞎子杀掉。然而,犹太人依然以“瞎子打灯笼”方式的执著地慢慢往前走,最终找到了自己的家园,足以证明“瞎子打灯笼”所体现出来的睿智。

从谈判的角度来看,这则寓言能带给我们的启发是:要多从谈判对手考虑,并主动地关心别人、爱护别人,让别人亮起“灯笼”,只有这样才能赢得谈判对手的友谊。

犹太人在与谈判对手打交道时，特别相信“瞎子打灯笼”和“打破沙锅问到底”是非常实用的技巧，这主要是出于犹太人“越谨慎，越受益”的谈判观念。

犹太商人在与外国人谈生意中，总是彬彬有礼，殷勤谦恭，但他们内心却隐藏着一定要赢的战略。犹太商人经常说说笑笑地讨价还价。为了与对方建立信赖关系，犹太商人首先会向对方表示好感，然后进行一些人情味的闲谈，以便建立起相互之间的亲密关系。他们或是聊各自的家庭关系，或是双方的共同感兴趣的话题，以及“坦诚”地表示对将来合作的渴望，对方的戒备逐渐放松了，却为其讨价还价奠定了基础。这样在不知不觉中，你可能已进入圈套，失去了利益。

当然，犹太商人在谈判中很注重公平这一点，从来不在谈判中用任何其他的手段来“强谈”，他们宁可谈判失败，也不会去做这样的事情。因为，他们知道谈判中最大的挑战之一，便是维持短期交易和长期目标间的平衡。

谈生意对手有可能在你的强压力下，做你希望他做的事，但是，即便对手碍于情势做了这样的让步，他对你的态度也会是敌对的。只有知道自己的目标何在以及如何达到的人，才是好的谈生意者。好的谈生意者不会为了眼前的小利而做出重大的牺牲，为日后种下失败的苦果。

犹太商人认为，谈生意是一种非常激烈的竞争，而且在竞争中手段多多，防不胜防。但是，无论如何谈生意都要在坦诚的基础上进行。正如美国前国务卿、著名谈生意家基辛格所说：“在外行人眼里，外交家是狡诈的。而明智的外交家懂得，他决不能愚弄对手。从长远的观点看，可靠和公平这种信誉是一笔重要的资产。”

8.善于变被动为主动

《塔木德》箴言："自己不去思考和判断，就是把自己的脑袋交给别人帮你看管。"

摩西·门德尔松是德国18世纪的大哲学家，同时他也是一个典型的犹太人。

有一天，门德尔松在柏林大街上散步时，不小心撞到了穿军服的普鲁士军官身上。

普鲁士军官最讨厌犹太人，他冲门德尔松粗鲁地骂道："笨猪！"

这时，作为哲学家的门德尔松并没有生气，也没有用粗鲁的语言回敬普鲁士，而是微微弯了弯腰，彬彬有礼地说："门德尔松。"然后，门德尔松扬长而去。

这时，只剩下普鲁士一个人呆呆地站着，边上的人们都不由得哈哈大笑起来。

人与人之间往往会发生磨擦，谈判的时候由于利益关系更是磨擦不断。面对这种情况，无能的人往往努力回击以扳回自己的面子，殊不知，以粗鲁对待粗鲁，不仅无益于自己的面子，而且会使双方的误会及隔阂越来越深。

正确的方法是灵活应变，变被动为主动，从而让对方陷入被动的境地。我们来看看另一则表现犹太人灵活应变的故事：

费尔南多是一个贫穷的犹太人，他在礼拜五去了一个小镇，但由于身无分文而无法食宿，他便去找犹太教堂的执事，执事对他说："礼拜五到这里的穷人特别多，每家都住满了，唯有金银店老板西梅尔家例外，可是他从不接纳客人。”

费尔南多肯定地说：“他肯定会接纳我的。”

之后，他就去了西梅尔家，等敲开门后，他神秘兮兮地把西梅尔拉到一旁，从大衣兜里取了一个砖头大小的沉甸甸的小包，小声说：“请问您一下，砖头大小的黄金值多少钱？”

金银店老板眼睛一亮，可是这时已到了安息日，不能继续谈生意了，为了能做成这笔生意，他便连忙挽留费尔南多在自家住宿，到明天日落后再谈。

于是，在整个安息日，费尔南多都受到热情款待。当周六晚上可以做生意时，西梅尔满面笑容地催促费尔南多把“货”拿出来看看。

费尔南多故作惊讶地说：“我哪有什么金子，只不过是想问一下砖头大小的黄金值多少钱而已。”

费尔南多的机智在于巧妙地利用了西梅尔求财心切的心理，而且以错误的暗示让他上了当。

瞧，为了达到自己的目的，犹太人不惜运用暗示的手法引诱对方上当，从而使自己占据有利的地位。

在犹太商人看来，谈生意双方在立场上争执不休是无法达成目的的，谈判不是吵架，争执下去对谁都没有好处。要想谈生意成功，双方必须只针对利益——因为只有利益才是联系谈生意双方的纽带。

三名犹太商人，跟美国一家公司的几位经理进行谈行商业谈判。

美方代表的表现是压倒性的，他们有备而来，气势汹汹。在一开始，美方代表就借用图表、电脑图象和种种数字的帮助，证明其价格的合理性。他们光念完所有的资料就花了两个半小时。

而在这个时间里，三名犹太商人一句也不反驳，默默地听着。

美方代表终于说完了，他们呼出一口气，靠在软软的座椅上，以结束性的语气问犹太商人：“你们认为怎么样？”

其中一位犹太商人彬彬有礼地浅笑了一下，说道：“我们不明白。”

"什么？"美方代表惊诧地问道,"你们是什么意思？你们不明白什么？"

另一位犹太商人又彬彬有礼地答道:"全部事情。"

锐气大挫的美方代表差点犯了心脏病,"从什么时候开始？"他还是勉强挤出这几个字。

第三位犹太商人还是那么彬彬有礼:"从谈生意开始的时候。"

美方代表无奈地苦笑着,但又能怎么样呢？

最后,美方代表像泄了气的皮球似地靠在椅背上,打开昂贵的领带结,无精打采地说道:"好吧,你们要我们怎么样？"

三位犹太商人同时彬彬有礼地答道:"请您再重复一遍吧！"

现在,犹太商人反过来处在主动的地位了,美方起初的那股勇气早已烟消云散了,谁能再一字不漏地重复那堆长达两个半小时的材料呢？

于是,美方的开价开始下跌,而且愈来愈不利。

许多人都害怕谈判陷入僵局,犹太商人却认为,谈生意一旦陷入僵局,对那些急性子的谈生意者绝对是致命的！因此可以说,僵持战术是专门为急性子的谈生意者而设计的。原因是谈生意只要陷入僵局,时间会无限制地延长，根本看不到有结束的可能——这对那些妄想一鼓作气的谈生意者无异于当头一棒！而犹太人则是处理僵局的能手,他们善于从僵局中走出来,主动和解,化僵局为友好,变被动为主动,从而使谈判渐渐倾向于自己。

9.善于找到对方的死穴

《塔木德》箴言："一定要聪明，但也要学会怎样装糊涂。"

在美国的一个犹太人聚集地，一位富翁请一位犹太画家为他画肖像。

犹太画家精心地为富翁画好了肖像，但是富翁却拒绝支付议定的5000元报酬。富翁对犹太画家说："你画的根本不是我。"

犹太画家非常生气，但是他并没有与富翁争吵。

不久，犹太画家就把这幅肖像公开展览，并题名为《贼》。

富翁知道这件事后，非常恼怒，就打电话给犹太画家，表示自己的不满。

谁知，犹太画家却平静地说："这事与你有什么关系？你不是说过了吗？那幅画画的根本就不是你！"

富翁自知理亏，只好把苦水往肚子里咽。最后，富翁不得不高价买下这幅画，并改名为《慈善家》。

犹太商人主张，切记不要在不适当的时候谈生意，而要选择最好的谈生意时机！

实际上，有很多生意谈判之所以失败，并不是因为它们不好，也不是因为执行得不好，而是执行的人选择时机不当。

选择时机在谈生意中的重要性比其他任何的因素都重要，它的作用贯穿于整个谈生意过程：我们应该何时与对方谈生意？我们在什么时候向对方提出这个要求才合适？在这个阶段向对方施加压力合适吗？谈生意到了现在我们是否可以结束了？谈生意的每一进程都要在良好的时机下推进，时机把握不得当，你可能还没开始与对方谈生意就已遭到失败；也许本来你很快就可以与对方达成协议了，但因为你没有把握住时机，你不得不再继续同他讨价还价，由此你的利益又受到了损失……所以，时机有可能帮助你赢得谈生意，也可能让你把整个谈生意搞得很糟，一切就看你如何把握了。

哈默在天然气开采方面几经失败后，终于钻探上获得成功，这使他非常高兴。

于是，他急急忙忙赶到太平洋煤气与电力公司，心中拿定主意准备同这家公司签订为期20年的天然气出售合同，没想到，哈默却碰了一鼻子灰。太平洋煤气与电力公司三言两语就把哈默打发走了。原来，太平洋煤气与电力公司最近已经耗费巨资准备从加拿大向旧金山修建一条天然气管道，大量的天然气可以从加拿大通过管道输来。

这对哈默来说，无疑是当头泼了一盆凉水，他一下子手足无措。

冷静下来之后，哈默很快就找到了一条釜底抽薪的办法用以制服太平洋煤气与电力公司。

哈默立即赶往洛杉矶，因为洛杉矶是购买太平洋煤气与电力公司的天然气的主要客户。哈默找到洛杉矶市的议员，绘声绘色地描绘了他计划从拉思罗普修筑一条直到洛杉矶市的天然气管道的设想，并表示他将以低于太平洋煤气与电力公司和其他任何公司的价格供应天然气，以此来满足洛杉矶市的需要。

议员为之心动，准备接受哈默石油公司的计划。

哈默的招数果然奏效，太平洋煤气与电力公司得到消息后，一下子六神无主。后来，他们找到哈默表示愿意接受哈默的天然气。

这时，神气的哈默居高临下，提出了一系列很苛刻的条件。结果，太平洋煤气与电力公司只好接受哈默的条件。

许多谈生意者取消表面上对他非常有利的谈生意交易，其原因仅仅是他们选择的时机不当。如果有人对一项规划或一笔交易表示反对，这并不一定是因为他不喜欢这个规划或这笔交易，很可能只不过是因为你所不知道的经济原因或其他内部原因，对于那个特定的人、那种特定的环境和那个特定的时间而言,那样的主意行不通而已。

犹太商人认为要想在谈生意中选择最好的时机出手，必须切记以下三条基本的原则:

(1)不要轻易脱口而出

假如你对你的对手一无所知,那么进行一笔交易的谈判所要花的时间,显然会长一些。如果对方被你一开始所做的那段介绍词所打动,那你在再次介绍之前,最好同他交换一些意见。如果你知道对方接受交易的过程需要历时数月,就不要试图在几个星期之后迫使他做出承诺。

(2)不要失去耐心

对于谈生意者而言,有关时机选择的各个方面,实在没有比耐心更为重要的东西了。谈生意的数字游戏在于你向对方提出了多少个要求,又多少次耐心地向他们重复要求。耐心和坚持不懈是你谈生意的基本信条。

(3)不要懈怠

一次谈生意需要花费的时间,可以是几小时,也可以是几天、几月甚至几年。正确的时机选择就是依计行事,该做什么就做什么,该怎么做就怎么做。

有些人在了解谈生意的必需程序后,就想寻找捷径。因为急于成交,他们总想压缩时间,或删掉某些程序,他们看见了适当的时机选择的标记却置若罔闻,没有对形势做适当的诱导,他们必然会给谈生意写下不愉快的结局。

要在谈生意过程中选择适当的时机并不是一件容易的事。那么,应该如何利用谈生意的最好时机做好事呢?

A.利用别人愉快的时机

延长、续订或重新签订合同时,千万不要在这份合同即将满期的时候去做,就如同要与对方达成于己优惠的交易要趁对方高兴时一样,你应该选择对方愉快时去延长或者续订合同。如果对方得到某个好消息,即使它与你无关,但这就为你提供了一个良好的时机,这时去向他提要求,大多会畅通无阻，当然你的要求不能过分。

B.利用别人倒霉的时机

别人倒霉或不幸的时机，能为你创造各种各样的机会，你应该在这个可能成为买主的人对你的竞争对手最感不满时跟他达成一份合同。

C.你最好的交易对象是刚上任或快下台的人

新上任的人急于干些事，使自己出名，而他通常又被赋予充分的行动自由；即将离任的人，因为自己将不再为这样一些头痛的事四方奔走，也不再斤斤计较。

D.运用非常时机的时机选择

在非上班时间、深夜或周末期间打电话，往往会有较大的效果。你一定要这样开头：“这件事太重要了，所以，我要在周末告诉你。”

E.花点时间来缓和一项威胁

时机的选择可以用来缓和做出决定的要求。我们可能迫使对方给出一个答复，而又不做得使人听起来像是“要么接受，要么放弃，不许讨价还价”。

F.利用忙人的注意力

比较繁忙的人的注意力持续的时间短促，所以你必须直截了当，你得当作是到他那里是听他说话的。你应该少说几句，否则你只会引起别人的恼怒或心不在焉。

G.分清事情的轻重缓急

如果你要讨论的问题不止一个，或者你要使对方接受的主意和项目不止一个，那就一定要为其中最重要的一个留下充分的时间。千万不要把自己置于不得不问“我能再占用几分钟吗？我的主要意见还没有提出来”的境地。时机有了，却不会利用，仍然不懂得如何谈生意！这是犹太商人的忠告。

最好的谈生意时机找到了，接下来的问题是，应如何用好它，利用它摧垮对手，在最后签订的谈生意协议上获得最大的利益。

10.坚决堵住合同漏洞

《塔木德》箴言："法律是相对的，政治是相对的，国界是相对的，甚至道德也是相对的，只有你承诺过的合同是永恒的。"

犹太人经商成功靠的是信誉和承诺，因为他们明白，总有些商人想打"鬼注意"，去钻空子、走歪道，从而给对方造成一些难题，以便占便宜。为此，犹太人主张经商时要把该防范问题都刻在纸上，坚决堵住不该出现的漏洞。

有一天，一位美国律师给"日本的犹太人"藤田先生打电话，请求预约。

当时，藤田手头正忙，便拒绝了对方。

"无论如何请您抽出一点时间给我。"对方恳求道。

"很遗憾，对不起，我实在没空。"藤田再一次婉言谢绝。

"那这样好了，每谈一小时，给您奉上酬金200美元。"对方给时间标了价，如此诚恳的态度使藤田很难为情，看来确有要事相商。

"好吧，那就给你30分钟。"藤田先生勉为其难地答应了。

这位律师是美国一家犹太人大公司的法律顾问，该公司与日本一家商社达成了合作意向，现在需要一名监视日本公司是否守约的监督人，一月付1000美元，请藤田给推荐一合适人选。这位律师拿出公司老板给藤田先生的信：

"因为您是犹太人的朋友，所以您介绍的监督员一定可靠。"

之后，律师又拿出了该公司同日本商社的合作协议。

藤田看完后，不觉笑了起来。因为，从美国人眼里看来，这也许是一份完满的协议，但是在日本人看来，这则是一份漏洞百出、暗算人的合同。

于是，藤田不仅给美国律师指出了该合同的漏洞，而且介绍了一位可靠的监督员。这位监督员几乎不干什么工作就可以轻而易举地获得每月 1000 美元的收入。

尽管如此，美国律师也是非常满意。因为他不仅及早发现了合同的漏洞，而且找到了一名合适的监督员。否则，一旦日本商社钻其漏洞，岂不悔之晚矣！

这则故事充分揭示了这样一个事实：犹太人对于订立合同谨小慎微，绞尽脑汁，决不允许出现漏洞。

犹太人之所以成功的一个重要原因，就在于他们一旦签订了契约就一定执行，即使有再大的困难和风险也要自己承担。他们信任契约，相信签约的对方也一定会严格执行。因为他们深信："我们的存在，是履行和神签订的契约。"他们之所以不毁约，是认为契约是和神的签约，绝不可毁约。所以，他们在谈判中就非常讲究谈判艺术，千方百计地讨价还价。因为不签订合同是你的权利，但一旦签订就要承担自己的责任，契约是神圣的，绝不可更改。所以在犹太商人中，根本就不会有"不履行债务"这句话。对于违约者，犹太人自然深恶痛绝，一定要严格追究责任，毫不客气地要求赔偿损失，对于不履行契约的犹太人，大家都会对他唾骂，并把他逐出犹太商界。

由于各个国家对契约的重视程度不一样，所以犹太人在与人做生意、打交道时，总是小心谨慎，因为他们对对方不了解，不清楚对方是否会守约，所以他们开始不太信任对方。尤其是第二次与不守约的人交往时，犹太人根本不会相信所签订的契约。

在商谈中商定有关价钱问题时，对金钱非常热爱的犹太人，态度是非常认真的。犹太人每个有关价钱的问题，都会非常认真地考虑。对于利润的一分一厘及契约书的形式等，也相当仔细。

商场如战场，在现实生活中，我们在和别人签一个即使很小的合同时，也一定要留神，否则很容易被对方钻空子。现在的经济案件增多，有很大一部分就是合同纠纷，要么是合同模糊，当事人双方的意思表示不同，要么就是对方故意钻合同的空子等,因为合同不可能将一切情况都写进去。

为此,在经商过程中,不仅要积累广博的社会经验和掌握一定的法律知识,而且在签合同时切不可大意,一切条款要反复考虑,充分分析双方的权利和义务以及有可能发生的情况。当然,我们也切不可自己玩弄计谋,免得自食其果。

11.该说“不”时要坚定

《塔木德》箴言:“不要害怕保持与其他人不同的立场。”

有一天,洛克菲勒被一个懒人拦住,这个人向洛克菲勒诉说自己的不幸,希望获得洛克菲勒的捐赠,他这样恭维洛克菲勒:“洛克菲勒先生,我从20里外步行到这里找您,路上碰到的每一个人都说你是纽约最慷慨的大人物。”

洛克菲勒知道拦路人是在向他讨钱,但是他非常不愿意把钱捐赠给这样的人。当然,他也不愿意使对方太难堪。

怎么办呢?

洛克菲勒想了一下,便对这个懒人说:“请问,过一会儿你是否还要按原路回去?”

懒人立即回答:“是的。”

洛克菲勒就对懒人说:“那再好不过了,请您帮我一个忙,告诉刚刚碰到的每个人:他们说的都是谣传。”

洛克菲勒热衷于捐赠,但是他的捐赠都是讲究原则的,从来不会不搞清用途而随便捐赠,也不会把财富捐赠给那些懒惰的人。当然,他更知道怎样拒绝才是有艺术的。

一个谈生意专家说过："谈生意是满足双方参与彼此需要的合作而利己的过程。在这个过程中，由于每个人的需要不同，因而会呈现出不同的行为表现。虽然，我们每个人都希望双方能在谈生意桌上默契配合，你一言，我一语，顺利结束谈生意，但是谈生意中毕竟是双方利益冲突居多，彼此不满意的情况时有发生。因此，对于对方提出的不合理条件，就要拒绝它。"

犹太商人认为，生活中，有人执着于原则，凡是违背原则的事都不干；谈生意中，同样也有人执着于立场，凡是有悖立场的事绝不松口——这个"立场"，就相当于生活中的原则。犹太商人认为，说"不"是一项权利，放弃说"不"等于放弃了应有的权利。犹太商人是最善于在谈生意桌上说"不"的，因为他们深知，说"不"是一件无坚不摧的利器。

说"不"也需要技巧，这不奇怪，做任何事都需要技巧，善于运用技巧往往事半功倍，反之则事倍功半。

一家汽车公司的销售主管一次在跟一个大买主谈生意，突然这位主顾要求看该汽车公司的成本分析数字，但这些数据是公司的绝密资料，是不能给外人看的。但如果不给这位客人看，势必会影响两家和气，甚至会失掉这位大买主。

这位销售主管并没有说"不，这不可能"之类的话。

他的话中婉转地说出了"不"："对不起，连我也无法得到这些数字呀！"

"公司是不容许这样做的，否则我会丢掉饭碗的。"

"这个……好吧，下次有机会我给你带来吧。"

"公司还未做过此类分析，倘若要做的话，恐怕得一阵子。"

不论他的话是上述哪一种，知趣的买主听过后是不会再来纠缠他了。

此外，委婉地拒绝，巧妙地说"不"，还有以下几种建设性的做法：

用沉默表示"不"；用拖延表示"不"；用推脱表示"不"；用回避表示"不"；用反诘表示"不"；用客气表示"不"；运用那气韵味十足的"无可奉告"；"天知道，你不知道"；"事实会告诉你的"

……

一般地说，在生活当中，拒绝一个人需要勇气，因为拒绝会使对方感到难堪，没有面子，尤其是硬邦邦地说“不”，更是令人无地自容。所以，很少有人说“不”，即使非拒绝不可，也要语气委婉，直来直去的“不”不到关键时候绝不轻易说出来。

因此，有人在谈生意中也照搬这一套，不肯轻易对对手说“不”，怕伤了双方的感情，也怕使谈生意谈崩。尤其对那些急于从谈生意中获得一点什么的谈生意者来说，说“是”都来不及，哪里有说“不”的勇气？但是，这样小心谨慎的结果，往往使谈生意失败。因为谈生意对手一旦发觉你不敢说“不”，就会马上勇气百倍，信心十足，此消彼长，得寸进尺，想不赢都不可能。

可见，要想在谈生意桌上赢得利益的筹码，就绝对不要放弃说“不”的权利！

实际上，在谈生意中知道如何说“不”，知道何时说“不”，将还会对你在谈生意中所处的地位起到调整作用。比如，如果你善于运用此道，就能给对方一种深不可测的感觉，从而对你望而生“畏”，使你在谈生意桌上占尽“地利”。

犹太商人认为，说“不”并不是简单地说“不”了事，你首先要考虑到如何拒绝方能不影响谈生意的顺利进行。你要根据情况善于说“不”，这样才能更快、更好地达成目的。

在谈生意中，有些谈生意者支出架子准备进行艰难的拉据战，而且他们也完全抛开了谈生意的截止期。此时，犹太商人主张最佳防守兼进攻策略就是出其不意，提出时间限制。

还记得美国总统卡特在戴维营与埃及前总统沙达特、以色列前首相比金所举行的长达十二天的会议吗？

此一首脑会议的目的，是想解决以、埃之间对立三十年来的一切悬而未决的问题。这些问题十分复杂，因此谈判从一开始便进行得非常缓慢，经常中断，没有人有把握能谈出什么结果来。

于是,主事者便不得不为谈判设定一个期限——就在下个礼拜天。

果然,随着截止期限一天天的接近,总算有一些问题获得了解决。而就在礼拜天将到的前一两天,谈判的气氛突然变得前所未有地顺利,更多的问题迎刃而解,以、埃双方也达成了最后的协议。在如此重大谈判的过程中,谈判的"截止期限"依然能产生令人惊异的效果。

这一策略的主要内容是,在生意桌上给对方一个突然袭击,改变态度,使对手在毫无准备且无法预料的形势下不知所措。对方本来认为时间挺宽裕,但突然听到一个要终止谈生意的最后期限,而这个谈生意成功与否又与自己关系重大,不可能不感到手足无措。由于他们很可能在资料、条件、精力、思想、时间上都没有充分准备,在经济利益和时间限制的双重驱动下,会不得不屈服,在协议上签字。

同时,提出时间限制时,时间一定要明确、具体。

在关键时刻,不可说:"明天上午"或"后天下午"之类的话,而应是"明天上午 8 点钟"或"后天晚上 9 点钟"更具体的时间。这样的话会使对方有一种时间逼近的感觉,使之没有心存侥幸的余地。

试比较一下这两种最后通牒的效果:"我们不能继续讨论下去了。你们知道我们的条件,要不能按照此条约协定的话,我们只好另考虑办法了。""我们必须今天做出决定。20 点以前贵方应慎重考虑一下我们的条件,否则我们将同其他公司成交。"显然,后一种说法语气坚定且时间紧迫,使对方几乎没有喘息的机会。

12.谈判不求绝对公平

《塔木德》箴言："钱说话的时候，真理就沉默。"

一个在犹太人中广为流传的经典故事是这样的：

有人把一个橙子给了两个孩子，于是这两个孩子便为了如何分这个橙子而争执起来。此时那个人就提出一个建议：由一个孩子负责切橙子，而另一个孩子先选橙子。

结果，两个孩子各自取了一半橙子，高高兴兴回家了。

第一个孩子回到家，就把果肉挖出扔掉，橙子皮留下来磨碎，混在面粉里烤蛋糕吃；

另一个孩子把果肉放到榨汁机上打果汁喝，把皮剥掉扔进垃圾桶。

从上面的情形我们可以看出，虽然两个孩子各自拿到了看似公平的一半，可是他们的东西却没有物尽其用，没有得到最大的利益。

这说明，他们在事先没有声明各自的利益所在，没有进行沟通与谈判，从而导致了盲目追求形式上和立场上的公平。结果，双方的利益并未在谈判中达到最大化。

我们来看看姐妹俩争吃一个桔子的故事。两个人都要这个桔子，因此就一分为二。她们并未了解一位想吃果肉，另一位只想用桔皮烘烤蛋糕。

这个故事如同许多谈生意案例一样，圆满的协议之所以有达成的可能，正是因为每一方所要求的是"不同"的东西。你了解了这一点，一定会感到惊异，人们一般都认为双方的差异只会造成困难。然而，"差异"有时却能导出解决问题的方法。

在谈判过程中,应该加强沟通,通过沟通创造价值,达到“双赢”的结局。

调和双方利益的第一个诀窍是:拟定一些你本身可以接受的选择方案,然后征询对方偏好哪一项。

你希望知道的只是对方偏好哪一项，不必知道对方可接受哪一项。然后,你再细分对方偏好的那项选择方案,将之分为两种以上的不同方式,再请对方选择。

如果要用一句话来概括如何“双赢”的话,那就是:寻找对方损失有限而对你大为有利的方案。

调和双方利益的第二个诀窍是:把双方的注意力都放在谈判的内容上。

现在你正在设法寻找可以改变对方抉择的各种选择方案，以便对方做出令你满意的决定。你要给对方的不是问题而是答案,不是困难的决定而是容易的决定。在这一阶段中,你务必把注意力放在决定的内容上。

你由于大多数人都会受到“合法性”概念的强烈影响,因此设法使解决方法显示出完全的合法性,是解决方法容易为对方所接受的有效方式之一。对方比较容易接受从公平、法律和荣誉角度看认为是对的事。

正如美国人所说:“智慧在中国人的脑袋里,金钱在犹太人的口袋里。”因为营销的关键是将客户的钱从他的口袋转移出来装进自己的口袋，将产品和企业的思想装进客户的头脑;不仅要找出你的客户和接触你的客户,还要说服你的客户和服务好你的客户;不仅要“借势”,还应“攻心”,从而全方位地创造良好的顾客感受,使顾客感动和联想,进而激发其购买欲望。

第八章 管钱术：牢牢看紧自己的财富

《塔木德》箴言：『金钱容易引发意外，任何人对待金钱都要谨慎，否则就要损失金钱。先要学会看管少数金钱，然后才可以管理更多金钱，这是最聪明的提防金钱损失的办法。』在犹太人眼里，仅仅知道不停地干活显然是不够的，一定要学会管钱，会管钱是一种比会赚钱更加高明的手段。

1.不要让财富缩水

《塔木德》箴言："欲望好像野草，农田里只要留有空地它就生根滋长，繁殖下去。欲望就是如此，只要你心里留有欲望，它也会生根繁殖。欲望是无穷无尽的，但是你能满足的却微乎其微。"

在犹太人中有这么一句话广为流传：会干的，不如会管的！他们认为管钱是保住家底的好办法。

管钱首先要做到心中有数，如果你不知道自己的家底有多大，怎么可能做到合理的支配钱呢？摸清家底，可以及时拿出对策，避免更大损失。

我们都知道，银行存款是生息的，只要有存款，便能获得利息收入。而现金，是不生息的，手持现款是多少，经过若干年后，仍旧是原来的价值，并不增多。这样看来，银行存款比手持现款更有吸引力。那么为什么犹太人这么"傻"，宁可守住一大堆现款，而不愿把它放在银行，让它"增值"呢？

实际上，犹太人并不傻，而是太精明了。天生有数学头脑的犹太人，早已算好了这笔令人惊讶的账。

他们算完这笔账后，就有充分的理由：银行存款，的确可以获得一大笔利息，但是物价在存款生息期间不断上涨，货币价值随之下降，尤其是存款本人死亡时，尚须向国家缴纳继承税。这是事实，几乎世界各国都如此。所以，无论多么巨大的财产，存放在银行，相传三代，将会变成零，这就是税法上的原则。

现款确实不增值，但物价上涨对其影响不大，而且最关键的是，手持现款，避免了在银行的财产登记，在财产继承时，不需要向国家缴纳遗产继承税。所以，手持现款时，财产既不增多，也不减少。

犹太人不会把现款存入银行，有人不禁会问:“家财万贯的犹太人到底怎样保护现款，他们难道不担心钱的安全吗？”

如果每天都把现款携带在身，当然是不可能的，也是不安全的。犹太人已经为现款找到安全之处——银行。他们不是存款于银行，而是把现款放在银行的保险柜里。

日本具有“银座的犹太人”之称的藤田先生，在1968年访问美国服饰用品商狄蒙德先生时，曾参观了他的现款保险柜。

狄蒙德先生领他到银行地下室放置保险柜的昏暗地方，打开了装满现款的保险柜。

藤田先生十分惊讶地发现，保险柜里装着现行的各种纸币，也有五六年前的各种旧币，还有金块，约合日币二三十亿元！

如此巨大的财产，狄蒙德先生却十分放心地置之于此。因为银行是个极其安全的地方，有一流的安全防卫措施、专门的防卫人员，把现款托放于此，当然可以高枕无忧了。

现款是不能随便放置的，它需要一个安全的“藏身”之地。聪明的犹太人，巧妙地利用银行的安全设施，在银行的安全角落安放现款的保险柜，即使拥有亿万现金，也不用担心被盗。

2.每天储蓄一点点

《塔木德》箴言:“别想一下就造出大海,必须先由小河川开始。”

培根勋爵有句名言:“与其去赚些小钱,不如去存些小钱。”

许多人不屑一顾随手扔掉的零钱和其他一些不当回事的支出，往往是人生中财富和独立人格的基础。这些浪费者往往是属于这个世界中权利受到分割的阶层,其实他们自己才是自己的最大敌人。如果一个人自己跟自己过不去,自己不能成为自己的朋友,他还怎么能指望别人成为自己的朋友呢?

犹太商人爱打这个比喻：用没有底座的水桶打水时，水并不会完全漏掉,总会剩下一点点,用那些把一点点水积存起来一样的方法来积累的话,一定可以就成富翁的。

这的确是个很好的忠告。

犹太人测算过，依照世界的标准利率来算，如果一个人每天储蓄 1 元钱,88 年后可以得到 100 万元。这 88 年时间虽然长了一点;但每储蓄 1 元,大都在实行了 10 年、20 年后,很容易就可以到达 100 万元,因为这种有耐性的积蓄,就会得到利用,由此便得到了许多意想不到的赚钱机会。

犹太人注重开支的预算,要根据预算的 90%支出、10%储蓄的原则,慎重使用必要的支出及购买必需物品,把不必要的东西全部删除,因为它是无穷欲望的一部分。

切记不要动用储蓄的 10%收入,因为那是致富的本源。大家要养成储蓄致富的意识，保持对支出的预算，并及时对预算作有利的调整，调整预算能帮你保住已经赚得的金钱。

实际上，对于刚刚走上社会，或者准备创业的人们来说，储蓄是一种很好的积累资本的方法。当然，储蓄的目的并不是致富，事实证明，仅仅靠储蓄是无法致富的。储蓄的目的是用来积累一定的资本，为创业致富打下基础。

大部分人都会经历一个从无到有，从贫穷到富裕的过程。幻想突然发大财或者中大奖总是不太现实的，因此，每一个人都需要为自己的财富人生早做打算。要下定决心，不管遇到什么事，都要储蓄10%的收入，日积月累，不用多长时间，你就能够拥有创业的第一桶金，走上钱生钱的致富之路。

3.吝啬是另一种节俭

《塔木德》箴言："吝啬在有的时候和节约一样是一种优秀的品质。"

世界上流行这样的说法："犹太人是吝啬鬼。"这种说法有一定依据，但也是一种误解。因为犹太人中有很多是经商的，而且是经商高手。作为商人，对物品斤斤两两计较和对金钱分分毫毫的核算是职业本能的反映。作为商人，如不精打细算，不爱惜钱财，怎能获得经营的利润呢？

一个青年有幸和一位犹太富商同住一室，晚上睡觉的时候，青年恳求富商："讲讲你是怎么变成富翁的吧。"

犹太富商答应道："好吧，你先把灯关掉，我们这种谈话用不着开灯。"

青年顿悟道："您不用讲了，我明白了。"

节俭是致富的起码准则，一个曾经拥有过财富而又变成穷光蛋的人，十有八九是因为铺张浪费、挥霍无度造成的。

犹太商人认为，正视自己的日常事务，并且在钱财方面，量入为出，斟酌考虑，这是每一个人义不容辞的职责。

一个生活节制适度的人的口袋里才会有钱去帮助别人；而一个铺张浪费、缺乏远见和挥霍一空的人，他是从来就不会有机会去帮助别人的。

当然，节俭决不是做一个一毛不拔的铁公鸡，否则就是一个可怜的守财奴。在生活和交往中心胸狭窄、斤斤计较，这是极端短视的，一般也只会导致失败。

有句谚语叫做“只有一分钱的胸怀，决不可能得到二分钱的收获。”慷慨大方和气量宽宏，和诚实守信一样，是生活和交往中最为重要的原则。

“紧紧地看住你的钱包，不要让你的金钱随意地出去，不要怕别人说你吝啬。你的钱每花出去一分都要有两分钱的利润的时候，才可以花出去。”犹太人巨富洛克菲勒是这个信条虔诚的遵守者，尽管他的财富多得他自己也数不清，但是洛克菲勒却一直奉行节俭的信条。

洛克菲勒早年在一家大石油公司做焊接工，任务是焊接装石油的巨大油桶。

但是，焊接时总会有焊条的铁渣掉落。后来，洛克菲勒细心地发现他每焊接一个油桶要掉落的铁渣每次不多不少正好是 509 滴，洛克菲勒心想，这得浪费多少焊条呀！

于是，洛克菲勒想办法改进了焊接的工艺和焊接的方法，让每次滴落的铁渣从 509 滴减少到 508 滴。尽管每次只减少 1 滴铁渣，但是对一家大石油公司来说，全年节约的资金竟然是 5.7 亿之多！洛克菲勒因此获得了晋升。

洛克菲勒刚开始步入商界之时，经营步履维艰，他朝思暮想发财却苦于无方。

有一天晚上，洛克菲勒从报纸上看到一则广告，是推销一种发财秘诀的书。为此，他高兴极了，第二天急急忙忙到书店去买了一本。当他迫不及待地把买来的书打开时，却看到书内仅印有“勤俭”二字，其余再没有任何内容了，洛克菲勒为此大为失望和生气。

在接下来的几天中，洛克菲勒因此思想十分混乱，几天寝不成眠。他反复考虑该“秘诀”。

起初，他认为书店和作者在欺骗他，一本书只有这么简单的两个字，他想疾书指控他们在欺骗读者。

后来，他越想越觉得此书言之有理。确实，要发财致富，除了勤俭之外，别无其他办法。

这时，洛克菲勒才恍然大悟。

此后，洛克菲勒将每天应用的钱加以节省储蓄，同时加倍努力工作，千方百计地增加一些收入。

这样坚持了5年，洛克菲勒积存下800美元，然后他将这笔钱用于经营煤油。在经营中，洛克菲勒又精打细算，千方百计地将开支节省，把盈利中的大部分储存起来，到一定时间把它投入石油开发。经过30年左右的“勤俭”经营，洛克菲勒成为美国最大的三个财团之一的首领，直至1996年，其财团属下的石油公司，年营业额已达1100多亿美元。

洛克菲勒成为亿万富翁以后，在经营管理方面也是精于节约。他要求部下提炼一加仑原油的成本要计算到小数点后的第三位。每天一到公司，他就要求公司各部门将一份有关成本和利润的报表送上来。多年的商业经验让他熟稔了经理们报上来的成本开支、销售，以及损益等各项数字，他常常能从中发现问题，并且以此指标考核每个部门的工作。

在对孩子的教育上，洛克菲勒更是以严格著称，目的就是培养孩子们节俭的精神。首先，洛克菲勒不让孩子们知道自己的父亲是个富人，他的几个孩子在长大成人之前，从来没有去过父亲的办公室和炼油厂。同时，洛克菲勒在家里搞了一套虚拟的市场经济，称他的妻子为“总经理”。他们要求孩子们认真记账。孩子们都需要靠做家务来获得零花钱：打苍蝇2分钱；削铅笔1角钱；练琴每小时5分钱；修复花瓶1元钱；一天不吃糖2分钱，如果第二天还不吃则得到1角钱；从菜地里拔10根杂草1分钱；劈柴1角5分；保持院里小路干净1角钱。

洛克菲勒为自己能够把孩子们培养成小小的家务能手感到很得意。他曾指着13岁的女儿对别人说:“这个小姑娘已经开始挣钱了,你根本想像不到她是怎么挣的。我听说煤气用得仔细,费用就可以降下来,便告诉她,每月从账单上节约下来的钱都归她。于是她每天晚上四处转悠,看到没有人在用的煤气灯,就去把它关小一点儿。”

犹太人特别是犹太商人是十分注重节俭的,他们不管多么富有,绝不会随意挥霍钱财。在宴客中,以吃饱吃好为尚,不会讲排场乱开支。在生活中,以积蓄钱财为尚,不会用光吃光,手头空空的。

很多人都会认为自己收入太少,是不会变成富翁的。有这种想法的人,假使他的收入很多,也不会变成富翁的。因为他们根本不懂得重视小钱的道理。听说愈有钱的人对小钱愈在意,而穷人常会变为“那么有钱的人,怎么对一杯咖啡那么吝啬呢?”可是我们应该想到,如果他没有那种吝啬的精神,也就不会变成富翁了。

犹太人弗兰西斯·霍拉的父亲在他开始进入社会的时候,对他提出忠告说:“我衷心地希望你事事开心如意,但我不得不三番五次地劝导你要节俭。节俭对任何人来说都是一个必不可少的德行。然而,浅薄的人可能会轻视它。其实,节俭是通向独立的大道,而独立则是每个精神高尚的人所追求的崇高目标。”

节俭也意味着为了将来的利益得到保障,要有抵御眼前的满足诱惑的能力,这也是人超越于动物本能的高贵之处。节俭完全不同于吝啬,因为正是由于节俭才能使一个人能够时时表现得慷慨大方,它也不能把金钱作为崇拜的偶像,而只是把它当做一个有用之物。正如迪安·斯威夫特所说的:“我们脑子里必须有金钱概念,但是不能一心想的都是金钱。”

4.不停地干活是不够的

《塔木德》箴言："仅仅知道不停地干活显然是不够的。"

犹太人认为，做生意，必须动脑筋，如果只知道拼命，自然会赚到钱，但是却很难赚到大钱。所以，经商要懂得巧干加实干，要学会利用别人的势力打出自己的品牌，这样就可以营造出强大的声势。

犹太人认为，勤劳尽管是一个人成功的必要条件，但是仅仅用勤劳是远远不够的，最终能够成功、能够致富的人们并不是那些一味不停干活的人。

有一次，一位下属在喝醉酒的时候对他的犹太老板说："讲到勤奋，你不如我；论成功，我根本不敢和你比！这是为什么呢？"

老板听了，惊奇于下属的疑问，但是他马上就意识到了下属的意思，于是反问下属："为什么你们会以为我应该比你们更加勤奋呢？为什么我非要比你们勤奋才能赚钱呢？"老板接着说："我从来没有想过自己的钱是靠勤奋赚来的。尽管我也曾经勤奋过，那已经是在很多年以前的事，那时候，我替自己的老板工作。在那个年代，我比你们要勤奋、刻苦得多，却没有你们现在所挣的多。在这个社会，大部分的人都勤奋，但不是大部分的人都能够发财！靠勤奋发不了财！"

下属对此很诧异，问："发财不是靠勤奋，那靠什么呢？"

老板说："既然大家都那么勤奋，难道缺我一个，地球就不转了吗？我的长处，是提供让别人有机会勤奋的工作职位，而不是我要比他们更加勤奋！"

犹太人认为，最努力工作的人最终绝不会富有。如果你想变富，你需要“思考”，独立思考而不是盲从他人。富人最大的一项资产就是他们的思考方式。

亿万富翁亨利·福特说：“思考是世上最艰苦的工作，所以很少有人愿意从事它。”“你的头脑是你最有用的资产，但如果使用不当，它会是你最大的负债。”

华尔街是众多投资者们聚集的地方，也是他们争夺机遇与利润的地方。为此，许多投资者每天都要紧紧地盯着电脑看市场行情，不放过任何一个关于市场分析及评论的信息。因为他们认为，信息就是机遇，错过一条有价值的信息，就等于失去了一次赚钱的机会。尽管这些人为此而紧张地工作着，但是，结果却不尽人意。

犹太金融家摩根的做法却与众不同。他总是在休假、娱乐，但是他的资产却不断地在增长。这是为什么？人们对此很不理解。摩根却说：“那其实是工作的一部分，只有远离市场，才能更加清晰地看透市场。那些每天都守在市场上的人，最终会被市场中出现的每一个细节所左右，也就失去了自己的方向，被市场给愚弄了。”

可见，赚钱并不是要一味艰苦地工作，这样往往会看不清市场的本来面目，被市场所愚弄，金钱当然离自己越来越远。像摩根这样把自己超然于纷繁复杂的市场之外，用冷静的眼光来看待市场，用理智的头脑来分析市场，得到的信息往往更具有商机。

“有些事情何必自己去干呢，你只需要干自己必须去干的事情，其他的事情交给别人去干好了。一个人倘若事必躬亲，不论其才干多么高超，也难以兼顾。”洛克菲勒说，“我永远信奉干活越少，赚钱越多。我只去做那些需要自己认真思考的事情，这样才是你的意义。”

犹太人相信，成功的商人并不仅仅依靠勤勉来致富的，任何一个人都不可能承受马不停蹄的劳动，只有充分挖掘自身的潜能，利用自己的智慧，同时再借用其他各种资源，把所有的资源整合起来为我所用，才能够发挥最大的合力，创造更大的财富。

5.做好自己的账房先生

《塔木德》箴言："果实甜美自然虫多，财产庞大烦恼也多。"

根据一项调查，人们70%的烦恼都跟金钱有关。

犹太商人认为，每天会给自己算账，打"算盘"，是非常重要的一件事，这样可以避免出现赤字。赤字引起的心理恐慌，是折磨人的。

约翰·洛克菲勒也保有这种总账。他每天晚上祷告之前，总要把每便士的钱花到哪儿去了弄个一清二楚，然后才上床睡觉。

洛克菲勒老年时，有一天，他向他的秘书借了五美分。当洛克菲勒给秘书还钱的时候，秘书不好意思要，洛克菲勒当即大怒："记住，五美分是一美元一年的利息！"由此可见，洛克菲勒对于金钱的节俭和计算真是精明。

当牵涉到你的金钱时，你就等于是在为自己经营事业。

犹太人索罗斯年轻时曾经做过侍应生，还摘过苹果，做过油漆工。他说："我每周的收入是4英镑，目标是把花费控制在4英镑之下。每笔开支我都记账。"

因此，不论你是普通家庭主妇，还是小店的掌柜，或是公司老板，都应像个账房先生一样不停地盘算你的家底，做到有多大能耐办多大事。犹太人最忌讳的就是不知道自己有多大实力而盲目的发展。

金钱感觉是经营者必须掌握的一个部分，是非常重要的感觉。经营者对公司的金钱必须严格把关。公司的金钱不仅限于现金、原材料、商品、设备，还必须把这所有的一切都反映为金钱。老板动用的金钱数目越大，人对金钱的感觉就会变得越麻痹。公司的规模越大,必然其金额就会增大。日常动用巨额金钱时,小额钞票常常显得像垃圾一样不予重视。如果每天操纵着10万美元、100万美元那样巨额的现金,那么对一两万变得无所谓,则并不足为奇。

有一位老板在公司资金筹措紧迫时,却每天将1000至2000美元扔在酒馆里。一边说着还差二三百万,一边却将公司的钱如汤水般抛撒。的确,对于100万美元来说,1000算不得什么。那一天即使节省了1000,对于筹措的100万美元算不了什么,但是如果人们探究其资金筹措紧迫的原因之后,必然会考虑借或贷款的风险,而断绝借其款项的念头。

果然,这位经营者最终使公司倒闭了。俗话说,一分钱憋死英雄汉,不会珍惜小钱的人干不了事业。不是说要吝啬,也不是说对金钱要总是做精细打算。对自己囊中的金钱稍微大方一点没有什么关系,但是对公司的金钱一分也不能浪费。

一分也不能浪费并不仅限于现金。不用说商品,就连原材料、燃料、劳动力都不能浪费。它们虽然没有露着金钱的面孔,但在公司的经营活动中与金钱相同。对金钱以外的东西,不少人都不具备以金钱的眼光去看待的感觉。因此,不少人看重金钱,却在不断地浪费商品和原材料。这些人也属于金钱感觉薄弱型。

犹太人要求,对于公司的每一笔钱都要认真管理,不管是大公司还是小公司。往往很多企业在发展之初,成长的速度特别快,到了后期,由于金钱的日流量增大,对一些相对少的钱放松了管理的警惕,最终却酿成了大祸。管理金钱,是不分多少的,只有一分钱也要好好管理;100万中的一分钱依然要好好管理。

由此可见,预算并不是一件束缚行动的紧身衣,也不是毫无目的地把花用掉的每一分钱都做个记录。预算是一张蓝图、一个经过计划的方法,用以帮助你从你的收入中得到更大的好处。

6.不能把别人的利益榨干

《塔木德》箴言:"人最大的痛苦不是被人欺骗,而是不被人相信!"

每个人都要看管好自己的钱，但是在管钱的时候不能不考虑到其他人的利益,不能把别人的利益都榨干,这样除了激化矛盾外,还将自己管理金钱的难度系数增大了。

管钱不是护钱,更不是抠门。为了更好的管钱,适当的时候要损失一些钱,只有这样,才能建立和谐的劳资关系,减少管钱的风险。

路德维希·蒙德是犹太实业家中不多见的一个，他不是靠金融技巧,而是完全靠自己的专业知识从事实业的。

蒙德于1839年出生于德国卡塞尔,后移居英国。学生时代的蒙德曾在海德堡大学同著名化学家布恩森一起工作时发现了一种从废碱中提炼硫磺的方法。后来,蒙德将这一方法带到英国,几经周折,才找到一家愿同他合作开发的公司。结果证明,他的这一专利是有经济价值的。后来,英国和欧洲的许多公司都申请使用这种方法。这使蒙德萌发了自己开办化工企业的念头。

1874年,工厂终于建成。但是,刚开始的生产情况并不理想,成本居高不下,企业完全亏损。蒙德并不气馁,他加倍努力,终于在1880年取得了一项重大突破:产量增加了3倍,成本也降了下来,产品由原先每吨亏损5英镑,变为获利1英镑。

1881年,在吞并附近一家和他竞争的企业之后,蒙德和他的主要合伙人约翰·布隆内尔一起,把他们的工厂扩大为"布隆内尔蒙德公司"。当时,布隆内尔蒙德公司拥有资产60万英镑，短短几年之后，布隆内尔蒙德公司成了全世界最大的生产碱的化工企业。

布隆内尔蒙德公司在生产碱的化学工艺上取得了重大突破，但世人认为，该公司在改善劳资关系方面的建树更有革命性的意义。

在英国，布隆内尔蒙德公司是最早给工人每年一周假期，休假期间工资照发的雇主之一，只是有个条件，就是工人必须好好工作。实际上42%的工人获得了这种休假。这说明他们的条件有一定难度，但决不是可望不可及的。

1889年，布隆内尔蒙德公司又作出了一项重大决定，将工人的工作时间定为每天8小时。在当时的英国，工厂中普遍实行一天12小时工作制，工人一周要工作84小时。所以，蒙德的决定被称为“令人惊讶的变革”。但事实证明，工人每天8小时内完成的工作量和原来12小时的一样多，因为他们的积极性极为高涨。

这种两全其美皆大欢喜的效果，可以说正是最善于从人与物两个角度来考虑问题并使之达到和谐一致的犹太商人所着意追求的。

这时，工厂周围的居民的态度也发生了根本的转变，原先因为怨恨蒙德破坏了乡村的宁静而拒绝为他工作的成群劳动者，现在争着进他的工厂做工。在布隆内尔蒙德公司所属的工厂里做工，可获得终生保障，而且在父亲退休之后，可将他的工作像家庭遗产一样传给儿子。

蒙德此时已经非常富有、非常成功，各种荣誉也纷纷降临到他头上。他从事化学研究的摇篮——德国海德堡大学授予他名誉博士学位；牛津大学和曼彻斯特大学分别授予他文学博士学位和科学博士学位；他担任了“化学工业协会”主席，成了“英国皇家学会”、“普鲁士科学院”和“那不勒斯皇家学会”的成员，而且还获得了意大利当局颁发的荣誉勋章。

但是，所有这一切荣誉同日后英国公众在他儿子的工厂发生严重爆炸时所持的宽容态度相比，都几乎不足挂齿了。

蒙德于1909年去世，弥留之际还不忘把自己收藏的大部分名画捐赠给了国家美术馆。他的第二个儿子阿尔弗雷德·蒙德接替他担任布隆内尔蒙德公司的总裁,此时的公司已经成为全世界最大的化学公司之一,包括了生产煤气和镍等众多工厂。

第一次世界大战爆发以后，位于伦敦东区的布隆内尔蒙德公司的一家生产碳酸氢钠的工厂按照政府的命令转产炸药。该工厂位于人口稠密地区，公司曾经告诫政府,这样的安排有可能产生严重后果。

果然,1917 年,这家工厂发生爆炸,炸死 40 人,炸伤数百人,并使大约 2000 人无家可归。

这样严重的事件,加上大战期间英国又曾出现过一次"此前此后都未曾有过的"反犹浪潮,作为公司老板的阿尔弗雷德却几乎没有受到什么谴责，这和他善待企业员工有很大的关系。

虽然后来政坛上有些人仍借此做文章，但是英国公众的这种宽容同犹太人历史上常常无故成为替罪羊的惨痛事例相对照，其反差之强烈令人难以置信。这一切,都要归功于他父亲有钱大家一起挣的态度。如果当年,他的父亲只知道榨取别人的血汗,现在的结果绝对不会是这个样子。

犹太人认为,想挣大钱不仅要让手下拼死拼活地干,还要懂得适当回馈手下,不要一味的去榨取他们的血汗。管理好与这些员工的关系,就等于管理好了自己的钱。

第九章 用钱术：最大限度地发挥金钱的功效

《塔木德》箴言：『花一块钱，就要发挥一块钱的 100%的功效。』当用则用、当省则省，金钱可以满足人的需求，也可以满足人的欲望。只有界定好『需要』和『想要』的界线，把钱用在最需要用的地方，最大限度地发挥金钱的功效，金钱才会围在你的周围。

1.要懂得量入为出

《塔木德》箴言："宁可一辈子只吃洋葱，也不愿为了饱餐一顿鸡鸭鱼肉而让其他日子挨饿。"

犹太富商亚凯德说："犹太人普遍遵守的发财原则，那就是不要让自己的支出超过自己的收入，如果支出超过收入便是不正常的现象，更谈不上发财致富了。"

有一次，犹太人亚凯德对一位自称节俭的卖蛋人说："假使你每天早上收进十个蛋放到蛋篮里，每天晚上你从蛋篮里取出九个蛋，其结果是如何呢？"

卖蛋人回答："时间久了，蛋篮就要满溢了！"

"这是什么道理？"亚凯德故意问道。

"因为我每天放进的蛋数比取出的蛋数多一个呀。"卖蛋人回答。

"哦！"亚凯德继续说，"现在我向你介绍发财的第一个秘诀，你们要照我告诉蛋商的发财秘诀去做。因为你把十块钱收进钱包里，但你只取出九块钱作为费用，这表示你的钱包已经开始膨胀，当你觉得手中钱包重量增加时，你的心中一定有满足感。"

"不要以为我说的太简单而嘲笑我，发财秘诀往往都是很简单。开始，我的钱包也是空的，无法满足我的发财欲望。不过，当我开始放进十块钱只取出九块花用的时候，我的空钱包便开始膨胀。我想，各位如果如法炮制，各位的空钱包自然也会膨胀了。"

犹太人的用钱原则就是这样，只把钱用在该用的地方，他们认为不该用的地方，是一块钱也不会花出去的。

崇尚节俭、爱惜钱财是世界富豪们成功的一个诀窍。

美国连锁商店大王克里奇，他的商店遍及美国 50 个州和世界许多地方，他的资产数以亿计，但他的午餐从来都是 1 美元左右。

洛克菲勒说过："对钱财必须具有爱惜之情，它才会聚集到你身边，你越尊重它，珍惜它，它越心甘情愿地跑进你的口袋。"

无论你拥有什么，消费的时候都不能倾其所有。贫穷是人类幸福的一大敌人。它毫无疑问地破坏自由，并且它使一些美德难以实现，使另一些美德成为空谈。节俭不仅是太平安逸的基础，而且是一切善行的基础。一个本身都需要帮助的人是决不可能帮助别人的。我们必须先自足然后才能出让。

量入为出要求我们在安排自己的生活水准时，必须低于自己的收入水平，而不能高于这一水平。而要做到这一点，必须根据收支平衡的原则，拟订并忠实地执行一个生活的计划。量入为出其实是一种自我经营，不懂得自我经营，就随时都有陷入债务陷阱的可能。

正视自己的日常事务，并且在钱财方面，量入为出，斟酌考虑，这是每一个人义不容辞的职责。这种对收入和支出的简单的算术运算有着极大的价值。

每个人都应该量入为出，按照自己的收入过日子。要做到这一点，最重要的是诚实。因为，如果一个人不是诚实地按照他自己的收入过日子，那么他必定是虚伪地按照其他人的收入过日子。如果一个人对自己的消费缺乏长远考虑，并且只顾自己的享乐，丝毫不为别人的利益着想，那么，等到他发现钱的真正用途时，已经太迟了。这些挥霍浪费的人虽然天性大方，但是最后还是被迫去做一些肮脏丑恶的事情。他们贪图一时的安逸享乐，花天酒地，挥霍无度；不得不提前去支取存款，提前领取工资，拆东墙补西墙，寅吃卯粮，结果必然是债台高筑，不得翻身，严重影响自己的行动自由和人格独立。

犹太人的用钱观念可归结为:“努力挣钱是开源的行动, 设法省钱是节流的反映。”看来,犹太人经商致富的秘诀不单是会做生意,还与他们善于节俭。不乱挥霍钱财有关。

是的,巨大的财富需要努力才能追求得到,同时也需要杜绝漏洞才能积聚,那正如古人所说的“泰山不让土壤,故能成其高;河海不择细流,故能就其深”那样,世界上有许多犹太人在成为屈指可数的大富豪后,仍坚持节俭,保持着犹太人那种爱惜金钱的精神。这是他们量入为出的用钱精神的真正体现。

2.用钱要用得法

《塔木德》箴言:“花一块钱,就要发挥一块钱的100%的功效。”

花钱比赚钱更有讲究,犹太人最有钱,也最爱花钱,但他们却从不乱花钱,原因就是他们认为:花一块钱,就要发挥一块钱100%的功效。

在犹太人的用钱观念中,都普遍坚持钱不能随便用,一定要把钱用到最需要的地方。犹太人之所以坚持这种观念,是因为他们懂得“支出”和“欲望”的关系。

据说,有一次,大富翁洛克菲勒到一家他经常去的餐厅用餐。

每次餐后,洛克菲勒习惯付给服务员15美分的小费。但是有一天,他用餐后却不知为何原因,仅付了5美分的小费。

服务员见小费比往常少,不禁埋怨说:“如果我像您那么有钱的话,我绝不会吝惜那10美分。”

洛克菲勒却毫不生气, 笑着说:“这也就是你为何一辈子当服务员的缘故。”

在洛克菲勒看来,一个人不能做钱财的奴隶,相反,要把钱财当做奴隶来使用。

犹太人认为欲望好像野草,农田里只要留有空地它就会生根滋长,繁殖下去。欲望就是如此,只要你心里留有欲望,它也会生根繁殖。欲望是无穷无尽的,但是你能满足的却微乎其微。人们要仔细研讨现在的生活习惯,你们认为有些是必要的支出,但经过明智思考之后便会觉得可以把支出减少,也许觉得可以把它取消。

很多犹太商人都非常推崇美国财富专家乔·史派勒的一本书,叫《动手来赚钱》。书中讲述了一个只剩下 1 美分的人,当这个人正准备开始用掉 1 美分时,突然改变了想法,他把钱换成美金的铜币。他心里告诫自己,每次花掉钱时,必须让钱以 10 倍或更多倍的数量再回到手上。这种方法的确奏效!

这个人最后终于获得了更多的财富,成了一个富有的人。

《塔木德》这样告诫犹太人:“当用则用、当省则省。”“有钱是好事,但是知道如何使用更好。”

犹太人认为,不要把支出和各种欲望混为一谈。各人的家庭都有不同的欲望,可是这些欲望是各人的收入所不能满足的,因此,切不可把自己的收入花在不能满足的欲望上面。

犹太人总是喜欢把钱用在投资上,他们希望通过用钱来获得更多的钱,而不是仅仅把钱花掉。因此,犹太人在花钱的时候总是会认真考虑一下:这钱该不该花?怎样花才最能发挥金钱的作用?有没有少花钱的办法?能不能用其他东西来替代这个物品,从而避免花费不必要的钱?经过这样的思考,犹太人所花的每一元钱,都发挥了 100%的功效。

3.不要把钱都揣进自己腰包

《塔木德》箴言："如果赚的钱都揣进自己的腰包，你就不是一个真正的富翁。"

有人曾花了25年时间，对近100名犹太富翁进行跟踪研究，提炼了犹太富翁对人们的忠告就是："获得金钱的最保险方法，就是先捐献。了解这一点并能做到的人是幸福的。"

犹太人认为："在你们的土地上收割庄稼时，不可割尽田头，要留给穷人。"

洛克菲勒在获得巨大的财富后，总是觉得还不是很称心。面对这么多的金钱，怎样使用它们呢？

有人劝他把这些钱留给他的孩子们，但是洛克菲勒却不愿意这样做。因为，在洛克菲勒看来，留给孩子钱财并没用，留给他们的应该是自己赚取钱财的品质和方法。因此，洛克菲勒激动地回答他人："哦，他们不需要这些钱，这些钱是从大众那里来的，因此也应该回到大众那里去，到它们应该发挥作用的地方去。"

后来，洛克菲勒成立了以自己名字命名的"洛克菲勒基金会"，他帮助成千上万的食不果腹的孩子，满足他们基本的生活需求，让他们接受教育，成为对社会有用的人。

洛克菲勒主要投资在医疗教育和公共卫生上面。他的基金会先后投资达7.5亿美元，是世界上最大的慈善机构。

洛克菲勒不仅自己这样做，他还教育孩子们也这样做。洛克菲勒家族的孩子秉承了他的愿望,整个洛克菲勒家族的捐款和赞助达到了10多亿美元。

当财富像大山一样压向一个人的时候,究竟有多少财富已经变得不重要了。重要的是要用财富来证明自己是一个社会上的成功人士,用金钱向社会作出巨大的贡献。

纵观众多犹太巨商的成功历程,也许大家都会注意到,他们有一个共同的举措,即在发财致富中,注重慷慨解囊做各种善事和公益事业。

19世纪中期至20世纪初期,俄国银行家金兹保家族从1840年创立第一家银行起,经过几十年的经营,在俄国开设了多家分行,并与西欧金融界建立了广泛的业务关系,发展成为俄国最大的金融集团,其家族成员成为世界知名的大富豪。

金兹堡家族像其他犹太富豪一样,在其发迹过程中做了大量的慈善工作。他们在获得俄国沙皇的同意下,在彼得堡建立了第二家犹太会堂;1863年,又出资建立俄国犹太人教育普及协会;然后又用他们在俄国南部的庄园收入建立犹太农村定居点。

金兹堡家族第二代继续把慈善工作做下去,曾把其拥有的在当时欧洲最大的图书馆捐赠给耶路撒冷犹太公共图书馆。

美国犹太商人施特劳斯,他从商店记账员开始,步步升迁,最后成为美国最大的百货公司之一的总经理,于20世纪30年代成为世界上首屈一指的巨富。在他事业成功的过程中,也做了大量的慈善活动。

他除了关心公司职工的福利外,曾多次到纽约贫民窟察访,捐资兴建牛奶消毒站;并先后在美国36个城市给婴幼儿分发消毒牛奶;到1920年止,他捐资在美国和国外建立了297个施奶站;他还资助建设公共卫生事业,1909年在美国新泽西州建立了第一个儿童结核病防治所;1911年,他到巴勒斯坦访问,决定将他1/3的资产用于该地兴建牛奶站、医院、学校、工厂,为犹太移民提供各项服务。

苏格兰犹太人伊沙克·沃夫森被誉为当代最慷慨的慈善家。伊沙克·沃夫森是英国最大的百货公司“大宇宙百货公司”的总裁。该公司拥有3000多家零售商店，同时涉及银行业、保险业、房地产，还有水陆路运输业等。

1955年，伊沙克·沃夫森设立了以自己名字命名的基金会，在以后的20年间，伊沙克·沃夫森向各个教育机构提供了4500万美元的经济资助。其中，牛津和剑桥这两所大学各有一个“伊沙克·沃夫森学院”。为此，许多大学和学院都向他颁发了荣誉学位证书。

沃夫森非常乐于对人讲这样一个故事：

曾经有一个人问他：“沃夫森这个家伙既是皇家外科医师学会会员和皇家内科医师学会会员，又是牛津大学的教会法规博士和剑桥大学的法学博士，而且还是这所大学的这个博士，那个大学的那个博士，他到底是干什么的？”

“他是个写东西的。”

“写东西？他写了些什么？”

“支票。”

上述诸如此类的例子还有很多很多。

赚钱的能力是犹太人评价一个商人成功与否的重要标准。但是，只有那些不仅仅为自己谋得利益，同时又懂得慷慨回馈社会的人，才能真正实现自我的价值，得到社会的认可。

犹太商人如此乐于做善事，实际上也是一种生意经。他们大量的捐资为所在地兴办公益事业，会赢得当地政府的好感，对他们开展各种经营十分有利。有些犹太富商由于对所在国的公益事业有重大义举，获得了国王的封爵，如罗斯查尔德家族有人被英王授予勋爵爵位。有些犹太商人还获得当地政府给予优惠条件开发房地产、矿山、修建铁路等，赚钱的路子得到拓宽。

可见，犹太商人热心捐钱办公益事业，归根到底是一种营销策略，为企业提高知名度，扩大影响，博取消费者的好感，起到重大作用，对企业巩固已占有市场及今后扩大市场占有率会产生作用。

第十章 投钱术：财富需要不断投资

《塔木德》箴言：『放在自家钱柜里的金钱的闪光，只能吸引它的所有者毫无价值的注意力，正如萤火虫的辉光只能把自己暴露给它的捕捉者。』财富需要不断投资，才能使财富像滚雪球一样，越来越大。

1.不要把储蓄变成嗜好

《塔木德》箴言:“一块沉入红海的金子和一块石头没有什么区别。”

有一天,一个犹太财主将自己的财产托付给三位仆人保管与运用。

他分别给了第一位仆人5份金钱,第二位仆人2份金钱,第三个仆人1份金钱。

犹太财主对他们说:“一定要好好珍惜并妥善管理自己的财富,一年后,我将来看看你们是如何处理这些金钱的。”

一年后,当犹太财主再回来查看他的财富时,三个仆人的做法各不相同。

第一位仆人说:“我拿到这笔钱后进行了各种投资。现在,您给我的金钱已经增加了两倍!”犹太财主听了甚感满意。

第二位仆人说:“我拿到这笔钱后买下原料,制造商品出售。现在,我的金钱也增加了一倍。”犹太财主也很满意。

第三位仆人说:“唯恐运用失当而遭到损失,所以我将钱存在安全的地方,今天将它原封不动奉还。”

犹太财主听了大怒,骂道:“你这愚蠢的仆人,竟不好好利用你的财富!”

第三位仆人受到责备,不是因为他乱用金钱或者投资失败遭受损失,而是因为他把钱存在安全的地方,根本未好好利用金钱。

多数人认为钱存在银行能赚取利息,能享受到复利,这样就算是对金钱有了妥善的安排,已经尽到理财的责任。事实上,利息在通货膨胀的侵蚀下,实质报酬率接近于零,等于没有理财。因此,钱存在银行等于是没有理财。

每一个人最后能拥有多少财富,难以事先预测,唯一能确定的是:将钱存在银行而想致富,难如登天。试问:“你曾否听说有单靠银行存款而致富的人?”将所有积蓄都存在银行的人,到了年老时不但无法致富,常常连财务自主的水平都无法达到,这种例子时有所闻。

选择以银行存款作为理财方式的人,其着眼点不外乎是为了安全,但是每个人必须了解:“钱存在银行短期是最安全,但长期却是最危险的理财方式。”

通常贫穷人家对于富人之所以能致富,较负面的想法是将富人致富的原因,归诸于运气好或者从事不正当或违法的行业。较正面的看法是将富人致富的原因,归诸于富人较我们努力或者他们克勤克俭。但这些人万万没想到,真正造成他们财富被远抛诸于后的,是他们的理财习惯。因为穷人与富人的理财方式不同,富人的财产多是以房地产、股票的方式存放,穷人的财产多是存放在银行。

著名的美国通用汽车制造公司的高级专家赫特曾说过这样一段耐人寻味的话:“在私人公司里,追求利润并不是主要目的,重要的是把手中的钱如何用活。”

犹太人这种“不作存款”的秘诀,是一门资金管理科学。

俗语讲:“有钱不置半年闲”,这是一句很有哲理的生意经。就是说做生意要合理地使用资金,千方百计地加快资金周转速度,减少利息的支出,使商品单位利润和总额利润都得到增加。

没有资本怎么办?可以自行做工积累,然后靠运筹弄来一点。

没有经验怎么办?可以从实践中学。

当年的普利策千方百计找到圣路易斯的一家报社,向老板求一份记者工作。开始老板对他不屑一顾,拒绝了他的请求。但是,普利策反复自我介绍和请求,言谈中老板发觉他机敏聪慧,勉强答应留下他当记者,但有个条件,半薪试用一年后再商定去留。

为了实现自己的目标，普利策全力投入该工作。他勤于采访，白天认真学习和了解报馆各个环节的工作，晚间则不断地学习写作及法律知识。

他写的文章和报道不但生动、真实，而且法律性强，不断引起社会的非议和抨击，吸引着广大读者。老板高兴地吸收他为正式工，第二年还提升他为编辑，他的收入也因此增多了，开始有点积蓄。

几年后，他对报社工作了如指掌了，决定用自己的一点积蓄买下一家濒临歇业的报馆，开始创办自己的报纸了。他将该报取名为《圣路易斯邮报快讯报》。

普利策自办报纸后，资本严重不足，但他善于借用别人的力量，使用别人的资金，很快就度过了难关。

他怎么借用别人力量呢？

19世纪末，美国经济开始迅速发展，商业开始兴旺发达，很多企业为了加强竞争，不惜投入巨资搞宣传广告。普利策盯住了这个焦点，把自己的报纸办成以经济信息为主，加强广告部，承接多种多样的广告。

就这样，他利用客户预交的广告费使自己有资金正常出版发行报纸，发行量越来越大。开办5年，每年为他赚了15万美元以上。他的报纸发行量越多，广告也越多，他的收入进入良性循环。不久他发了财，成为美国报业的巨头。

普利策能够从两手空空到腰缠万贯，是一位做无本生意而成功的典型。他初时分文没有。靠打工挣的半薪，然后以节衣缩食省下的极有限的钱，一刻不置闲地让钱滚动起来，使其发挥更大作用。这就是“不作存款”和“有钱不置半年闲”的体现，是经商成功的一个诀窍。

这个世界上或许没有比投资更好的赚钱手段了，攒钱的目的是为了留住钱，而好的投资不仅可以留住钱，还可以赚来更多的钱。

2.赚钱才能成为富翁

《塔木德》箴言："放在自家钱柜里的金钱的闪光，只能吸引它的所有者毫无价值的注意力，正如萤火虫的辉光只能把自己暴露给它的捕捉者。"

有一则笑话是这样的：

卡恩站在百货公司的前面，目不暇接地看着形形色色的商品。他身旁有一个穿戴得很体面的绅士，站在那里抽着雪茄。卡恩恭敬地对绅士说：

"您的雪茄很香，好像不便宜吧？"

"两美元一支。"

"好家伙……您一天抽多少呀？"

"10支。"

"天哪！您抽多久了？"

"多年前就抽上了。"

"什么，您仔细算算，要是不抽烟的话，那些钱就足够买这幢百货公司了。"

"那么说，您也抽烟了？"

"我才不抽呢。"

"那么，您买下这幢百货公司了吗？"

"没有啊。"

绅士叼着雪茄说：

"告诉您，这幢百货公司就是我的！"

攒钱是成不了富翁的，只有赚钱才能成为富翁，这是一个普通的道理。

如果一个人太穷，他就会整天为生存而奔忙和劳碌，他所想到的就是简单的生存，没有时间去想其他事情，他的头脑里没有了产生财富的渴望，也就失去了成为富人的条件。

犹太巨富比尔·萨尔诺夫小时候生活在纽约的贫民窟里，他有六个兄弟姐妹，全家人的收入来源只依靠作为小职员的父亲的那点微薄收入，所以生活极为节拘。尽管他们一再节俭地过日子，但是仍然只能勉强度日。

比尔长到15岁那年，父亲把他叫到身边，对他说："比尔，你已经长大了，要自己来养活自己了。"

小比尔点点头。

父亲继续说："我攒了一辈子也没有给你们攒下什么，我希望你能去经商，这样我们才有希望改变我们贫穷的命运，这也是我们犹太人的传统。"

听了父亲的忠告，比尔决定去经商。

3年后，比尔真的通过经商改变了全家的贫穷状况。5年后，他们全家搬离了那个穷人居住的社区。7年后，他们竟然在寸土寸金的纽约买下了一套房子！

犹太人不仅爱钱，对于如何得到钱也有独到的见解。立足于赚钱而不是攒钱，是犹太商人独有的经营哲学。

犹太人从来都不会把钱存银行里，有了钱之后，他们就会拿这些钱去进行下一轮的资金运转，让这些钱生出更多的钱。

遗憾的是，许多人尽管明白这个道理，却无法真正去执行这条商道。往往一到公司略有盈余，他们便开始胆怯，不敢再像创业那样敢做敢说，总怕到手的钱因投资失败又飞了，赶快存到银行，以备做应急之用，似乎这样才有安全感。

虽然，确保资金的安全乃是人们心中合理的想法。但是，在当今飞速发展、竞争激烈的经济形势下，钱应该用来扩大投资，使钱变成"活"钱，来获得更高的利益。这些钱完全可以用来购置房产、铺面，以增加自己的固定资产，到10年以后回头再看，你会感觉到比存银行要增很多利，你会看到“活”钱的威力。

3.浪尖上才能捕到大鱼

《塔木德》箴言：“在别人不敢去的地方，才能找到最美的钻石。”

做生意就是一场冒险之旅，在不违背法律的前提下，谁敢于冒险，谁就会获胜，因为越是危险的地方越是有高额的利润。

犹太商人的生意经中有“只要值得，就要去冒险”的信条，这样大胆地在风险中淘金的做法，是犹太商人非常令人佩服的一种投钱术。

美国金融巨头摩根就是一个典型的敢于作出惊人投资策略的犹太商人。

19世纪末，支撑美国产业界运输体系的台柱只有铁路运输，但如一盘散沙似的各段铁路都无法胜任这项重任。要想把分散铁路连接成网，组成一个铁路联合体，仍要向铁路投入高额资金。这样，铁路对于投资银行的依赖程度表现得相当突出。

随着生产力的发展，企业社会化程度越来越高，各公司的联合与吞并也越加频繁，借贷的资金额也越来越大。这就要求投资银行不仅有雄厚的财产做后盾，更要有很高的信誉。

在这种严峻的形势下，摩根创立的银行辛迪加成为新时期银行投资业的榜样。众多破产的公司企业面对美国的经济危机，把希望寄托在摩根身上，希望他能够收购他们的公司，成为他们的救世主，使他们的公司得以新生。

在此危难之际,摩根力挽狂澜,扶大厦于将倾,他操起手术刀,向铁路业大动手术了。

他这次采取的是"高价买下"战略。无论是西部铁路,还是那些早已不符合当今发展要求的铁路,他都要统统买下,以便能迅速整顿美国铁路。

这次摩根对铁路的大整顿,标志着美国经济由开发的初创阶段,进入了现代的重视经营管理阶段,彻底转变了美国传统的经营战略与思想。他的成功,改变了美国经济的发展方向。在华尔街则更是这样,他的经营思想与管理方式成为华尔街纷纷模仿的形式,至今还有巨大的影响力。

在经历了从"海盗式"经营到形成辛迪加,进而到托拉斯,华尔街已从过去投机商的乐园,转变成为美国经济的神经中枢。华尔街日后成为美国经济的发展标志,并问鼎世界金融霸主的地位,摩根为此做出了不可磨灭的贡献。

从摩根身上,我们发现,犹太人的投钱术中充满了风险与机会,他们宁可去尝试在风险中赚钱,也绝不轻易地让自己退出风险。这种"胆大心细,迅速出手"的投钱术应当是一个优秀商人的基本素质。

《塔木德》上说:"在别人不敢去的地方,才能找到最美的钻石。"也就是说"高风险,意味着高回报",只有敢于冒险的人,才会赢得人生辉煌。而且,那种面临风险、审慎前进的人生体验可以练就过人的胆识,这更是宝贵的精神财富。

做生意就像一场赌博,愿意做别人不敢做的生意的人才是真英雄,犹太人始终记得一点:不敢冒险,永远成不了富翁。

犹太商人历来负有一个投机家的名声。无论在西方还是中国,在相当长的一段时间里,"投机" 这个词都不明不白地带有某种贬义色彩。现在不同了,经济学家们给"投机"换上了一个恰如其分的雅称,名之为"风险管理"。这个名称一改,犹太商人也由原来的"投机家"变成了"风险管理家"。

确实,犹太商人的"管理风险"能力很强,就是他们的生存本身也需要有很强的"风险管理"意识。

犹太商人不能干坐着等“驱逐令”之类的厄运到来，也不能毫无准备地到时候措手不及。在每次“山雨欲来风满楼”时，他们都需要准确把握“山雨”到底会不会来，来了会有多大。这种事关生存的大技巧一旦形成，用到生意场上去就游刃有余了。

当然，这也许同犹太裔人经商时的积极乐观态度也有很大的关系。犹太民族历经劫难，但在看待事物的发展趋势时，却常抱乐观的态度，并采取相应的行动。而事实是，无论经商还是做什么，乐观者总要多点机会，投中的次数也更多些。

随着时代的进步，犹太人的这种风险观愈发显示出其夺目的光辉。现在，每个企业的经营管理者，都面临着新产品的预测问题，每一件新产品进入市场，都是一次风险机会的抉择。决定生产就要冒风险，而不冒风险就可能失去机会。但是，承担风险不是不切实际的蛮干，在大胆果断的行动背后都必有深谋远虑，必有细心的筹划和安排。只有智勇相结合，精于计算，因利而动，才能获取最大利益。

4.小鱼敢吃大鱼

《塔木德》箴言：“伟人经常犯错误，经常要摔倒，但虫子不会。因为，它们做的事情就是挖洞和爬行。”

犹太商人投资从来不畏强手，小鱼也敢吃大鱼。

萨奇广告公司虽然白手起家，但公司从一开始就放眼国际市场，人们顺着萨奇公司大肆兼并同行的轨迹可以看出萨奇公司“小鱼吃大鱼”的谋略。

1972年，萨奇兄弟在兼并同行对手方面初战告捷。

1976年，他们更是一鸣惊人，居然买下康普顿广告股份公司英国分公司的绝大部分股票。这家公司在伦敦注册,论规模是萨公司的两倍。小鱼吃掉了大鱼。于是,萨奇兄弟得以在伦敦股市登记注册,进入股票市场,通过控制股权的形式掌握了较多的子公司,为公司日后的多样化发展奠定了基础。

继兼并康普顿的英国分公司后,萨奇兄弟又毫不留情地一口吃掉了英国好几家广告公司。

1979 年,公司以 560 万英镑的价格购买加洛特控股公司,此举使公司在伦敦站稳了脚跟,成为英国最大的广告业集团。

1982 年,在广告史上最大的一次合并中,萨奇公司出资 5500 万美元将纽约康普顿公司(当时,该公司是世界第十大广告公司)纳入自己的控制范围,取得了该公司在 30 多个国家的经营权。萨奇公司此举不仅首次打进美国广告界,而且为在全球扩张业务奠定了基础。

对于这家已有 75 年历史、资金雄厚,但发展迟缓的康普顿广告公司,萨奇公司从伦敦派了一个新的总经理,期望恢复其在市场上的声誉。在两年内,这家公司的利润率从 7%提高到 10%。

为了稳固在美国扎下的基础,萨奇公司又于次年以 1750 万美元买下了两家中等规模的广告公司,获得了一大批善于创新的广告专业人才及设备。

同年 12 月,萨奇公司出售了 3100 万美元新发行的美国储备股票。1986 年,萨奇公司的股票上涨了 18 倍。

之后,萨奇公司又花了几个亿的投资兼并了几家各行业的公司,获得了大量的管理咨询调研人才、公关人才以及销售人才,成为世界上最大的广告公司。

驱使萨奇兄弟建立大型公司的动因并不仅仅来自于他们对金钱和权力的渴求。虽然,在兄弟俩的一些观点、言论中也可以找到某些金钱和权力的影子。但是,他们之所以想建立一个世界规模的广告公司还有其商业上的理由。

因为他们相信,未来是属于一小批像他们那样的大人物的。他们认为,世界上大多数市场拓展得非常缓慢。与此同时,现代化使得人们要同样的东西和以同样的方式生活，这个世界在文化上变得越来越相似。一个多国公司可以由于这种相似性而在世界范围内，或者至少在若干大的市场上，以同样的方式销售同样的产品，从而在那些规模稍次一点的竞争对手无法取胜的经济范围内获得成功。

无疑，这种论点对公认的市场正统观念是一个大胆挑战。后者主张公司应研究每个市场的具体需求并相应地改变调整它们的产品经营方针。

萨奇公司之所以迅速发迹，就是由于兄弟俩敢于打破地区差别，不畏强手，同心协作的结果。

犹太商人"小鱼敢吃大鱼"的投资策略是非常有效的，它能给一个公司带来生机。

在以前的时代，可能资本决定发言权，决定命运，但是现在却不一样了，只要你有胆量，小鱼照样能把大鱼吃掉。

犹太人认为，不懂投资的人，永远都不会成为富翁。但是，投资却不是盲目投资。

犹太人投资技巧之一，就是善于提防金钱的损失。他们认为，当可以获得大批金钱的投资机会出现时，很多人会财迷心窍，不考虑投资的风险，被它所迷惑，蠢蠢欲动地想参加投资，在这种情况下往往可能导致金钱损失的。

犹太人认为："本金有安全保障的投资才是第一流的投资原则。为求高利而丧失本金的投资事业，是愚蠢的冒险。"

可见，作为投资者，不要受急于发财的心情所蒙蔽，必须要仔细调查研究，当你有了充足证据深信绝无冒险成分存在的时候，才可以拿出部分金钱来投资。只有这样慎重的投资你的钱，你才能真正发财。

5.越“不可能”的事越顺手

《塔木德》箴言：“世间的事非常奇怪，越是人们认为不可能的，做起来越顺当。”

大部分人在投资的时候，总是想到这样一个问题：这个项目可能不太容易成功。实际上，许多事情往往出乎意料之外，越是人们认为不可能的事，做起来却越顺当。

1973 年，全世界没有一个人认为曼图阿农场的股票能够复苏，许多人开始抛售手中的月股票。然而，股神巴菲特的想法却不一样，他认为：越是在人们对某一股票失去信心的时候，这只股票越可能是一处大金矿。

就在人们竞相抛售的时候，巴菲特却以每股 5 美分的价格买入一万股。果然，不到五年，他就赚了 4700 万美元。众所周知，现在巴菲特已是紧排比尔·盖茨之后的大富翁了。

在犹太人看来，如果一件事情大家都不去关注，大家都不去做，那么这件事至少是没有竞争对手的。只要自己研究各方面的资料，做好充分的准备，就可以乘虚而入，抢占成功的先机。

有时候，人们都认为某件不可能的事情肯定是非常困难的，甚至是难以想像的。很多人都被困难所吓跑。实际上，随着时间、环境的变化，这些困难也许并不难，或者正在慢慢地变得容易，只要有决心，有毅力去做，再困难的事情也会变得相当容易。

阿曼德·哈默 1898 年 5 月 21 日生于美国，在上大学时，即开始经营父亲留给他的药厂，获得很大成功，成为当时美国唯一的大学生百万富翁。

1921年赴苏联,成为贸易代理人,获得巨额财富。1956年58岁的哈默收购濒临倒闭的西方石油公司,逐步使其成为世界最大的石油公司之一。1974年哈默的西方石油公司年收入高达60亿美元。哈默一生与东西方政界领导人建立了密切的联系,在全世界享有盛誉。

经常有人向哈默请教致富的"魔法"。他们坚持认为:哈默发大财靠的不仅是勤奋、精明、机智、谨慎之类应有的才能,肯定还有"秘密武器"。

在一次晚会上,有个人凑到哈默跟前请教"发家的秘诀",哈默皱皱眉说:"实际上,这没什么。你只要等待俄国爆发革命就行了。到时候打点好你的棉衣尽管去,一到了那儿,你就到政府各贸易部门转一圈,又买又卖,这些部门大概不少于二三百呢……"听到这里,请教者气愤地嘟哝了几句,转身走了。

其实, 这正是20世纪哈默20年代时在俄国13次做生意的精辟概括,其中包含着他的生意的兴隆与衰落,成功与失败的种种经历。

1921年的苏联,经历了内战与灾荒,急需救援物资,特别是粮食。哈默本来可以拿着听诊器,坐在清洁的医院里,不愁吃穿地安稳度过一生。但他厌恶这种生活。在他眼里,似乎那些未被人们认识的地方,正是值得自己去冒险,去大干一番事业的战场。他作出一般人认为是发了疯的抉择,踏上了被西方描绘成地狱似的可怕的苏联。当时,苏联被内战、外国军事干涉和封锁弄得经济崩溃,人民生活十分困难;霍乱、斑疹伤寒等传染病和饥荒严重地威胁着人们的生命。列宁领导的苏维埃政权采取了重大的决策———新经济政策,鼓励吸引外资,重建苏联经济。但很多西方人士对苏联充满偏见和仇视,把苏维埃政权看做是可怕的怪物。到苏联经商、投资办企业,被视做为"到月球去探险"。

哈默心里当然也知道这一点,但风险大,利润必然也大,值得去冒险。于是,哈默在饱尝大西洋中航行晕船之苦和英国秘密警察纠缠的烦恼之后,终于乘火车进入苏联。沿途景象惨不忍睹:霍乱、伤寒等传染病流行,城市和乡村到处有无人收殓的尸体,专吃腐尸烂肉的飞禽,在人的头顶上盘旋。哈默痛苦地闭上眼睛,但商人精明的头脑告诉他:被灾荒困扰着的苏联目前最急需的是粮食。他又想到这时美国粮食大丰收,价格早已惨跌到每蒲式耳一美元。农民宁肯把粮食烧掉,也不愿以这样的低价送到市场出售。而苏联这有的是美国需要的、可以交换粮食的毛皮、白金、绿宝石。如果让双方能够交换,岂不两全其美?从一次苏维埃紧急会议上,哈默获悉苏联需要大约 100 万蒲式耳的小麦才能使乌拉尔山区的饥民度过灾荒。机不可失,哈默立刻向苏联官员建议,从美国运来粮食换取苏联的货物。双方很快达成协议。初战告捷。

没隔多久,哈默成了第一个在苏联经营租让企业的美国人。此后,列宁给了他更大的特权,让他负责苏联对美贸易的代理商,哈默成为美国福特汽车公司、美国橡胶公司、艾利斯—查尔斯机械设备公司等 30 几家公司在苏联的总代表。生意越做越大,他的收益也越来越多。他存在莫斯科银行里的卢布数额惊人。

第一次冒险使哈默尝到了巨大的甜头。于是,"只要值得,不惜血本也要冒险",成了哈默做生意的最大特色。危机之中总是蕴藏着巨大的机会,只要你有足够的胆量,就一定能获得和你的胆量相当的利润。

1956 年,哈默已经 58 岁了,他感到他自己干实业已经干够了,便移居洛杉矶,准备用游泳、日光浴、捐赠珍藏等活动来消磨自己的余年。

没料到财神又一次把他拖回来, 把他投入到他一生最赚钱的生涯——冒险性更大的石油行业中去。

朋友告诉他:20 世纪 20 年代初期创立的西方石油公司, 正处在风雨飘摇的困境之中。这家公司请求哈默给予帮助。对石油行业还是外行的哈默,同意借给 5 万美元作为尝试,让该公司钻两口油井,将来得到的利润各占一半。哈默的打算是:如果这两口井是干井,这笔钱可以根据当时的规定,作为亏损从应缴纳的税款当中扣除。

出乎哈默意料之外的是:两口井都出了油。西方石油公司的股票一下子上涨了。初次尝试的成功,引起哈默在石油行业进行冒险的极大兴趣。1957

年，他干脆把借给该公司的贷款转化为股票，成为西方石油公司最大的股东，当上该公司的总经理。

石油钻探事业毕竟是一项冒险性很大的行业。1961年，西方石油公司几乎用完了1000万美元勘探基金，但仍无所建树。哈默计划集中余力，攻克难点。这计划吸引了一个名叫鲍勃的青年地质学家。他向哈默建议：旧金山以东有一片被德士古石油公司放弃了的地区，这地区可能有天然气田，西方石油公司应该把它租下来。

哈默接受了意见，汇集了一大笔钱，投入这一冒险活动。这个地质学家挖井定位为离开那几口废井大约600英尺的一块空地上。当钻到8 600英尺的深度时，终于钻出了加利福尼亚的第二大天然气田，价值2亿元。几个月以后，又在附近钻出了一个蕴藏量丰富的天然气田。

1966年，西方石油公司来到盛产石油的利比亚。正值利比亚政府准备进行第二轮出让租借地的谈判。来自9个国家的许多家公司参加了这次投标。哈默要同这些实力雄厚的大公司争夺，似乎有点不自量力，这些石油巨头一举手就可以把他打倒。但哈默依然乘坐一架由轰炸机改造的飞机赶来了。他采取了独特的投标方式。他独出心裁，用红、黄、绿三色彩绸做成投标书，正好和当时利比亚的国旗颜色一样。并且，他还在投标书中特别注出：如果西方石油公司中标，公司将为国王先祖所在地的绿洲造一个漂亮的大花园。这样，哈默成功地创造了开发利比亚石油的机会。他一举得到了两块租借地，使那些颇有名望的竞争对手大吃一惊。

但是，这两块地很快成了哈默烦恼的累赘，钻出的头三口井都是滴油不见的干井。每打一口井就要花费300万美元，另外还得花费200万美元用于地震探测和向利比亚政府的官员交纳不可告人的贿赂金。董事会里有些人开始把这项计划叫做“哈默的蠢事”，连公司里的第二大股东里德，也主张应该撤退。但哈默是九头牛也拉不回的脾气，他大力支持公司的地质学家采用电子计算机探测新技术，终于打出了9口油井，其中一口井年产7.3万桶，是利比亚最大的一口井。

犹太人相信，许多伟大的事业都是在人们认为不可能的情况下做成的，因为“不可能”反而给事情留下了一个悬念，“不可能”反而给那些有能力、有实力又有胆识的冒险者创造了成功的机会。而犹太人正是那些敢于尝试“不可能”的人。因此，他们才能够取得巨大的成功，获得高额的财富。

6.先给对方利益再获利

《塔木德》箴言：“半精不傻是绝顶聪明人。”

在商业中，任何人都希望获得利益，正是在这种心态下，商业伙伴之间既是合作伙伴，又是竞争对手。犹太人深深地明白这个道理，因此犹太人经常会做一些先给对方一些利益，再自己获利的事情。

洛克菲勒在夺取美国石油核心地带——宾夕法尼亚产油区时，采用了先给对方利益的方法。

当时，宾夕法尼亚的石油严重过剩，油价暴跌，每桶只有2美元多一些。这时成为洛克菲勒进军宾夕法尼亚的机遇。但是，他做出的第一个决定竟然是：以每桶4.75美元的高价大量收购原油。

这令所有的人都瞠目结舌，因为这无疑是赔本的买卖。

但是，这却是洛克菲勒的如意算盘。

果然，许多石油商听到这个消息后，都与美孚石油签订合同开采石油。原油业主们都不假思索地扩大了规模，疯狂开采石油，石油开采被推向了高潮。但是，石油商们都没有考虑到，合同中是否保证长期以每桶4.75美元的收购价来收购石油。

结果，美孚石油公司在疯狂采购了20万桶原油后，突然宣布中止合约。

这个决定让原油业主们无法接受。但是,美孚石油公司的解释是:石油市场供过于求,公司无法继续高价收购,今后只能以每桶 2 美元的价格买进原油。

这时,原油业主们才意识到中了洛克菲勒的圈套,但是已经为时已晚。因为他们已经花费了巨额的贷款用来购置采油设备,继续开采会大幅亏本。最后,他们不得不被美孚吞并。

在这里,洛克菲勒刚开始的做法,实际上给了石油商们一个暗示,那就是"跟洛克菲勒合作是有利可图的"。但是,他们却忘记了一个事实,那就是:世界上没有免费的午餐,做生意不可能永远一方获利,一方受损。结果,他们最终败在了洛克菲勒手上。

犹太商人最善于凭借"心理暗示术",因为他们明白暗示的最大好处是,暗示者什么也不需要允诺,而受暗示者就会自己给自己作出种种"投己所好"的允诺。但既然是自己的允诺,事后就只能怪他自己,而丝毫牵涉不到暗示者。

犹太人在运用暗示获得利润的过程中,总结出了心理暗示过程一般要经历两个阶段的结论。首先使对方产生某种想法,然后再根据想法而采取行动。即针对不同的商品、不同的人应采取不同的策略。

例如,我们常见的一种暗示叫命令性策略暗示。这种策略是使消费者直接了解内容和目的,使他们产生某种危机感,迫使自己采取行动。如"数量有限,欲购从速","紧急行动,除夕大赠送","清仓大甩卖"以及"放血"、"跳楼"之类暗示。

现代生活都非常紧张,消费者没有时间去考虑你为什么甩卖。因此,这种暗示要让消费者产生条件反射,"跳楼大甩卖"会使消费者想到降价甩卖,于是就会产生购买的冲动。

现实生活中,我们每个人都在运用着暗示,只是有些高明些,有些愚蠢些,如果能巧妙的把他运用在商业活动上,加上恰当的操作,应该是一个不错的方法。

7.在困境中也要想着投钱

《塔木德》箴言："要承受发生的事情，要忍耐贫穷带来的变故。"

有三个人要被关进监狱三年，监狱长给他们三个一人一个要求。

美国人爱抽雪茄，要了三箱雪茄。

法国人最浪漫，要一个美丽的女子相伴。

而犹太人说，他要一部与外界沟通的电话。

三年过后，第一个冲出来的是美国人，嘴里鼻孔里塞满了雪茄，大喊道："给我火，给我火！"原来他忘了要火了。

接着出来的是法国人。只见他手里抱着一个小孩子，美丽女子手里牵着一个小孩子，肚子里还怀着第三个。

最后出来的是犹太人，他紧紧握住监狱长的手说："这三年来我每天与外界联系，我的生意不但没有停顿，反而增长了200%，为了表示感谢，我送你一辆劳施莱斯！"

这个故事告诉我们，只要合理，即使身陷囹圄也可以照样赚钱。关键在于你在一种境遇下做出什么样的选择，什么样的选择决定什么样的生活。

著名的旅馆大王希尔顿曾经被迫离开家庭，但是就是在这种困境下，希尔顿仍然没有放弃投资和经营。

一天，希尔顿正在街道上转悠，发现整个繁华的优林斯商业区居然只有一个饭店。希尔顿心想：我如果在这里建设一座高档次的旅店，生意肯定会很兴隆。

尽管当时的希尔顿只有5000美元的资本，但是他还是认真研究了一番，最后认为位于达拉斯商业区大街拐角地段的一块土地最适合做旅店用地。当希尔顿知道这块地皮的所有者是一位叫老德米克的房地产商人之后，马上就去找他。但是,老德米克给他开的价格是30万美元。

希尔顿又找来建筑设计师和房地产评估师，让他们按照自己的想像对他的“旅馆”进行测算,建造这样一个旅馆需要多少钱。最后,建筑师告诉他起码需要100万美元。

就是在仅有5000美元的情况下,希尔顿还是决定买下这块土地来盖旅馆。但是,他先用这5000美元购买了一家小型的旅馆,并不断地使之升值。不久,希尔顿就有了5万美元。然后,希尔顿找到一位朋友,请他一起出资建设希尔顿旅馆。两人筹集了10万美元,但是这些钱连买地皮的钱都不够。

但是,希尔顿再次找到老德米克,签订了买卖土地的协议,土地出让费为30万美元。然而,就在老德米克等着希尔顿如期付款的时候,希尔顿却对土地所有者老德米克说:“我想买你的土地,是想建造一座大型旅店,而我的钱只够建造一般的旅馆,所以我现在不想买你的地,只想租借你的地。”

老德米克有些生气,表示不愿意和希尔顿合作了。但是,希尔顿非常认真地说:“如果我可以只租借你的土地的话,我的租期为100年,分期付款,每年的租金为3万美元,你可以保留土地所有权,如果我不能按期付款,那么就请你收回你的土地和在我这块土地上所建造的饭店。”

老德米克一听,转怒为喜,“世界上还有这样的好事,30万美元的土地出让费没有了,却换来近300万美元的未来收益和自己土地的所有权,还有可能包括土地上的饭店。”

于是,这笔交易就谈成了,希尔顿先支付了老德米克3万美元。

但是,要想在土地上建造旅馆所需100万美元,希尔顿手头只有7万美元了,怎么办?

于是,希尔顿又找到老德米克,对他说:“我想以土地作为抵押去贷款,希望你能同意。”老德米克尽管非常生气,但还是同意了他的要求。

就这样,希尔顿拥有了土地使用权,并从银行顺利地获得了 30 万美元,加上他自己的 7 万美元,他就有了 37 万美元。

在这种困境下,希尔顿还是没有气馁,他又找到一个土地开发商,请求他一起开发这个旅馆。结果,这个开发商给了他 20 万美元。这样,希尔顿的资金就达到了 57 万美元。

1924 年 5 月,希尔顿旅店终于开工了。但是,当旅店建设到了一半的时候,57 万美元已经全部用光了,希尔顿又陷入了困境。

这时,他还是来找老德米克,如实介绍了资金上的困难,希望老德米克能出资,把建了一半的建筑物继续完成。他说:“如果旅店一完工,你就可以拥有这个旅店,不过您应该租赁给我经营,我每年付给您的租金最低不少于 10 万美元。”

实际上这时的老德米克已经被套牢了,如果他不答应,不但希尔顿的钱收不回来,自己的钱也一分都回不来了,他只好同意。当然,最重要的是,老德米克认为自己并不吃亏——建希尔顿饭店,不但饭店是自己的,连土地也是自己的,每年还可以拿到 10 万美元的租金收入。

1925 年 8 月 4 日,以希尔顿名字命名的“希尔顿旅店”建成开业,从此,希尔顿的人生步入了辉煌时期。他的身价也一路飚升至亿万富翁。

可见,困境并不可怕,可怕的是那种陷入困境的心态。如果一个人总是认为自己陷入困境而无法自拔,那么他永远不可能找到解决问题的办法,永远不可能作出挑战自我、挑战人生的举动。而那些不把困境当地狱的人,总是能够想着怎样去解决问题,怎样去经营自己的人生,结果他们往往能够收获成功的喜悦。

8.巧妙扩张规模

《塔木德》箴言："偷来小钱的是窃盗，偷来大钱的是富豪。"

梅里特兄弟是从德国移民到美国的，他们定居在密沙比。刚开始，兄弟俩辛勤地工作着，不久他们就积攒了一笔钱。

后来，一个偶然的机会，梅里特兄弟外地发现，密沙比有丰富的铁矿。于是，兄弟俩决定秘密行动，成立铁矿公司。他们不动声色地收购地产，顺利成立了铁矿公司。

当时，石油大王洛克菲勒早就对这个铁矿垂涎三尺，而当他准备动手时，梅里特兄弟的铁矿公司已经开始经营运转。

于是，洛克菲勒只好等等时机。

不久，机遇真的来了。

1837年，经济危机笼罩着美国商业，市面银根告紧。

同许多公司一样，梅里特兄弟的铁矿公司也陷入了经济危机中。兄弟俩想尽了各种办法，都无法获得更多的资金。

正当兄弟俩愁眉不展时，一位牧师来到他们家。在闲聊中，梅里特兄弟不自觉地谈到了现在的经济危机，并对牧师说铁矿公司也陷入了危机之中，资金周转不灵。

谁知，这位"热心"的牧师说："你们怎么不早些告诉我呢！我是可以助你们一把的啊！"

兄弟俩一听这话，不禁喜出望外，他们恭恭敬敬地问牧师："您有何高见？”

牧师说：“我有一个朋友，看在我的面上，他是可以支援你们需要的周转资金。”

兄弟俩说：“您真是个好人，真不知拿什么感谢您呢！”

牧师问：“你们要多少钱？”

梅里特说：“42 万元。”

牧师很快就写了封借 42 万元的介绍信。

兄弟俩问：“那么利息怎么计算呢？”

牧师大方地说：“我怎能要你们的利息呢？这样吧，比银行利率低 2 厘。”

兄弟俩简直不能相信这样的好事，他们再三感谢牧师。

最后，牧师拿出笔墨立了一张借款字据：“今有梅里特兄弟借到考尔贷款 42 万元整，利息 3 厘，空口无凭，特立此为证。”

梅里特兄弟念了一遍字据，觉得没有什么遗漏后，便高兴地在字据中签了字。

半年后，这位牧师又来到梅里特兄弟家里。刚进门，牧师就十分严肃地对兄弟俩说：“我的朋友是洛克菲勒，他早上给我来了电报，要求马上收回那 42 万元贷款。”

但是，这时的梅里特兄弟根本不可能偿还 42 万元。最后，他们只好被逼上法庭。

原告律师说：“借据写的是考尔贷款。考尔贷款是贷款人随时可收回的贷款，所以它的利息要比一般贷款低，根据美国法律，借款人或者立即还清所借款，或者宣布破产！”

在这种情况下，兄弟俩只好宣布破产，将产业出卖。而那个买主正是洛克菲勒。他用 52 万美元买下了梅里特兄弟的铁矿公司。

在市场竞争中，犹太人的一切投钱决策思维，都是因“利”而驱使的。在相互争“利”的商场，使生意人真正获利的关键在于正确的决策，这就要求生意人应具备相应的素质。

一是知彼知己，善于察市料“敌”，及时掌握市场的动向、消费者的需求；准确判断竞争对手，知其力，料其行，先发制人，抢先占领市场。

在犹太人的生意经中，认为自己给自己制订的目标一定要实际，要有实现的可能性。

对目标大前提的追求，无论如何都不能放弃，如果情况许可，也应具备适时扩大战果的行动力。要做到这一点，必须具备冷静判断事态的能力。

二是扬长避短，善于出奇制胜。充分用己之长，由长而谋，因利动止，并注意用自己的优势，在时间速度上用奇，在产品设计上用奇，在经营销售上用奇，使竞争对手意料不到或仿效不及，从而迅速收回投资并赚回期望的目标值。

三是审时度势，善于操纵商机。适时抓住市场上有“利”可图的一切机会，主动发起出击。在具体做法上，或施小利诱对手而动，或放弃眼前的小利，假痴不癫，使竞争对手进入误区，从而使自己获得大利。

9.学会做实验性经营

《塔木德》箴言：“任何捷径都有一段难走的路。”

猎人捕猎需要耐心，见不到猎物是不会撒鹰的，以免打草惊蛇。犹太商人也是一样，他们绝不会盲目投钱，他们在投钱的时候“胆大心细，迅速出手”，投之前会认真考察市场，一但即看准了之后就会立即把钱撒出去。

里治曼这个名字在美国和加拿大是家喻户晓的，主要因为这个犹太家族在加拿大和美国有许多地产，同时还在加拿大开发石油。

这个家族的名字在这两个国家的各城市都显赫地出现，人们一见到这个名字的招牌或广告，自然联想到这里又是“里治曼地产王国”的地盘。据有资料报导，该家族资产超百亿美元。

二次大战后，里治曼兄弟的父亲森姆在巴黎住了下来，希望在这个花花世界找份工作，以图寻个支点。但是，战后的巴黎亦千疮百孔，百废待兴，极难找到工作。

森姆在走投无路之时，记起父亲的话，“一有机会便做个商人，这是我们犹太人的本行”。“现在既找不着工作，迫使自己去做生意，这亦是一个机会。”森姆自我安慰地想。

于是，他把仅有的几十个法郎投做本钱，在街边摆起流动小摊，卖些香烟、糖果之类小商品。不管白天黑夜或风雨交加，坚持摆卖。

经过几年的卧薪尝胆，森姆的小生意做得有起色了，他把几年来赚的钱又投进去，租了一个小铺子开店。

为了节省费用，他自己直接到生产厂家进货，一切工作由自己包起来。

随着时间的推移，他的子女也长大了，长子阿尔拨·里治曼，次子保罗·里治曼，三子拉富·里治曼都可以成为小店的助手。他们一家人起早贪黑地经营，几年后，有了一点积蓄。

后来，森姆凭自己的生活经验认识到，欧洲是个福利社会，环境虽好，但地方小，市场回旋余地不大，加上税收率高，经商不如美国、加拿大理想。经过反复思考，他亲自到加拿大、美国旅游考察，决定向这两个市场进军。

1956年，森姆决定派三子拉富前往加拿大创业，在那里投资设立一间瓷砖公司，从事瓷砖的买卖。战后的加拿大，经济已逐步由恢复走向发展，建筑业一派兴盛，对建筑材料需求殷切。森姆把法国的质优款新的瓷砖运到加拿大，由拉富在那里出售。由于钻了市场的空档，迎合了顾客的需求，生意十分好，一年多就赚了不少钱。

森姆看到加拿大市场的前景，于是决定举家迁往那里生活和经营，亲自主理瓷砖公司工作，使该公司业务更为迅速发展。

森姆·里治曼一家到加拿大两三年后，在瓷砖经营中逐步与建筑行业建立了密切关系，犹太人那种经商灵感由此应运而生，森姆觉得加拿大地产业更大有作为。鉴于此，里治曼父子决意利用买卖瓷砖业务，从中了解市场动态和熟悉地产客户，把自己的瓷砖生意作为跳板，尽快打入这个大市场。在此同时，里治曼父子还把瓷砖经营范围扩大，经营所有建筑材料、装修材料，随着业务范围扩大，接触的客户面也大了，更有利于进入地产业市场。

里治曼一家的发迹，最突出的一点是深谋远虑，谨慎投资，从来不搞盲目行动或急于求成。

为了探足地产业，他们先作试验式经营。他们自有的建筑材料业务，随着生意不断扩大需要租用大量的仓库作为货物周转，为此要支付不少租金。里治曼父子决定自己建筑一座大仓库，这样既可省掉每年支付大量租金，又可探索如何经营地产业务。

经过这么试探，他们积累了经验，此举又使里治曼的建筑材料公司成为一个大型企业，名声鹊起。

里治曼兄弟在试建自己的仓库地产业时，善于处处精打细算，节省各种不必要的费用，最后造价成本比别的厂家同类规格建筑低了几成。

20世纪60年代初，加拿大工商业迅速发展。特别是多伦多市，由于当时最主要城市蒙特利尔的法国后裔闹独立，很多厂商转移在那里投资或经营，移到多伦多市，这样刺激了多伦多的房地产业连年成倍增长，价格上涨。里治曼兄弟认识到时机成熟，把大量资金投入地产业，自购土地进行厂房仓库建筑，然后把其出售或出租。就这样，里治曼兄弟的房地产业如日初升，闪耀着万丈光芒。到1963年，他们的工业楼宇已是多伦多屈指可数的巨子。

机不可失，时不待我。里治曼兄弟在1965年投资2500万加币收购了多伦多市一家面临倒闭的房地产公司，从中获得600英亩的地产和几幢已落成的住宅大厦。里治曼兄弟利用这块地皮及楼宅，发展商业和住宅区，用于出租。这一举措由于购入成本低，建成后出租率高，租费不菲，为此获得了极丰厚的利润，使“里治曼王国”的建立又迈进了一大步。

继多伦多市的房地产业开发后，里治曼兄弟八足行蟹，逐步向温哥华、渥太华、蒙特利尔等大城市渗透，在加拿大各城市投资，建筑楼房，大多数用于出租，少量用于出售。

70年代中期，美国纽约出现了金融危机，经济呈现混乱局面。许多财团因资金流通不畅，慌了手脚，纷纷把产业出售，以图应急。里治曼兄弟凭其机敏的眼光和经营房地产的经验，意识到时机已来临。他们果断地投入3.2亿美元，在纽约最繁华的曼哈顿地区购入8幢商业大厦；1977年是那里房地产价格处于低谷时期，此购入后，不到10年时间，这8幢大厦升值至30多亿美元。

继这一行动后，里治曼兄弟接着更大的投资，用15亿美元在纽约兴建“世界金融中心”。如此宠大的投资行动，使美国各界人士无不惊叹或担心。但实践证明，里治曼兄弟是成功的。“世界金融中心”建成后，几年间收入租金就超过10亿美元。

进入80年代，里治曼兄弟又在加拿大多伦多投资大工程，耗资12亿美元建成近百层高的多伦多商业大厦，是目前加拿大最高大的楼宇，专供写字和商业用楼租用，出租率也很高，投资回报率也较理想。

在70年代末，加拿大海湾发现有石油蕴藏。不久，一家加拿大海湾石油公司成立，投人不少资金开采海湾石袖，经过几年的建设，已具一定规模，但由于种种原因，该公司资金接济不足，在尚未正常投入生产之时已难以为继了。此时，里治曼兄弟集团已成为加拿大最有实力的企业之一，海湾石油公司找到他们。最后，里治曼兄弟投资30亿美元收购了这家公司。从此，里治曼集团涉足石油业。

里治曼集团获得了加拿大海湾石油开发权后，再分步投入33亿美元，使该公司成为石油开发、原油精加工、石油副产品综合利用的基地。同时，为了更好地筹集资金，里治曼兄弟把这家公司改为股份制。经过一番的筹划和改组，在80年代末已正式投产，效益较为可观。

里治曼兄弟已成为加拿大首富了，但他们的经历告诉人们：无论是投资几十法郎摆杂货摊，还是投资几十亿美元搞房地产或石油业，都要做到谨慎小心,心里时刻揣着危机感。

犹太商人认为,做生意不能太贪心,刚刚起步不能什么都想做,这样反而会什么也做不好。要从无到有,从小到大地慢慢聚集财富。还必须把每一次的生意做到位,然后再为下一次生意开路。

事实正是如此,尽管每一项投资行为所带来的利润与其风险是呈正比的,但是高利润的背后必然隐藏着高风险;相对而言,高风险投资常能带来高利润。所以,对于一般的投资人,在资金并不宽裕的情况下,高风险投资的比例,千万不可超过本身所能负荷的能力,以确保投资安全。

犹太商人认为,不论你即将投身于或者已经投身于投资市场中,切莫忘记随时衡量自己是否有充裕资金投入,随时警惕自己不要游走于弹尽粮绝的边缘。

《塔木德》指出:“本金有安全保障的投资才是第一流的投资原则。为求高利润而丧失本金的投资事业,是愚蠢的冒险。作为投资者,不要被急于发财的心情所蒙蔽,必须要仔细调查研究,当你有了充足的证据,而且没有冒险成分存在的时候,才可以拿出部分金钱来投资。”

可见,投资最忌讳的就是不顾后果的一头往里栽,这是一种危险的投资行为。所以,每个投资人都应有计划、有目标,并留有充分余地做一个胸有成竹、游刃有余的投资玩家。

同时,不要把所有钞票放在同一个口袋里。当你开始实施自己的投资计划时,千万不要把所有的资金全部投注在同一商品,或者同一性质的物品上,可将资金分散,如此即可分散风险,也可避免血本无归。这是最安全的投资法则。

10.永远对财富保持热忱

《塔木德》箴言:"从零到一的距离,大于从一到一千的距离。"

犹太人最推崇什么样的商人?

杰克·韦尔奇提出,他们对敢于做出惊人投资策略的商人最为崇拜,但投资的基础是正确的战略决策。决策者必须熟知自身条件和外部环境,从长远、从全局、从效益,慎重仔细、深思熟虑,"跳出束缚,眼光看开"是犹太人的商业精髓。

对于真正的大商人来说,钱对他来说已经失去了常人看待钱的那些意义,比尔·盖茨就说过:"钱对我来说只是一些数字而已,我的工作是怎么把这些数字变的更大!"

犹太商人看来,投资的获利性和风险性是相生相衍的,通常获利愈高的投资,相应的风险也就愈大;但往往较高的风险常伴随着更大的回馈率。得失之间,如何判断和预测,要看投资人的心态而定了。

1859年,当美国在宾西法尼亚州泰特斯维尔出现了第一口油井时起,洛克菲勒这位精明的犹太商人就从当时的石油热潮中看到了这项风险事业的前景。

于是,他在与合伙人争购安德鲁斯—克拉克公司的股权中表现出非凡的冒险精神。

拍卖从500美元开始,洛克菲勒每次都比对手出价更高。当标价达到5万美元时,双方都知道,这个价格已经大大超出石油公司的实际价值。但是,洛克菲勒满怀信心，决意要买下这家公司，当对方最后出价7.2万美元时，洛克菲勒毫不迟疑地出价7.25万美元。最后，洛克菲勒战胜了对手，获得了该公司。

从此，年仅26岁的洛克菲勒开始经营当时风险很大的石油生意。后来，当洛克菲勒所经营的标准石油公司在激烈的市场竞争中控制了美国出售全部炼制石油的90%时，他并没有停止对财富的追求，仍然像一个冒险家一样追逐着财富。

19世纪80年代，利马发现了一个大油田，因为含碳量高，人们称之为“酸油”。当时没有人能找到一种有效的办法提炼它，因此这种油只能卖一角五分一桶。

但是，洛克菲勒预见到这种石油总有一天能找到一种方法提炼，他坚信这种油的潜在价值是巨大的，所以执意要买下这个油田。

当时他的这个建议遭到董事会多数人的坚决反对，最后他只得说：“我将冒个人风险，自己拿出钱去投资这一产品。如果必要，拿出200万、300万。”

洛克菲勒的决心终于迫使董事们同意了他的决策。

果然，不过两年多时间，洛克菲勒就找到了炼制这种酸油的方法，油价一下子由一角五分一桶涨到了一元一桶，标准石油公司在那里建造了全世界最大的炼油厂，盈利猛增到几亿美元。

董事会的成员们最后不得不承认，洛克菲勒比他们所有的人都看得远，比他们所有的人都有更加强烈的冒险意识和追逐财富的能力。

可见，一个人要永远对财富保持热忱，才能够坚持对自己的财富进行打理。

既然知道投资理财致富，需要投资在高报酬率的资产，并经过漫长的时间作用，那么我们应该知道，除了充实投资知识与技能外，更重要的就是及时的理财行动。理财活动应越早开始越好，并培养持之以恒、长期等待的耐心。

人人都说投资理财不容易，必须懂得掌握时机，还要具备财务知识，总之，要万事俱全才能开始投资理财，这样的理财才能成功。事实上并不尽然。其实，许多平凡人都能够靠理财致富，投资理财与你的学问、智慧、技术、预测能力无关，也和你所下的功夫不相干。归根结底，完全看你是不是做到投资理财该做的事。做对的人不一定很有学问，做对的人也不一定懂得技术，他可能很平凡，却能致富，这就是投资理财的特色。

一个人只要做得对，他不但可以利用投资而成为富人，而且过程也会轻松愉快。因此，投资理财不需要天才，不需要什么专门知识，只要肯运用常识，并能身体力行，必有所成。因此投资人根本不需要依赖专家，只要拥有正确的理财观，你可能比专家赚得更多。